Wolfgang Heitzmann/Liselotte Buchenauer

Wanderungen in Kärnten

70 Touren und weitere Routenvorschläge

**Rund um die Kärntner Seen · Von der Koralpe
in die Nockberge · Unterwegs in der
Karnischen Region · Durch die Hohen Tauern**

Mit 92 Fotos, davon 71 in Farbe,
43 Kartenskizzen zu den Touren
und einer Übersichtskarte

Bruckmann

4

Umschlag-Titel:
Gmünd an der Malta.

Umschlag-Rückseite:
Abendstimmung am Keutschacher See.

Innentitel:
*Die Lienzer Dolomiten von Süden, aus den
Karnischen Alpen gesehen.*

Bildnachweis:
Gemeinde Feistritz ob Bleiburg, St. Michael ob Bleiburg:
160; Luftbild F. Fenz, Verkehrsamt Weißensee: 69; Foto
Klaus Hammerschlag, Tourismusgemeinschaft Friesach:
142/143, 175; Nationalparkverwaltung Nockberge, Ebene
Reichenau: 85; Obir-Tropfsteinhöhlen, Eisenkappel: 167;
Hermann Ogris, Verkehrsamt der Stadt Ferlach: 175;
Prokop, Marktgemeinde Arnoldstein: 156; Dr. Wolfgang
Retter, Lienz: 21, 25, 26; Sepp Schnürer, Archiv Gretl
Schnürer, Kolbermoor: 40, 91, 92/93; Klaus Thiele,
Warburg: 128/129; Fremdenverkehrsamt Wolfsberg: 152;
alle übrigen Fotos: Wolfgang Heitzmann, Steyr.

Die Kartenskizzen zu den Touren und die Übersichtskarte
zeichnete Wolfgang Heitzmann, Steyr. Der Verlauf der meisten Touren ist in Kartenskizzen dargestellt; bei kurzen, tal-
nahen Wanderungen wurde jedoch zu Gunsten von mehr
textlichen Informationen darauf verzichtet.

Layout: Verlagsredaktion Knut Liese

Die Deutsche Bibliothek – CIP-Einheitsaufnahme

Heitzmann, Wolfgang:
Wanderungen in Kärnten : 70 Touren und weitere
Routenvorschläge ; rund um die Kärntner Seen ;
von der Koralpe in die Nockberge ; unterwegs in
der Karnischen Region ; durch die Hohen Tauern /
Wolfgang Heitzmann ; Liselotte Buchenauer. –
München : Bruckmann, 1994 (Erlebnis Wandern)
ISBN 3-7654-2642-3
NE: Buchenauer, Liselotte:

© 1994 F. Bruckmann KG, München
Alle Rechte vorbehalten
Gesamtherstellung: Bruckmann, München
Druck: Gerber + Bruckmann, München
Printed in Germany
ISBN 3-7654-2642-3

Inhaltsverzeichnis

Familienwandern am Lesachtaler Almweg unter dem Lumkofel.

Vorwort/Einführung

Wie ich in ein Buch von Wolfgang Heitzmann hineingekommen bin? Nun, ich kenne den »Bergwolf«, wie wir ihn gerne nennen, schon recht lange, und wir haben auch schon mehrfach zusammengearbeitet. Daß meine alte und stets besorgte Mutter den jungen Bergsteiger bei unserem ersten Zusammentreffen gar für einen Kidnapper gehalten hatte – darüber schmunzeln wir noch heute!

Gekidnappt hat mich Wolfgang Heitzmann für sein mittlerweile dreizehntes Buch nicht. Ich bin gerne dabei, unter anderem deshalb, weil er etwa meine Linie beim Schreiben vertritt und konsequent »angewandtes« Umweltschutzdenken in die alpine Literatur bringt. Und überdies: Meine Liebe zu Kärnten ist so alt wie meine Liebe zu den Bergen. In den Kärntner Bergen, genauer: bei einer Ersteigung des Reißkofels, habe ich das Hochgebirge erstmals erlebt. Meine Mitarbeit an diesem Buch soll auch ein Dank an dieses wundervolle Land sein.

Liselotte Buchenauer

Land der Berge, Land der Seen – Unterwegs in Kärnten

Nicht allen Slogans ist zu trauen. Der Kärntner Werbespruch »Urlaub bei Freunden« stimmt aber: Karantanien, der uralte Name des Landes, soll soviel wie »Land der Befreundeten« bedeuten. Tatsächlich bezeugt eine schier unglaubliche Fülle historischer Relikte, daß sich hier im Lauf der Jahrtausende so unterschiedliche Kulturgruppen wie Kelten, Römer, Slawen und Baiern überlagert und vermischt haben – und zwar, trotz mancher Scharmützel, insgesamt auf erstaunlich friedliche Weise. Dies hat sicher etwas mit den reichen Bodenschätzen des Landes zu tun, und mit der Fertigkeit der Einheimischen, sie zu verarbeiten. Mag sein, daß auch das Klima auf die Menschen abfärbt: Kärnten liegt so weit im Süden wie das Südtiroler Oberland, was sich mit viel freundlichem Wetter auswirkt. Vielleicht liegt es aber ganz einfach an der Schönheit dieses Landes: Vom Großglockner, dem höchsten und eisigsten Österreicher, ziehen die Hohen Tauern (mit den östlichsten Dreitausendern der Alpen), das weitgesteckte Almreich der Nockberge, die grünen »Saurierrücken« der Sau- und Koralpe, die kalkschroffen Karawanken und die Karnischen Alpen (mit ihrem bunten geologischen Aufbau) einen Ring bis zu den wirr zerrissenen Lienzer Dolomiten. In der Mitte dieses Walls liegen saftig grüne Talbekken und stille Wälder, zwischen denen eine Palette der schönsten (und wärmsten) Alpenseen glitzert. Das Lied »Mei Hamat is a Schatzele« kann nur in Kärnten entstanden sein!

»Wer geht, sieht mehr, als wer fährt.« Das beherzigte ein gewisser Johann Gottlieb von Seume schon vor 180 Jahren, indem er von Sachsen nach Syrakus wanderte. Auch Kärntens Gebirge, Gemüt und Geschichte lassen sich nicht wirklich mit dem Auto erfahren. Also kommt die Benzinkutsche in der Beschreibung der folgenden Wanderwege gleich gar nicht mehr vor. Statt dessen habe ich bei der Routenauswahl nach Ausgangs- bzw. Zielorten mit brauchbaren öffentlichen Verkehrsverbindungen gefahndet und mich bemüht, möglichst viele Anregungen zum »Ausbau« der Wanderungen mit Museen, Bergwerken, Höhlen, Kunstschätzen oder benachbarten Ausflugszielen zusammenzutragen.

An dieser Stelle ein herzliches Dankeschön an alle, die mich mit entsprechenden Informationen versorgt haben, allen voran meinen Kollegen und Kolleginnen von der ÖAR Regionalberatung Kärnten.

Ganz besonders freue ich mich aber, daß ich einmal ein gemeinsames Buch mit Liselotte Buchenauer realisieren konnte. Die »Grande dame« des deutschsprachigen Alpinismus hat nicht nur unzählige Touren in den Kärntner Bergen unternommen, die ganze Schobergruppe einem breiten Besucherkreis erschlossen und etliche Erstbegehungen durchgeführt, sondern auch viel darüber veröffentlicht: Unter ihren zahlreichen Publikationen finden sich zum Beispiel erstmalige Monographien über die Hohen Tauern, die Nockberge und die Karnischen Alpen, der Alpenvereinsführer Ankogel- und Goldberggruppe und das erste Kärntner Wanderbuch nach 50 Jahren. Für ihre spontane und freundschaftliche Mitarbeit möchte ich mich hier sehr herzlich bedanken!

Die Tourenvorschläge selbst umfassen ein breites Spektrum – von gemütlichen Spaziergängen über genußvolle Almwanderungen bis zu anspruchsvollen Hochgebirgstouren. Sogar zwei »Wanderdreitausender« und ein paar »kribbelnde« Klettersteige sind dabei. All diese Routenvorschläge basieren auf eigenen, meist recht erlebnisreichen, aber trotzdem bei manchen Begleitern und Begleiterinnen berüchtigten Bahn-Rad-Wander-Wildnis-Hütten-Biwak-Bade-Kunst-und-Kultur-Recherchen.

Nicht zuletzt steht aber auch ein Panoptikum persönlicher Rückblicke hinter ihnen: Da war etwa jene Sternstunde auf dem Großglockner – auf der Adlersruhe schneite es noch, aber beim Kreuz stand unsere kleine Gruppe plötzlich über einem maßlosen Wolkenmeer in der Sonne. Oder meine Mitarbeit an einem Tourismuskonzept im Lesachtal, wo mich einheimische Freunde auf Gipfel führten, die vermutlich noch nicht viele Auswärtige erblickt haben; die Biwakwoche entlang des Tauernhöhenweges, für die mein Vegetarier-Kamerad einen halben Gemüsemarkt mitschleppte, die heimwehgetränkte Bergwoche meiner Alpenvereins-Kinder in den Karnischen Alpen, das fröhliche Herumklettern im vernebelten Reißeck oder die Entdeckung eines exklusiven Badeteichs mit meinen beiden eigenen Sprößlingen... Beim Wort »Kärnten« kriege ich mühelos den Geschmack der Topfennockerln vom Schönwipfel-Schutzhaus und der Kletzennudeln von der Walderhütte auf die Zunge. Und so gut wie damals auf der Alexanderhütte oberhalb von Millstatt schlafe ich zu Hause nur selten.

Für das Erlebnis, »be-schaulich« unterwegs zu sein, für den Blick hinter die Klischees, für das Spüren, Schmecken, Riechen, Fühlen, Freuen, Hoffen und Staunen müssen Sie sich selbst die Zeit nehmen. Wenn Ihnen dieses Buch jedoch ein paar brauchbare Vorschläge für die hierzu geeigneten Gegenden geben könnte, hätte es seinen Zweck erfüllt.

Wolfgang Heitzmann

Das Gipfelmeer der östlichen Hohen Tauern mit Ankogel und Hochalmspitze vom Schareck.

Ein Höhepunkt Kärntens, nicht nur nach Höhenmetern gemessen: Seine Majestät, der Großglockner, im zerrissenen Gletscherschmuck. Dieser Prachtblick bietet sich aus dem Wasserfallwinkel über die Pasterze.

Großglockner, Mölltal

1 Von Heiligenblut in die Eiszeit

Bricciuskapelle – Gletscherweg Pasterze – Gamsgrube

Tourencharakter: Landschaftlich großartige Tagestour (oder drei gemütliche Halbtagsausflüge) auf problemlosen Wegen vom Glocknerdorf bis in die Gletscherregion.
Ausrüstung: Bergwandermontur.
Beste Jahreszeit: Mai bis Oktober.
Reine Gehzeit: Ca. 7 Stunden.
Markierung: Rot-weiß-rot.
Höhenunterschied: 1300 m Anstieg und 250 m Abstieg.

Der Großglockner ist mit seinen 3798 Metern nicht nur der alpine Kärntner »Leithammel« (nichts anderes soll sein Name nämlich bedeuten), sondern auch der höchste Gipfel Österreichs – ein unübersehbarer und unverwechselbarer Berg von geradezu westalpinem Format. Dazu gesellen sich als weitere Superlative die Gletscherarena der Pasterze und die vielgewundene Großglockner-Hochalpenstraße, die das ganze Landschaftsspektakel für Blechlawinen und Besuchermassen nur allzu bequem erschließt. Bleibt die Frage, ob dazwischen auch noch ein Bergerlebnis zu finden ist?

Es ist – zum Beispiel für diejenigen, die den alten Pfad von Heiligenblut Richtung Glockner unter die Wanderschuhe nehmen. Im ersten Abschnitt können Sie sich dabei ein wenig mit den Bergblumen und einem gewissen Briccius beschäftigen: Erstere erklärt ein kleiner, stimmungsvoller Alpengarten auf der Kräuterwand. Letzterer war ein dänischer Prinz, der im 10. Jahrhundert in Konstantinopel gegen die Sarazenen gekämpft und zum Dank dafür ein Fläschchen mit Tropfen vom Blut Christi erhalten haben soll. Auf dem Heimweg über die Tauern kam er jedoch im

Schneesturm um. 1483 wurde über seinem Grab die spitzbetürmte Wallfahrtskirche »Zum Heiligen Blut« erbaut. Die wundersame Legende ist (samt der antisemitischen Greuelpropaganda von der Entstehung des Heiligen Blutes durch die Kreuzschändung eines Juden) noch heute auf den Altartafeln der kleinen Kapelle hinter der Sattelalm zu sehen.

Der nächste Wegabschnitt beginnt dort, wo noch vor hundert Jahren das »ewige« Eis über die Margaritzenalm schwappte. Seither hat ihm das Klima eine sichtliche Schlankheitskur verordnet. Die Pasterze ist aber trotzdem noch immer der größte Gletscher der Ostalpen – 19 Quadratkilometer groß und bis zu 250 Meter dick. Eine Schneeflocke, die im riesigen Nährgebiet um den Johannisberg (3453 m) fällt, ist theoretisch an die 900 Jahre lang unterwegs, bis sie 9 Kilometer und 1300 Höhenmeter weiter unten als Eiskristall schmilzt. Da sind die Wanderer heutzutage schneller: Ein vom Alpenverein angelegter Gletscherweg führt in zwei Stunden durch das arktische Reich – vom schloßähnlichen Glocknerhaus über den erst 1960 »geborenen« Sandersee bis zum Gletschermaul, aus dem die überschäumende Möll tobt (um gleich darauf vom Margaritzen-Stausee zu den Kapruner Stauseen abgeleitet zu werden).

Die Kraftwerke waren nicht die einzigen Anschläge auf das Herzstück der Hohen Tauern: Die Glocknerstraße, ein spektakuläres Arbeitsbeschaffungsprojekt der Zwischenkriegszeit, wäre beinahe bis in den Wasserfallwinkel hineingebaut worden, aus dem Fuscher Tal war schon eine Bergbahn geplant, und sogar mit Seilbahnen auf den Glockner und den Fuscherkarkopf wurde ernsthaft spekuliert. Hätte sich der Alpenverein, dem das Gebiet nach dem Vermächtnis des Villacher Holzindustriellen Albert Wirth seit 1918 gehört, nicht energisch gegen diesen Irrsinn eingesetzt, gäbe es heute keinen Nationalpark Hohe Tauern, und auch sein empfind-

lichstes Naturwunder wäre wohl unwieder-
bringlich zerstört: die Gamsgrube.

Dieses unscheinbare Kar oberhalb der Pasterze, direkt gegenüber der prachtvollen
Breitseite des Glockners, gewährt uns sozusagen einen Zeitsprung in die Eiszeit: Auf
Flugsand, den der Wind aus den Moränen
der Gletscher bis zu drei Meter hoch anbläst,
gedeihen hier Steppenpflanzen, die sich hier
nach der letzten Eiszeit zurückgezogen haben und die sonst nur in Zentralasien oder
Grönland vorkommen. Und auch die Tierwelt beschränkt sich nicht auf die Murmeltiere, die Ihnen auf dem Gamsgrubenweg aus
der Hand fressen!

Der Wegverlauf

Von *Heiligenblut* (1291 m) folgen wir der alten Glocknerstraße (1 bzw. 702 B) nach Westen. Von der ersten Kehre weg führt der *Ha-
ritzersteig* durch Wald und Wiesen zur *Kräuterwand* hinüber. Vor der *Sattelalm* (1606 m)
lädt der *»Alpenblumensteig«* (Informations-
hütte) zum Verweilen ein. Dann geht es über
Almböden zur *Bricciuskapelle* (1629 m) und
durch die steile Bärengartenwiese – hoch
über der »Bösen Platte« – zum *Karl-Volkert-
Haus* an der *Glocknerstraße* bzw. zum nahen
Glocknerhaus (2132 m) hinauf.

Ab hier leitet uns der *»Gletscherweg Pasterze«* zur nahen Margaritzen-Staumauer
(2000 m) hinab und schlängelt sich oberhalb
des Stausees in den Schuttsattel am *Elisa-*

bethfelsen (2156 m). Jenseits schlendern wir
zum *Sandersee*, überqueren die tobende
Möll auf einer gut abgesicherten Hängebrücke und schwindeln uns zwischen abgeschliffenen Felswänden zum Eisrand der *Pasterze*
empor, wo wir bald die Talstation des
Schrägaufzugs erreichen (hier ist ein Areal
zum Begehen des Eises abgesteckt). Rechts
daneben leitet der gesicherte Fußweg zum
Parkplatz Freiwandeck auf der *Franz-Josefs-
Höhe* (2370 m) hinauf.

Dort beginnt der breite *»Naturlehrweg
Gamsgrube«* mit (zu) viel Beton und zwei
Stollen. Er führt – hoch über der Gletscher-
zunge – oberhalb der *Hofmannshütte*
(2444 m) vorbei und durch die *Gamsgrube* in
den eisumschlossenen *Wasserfallwinkel* (ca.
2500 m). Informationspulte erläutern Flora
und Fauna des Gebiets. Achtung: Das Gelände beiderseits des Weges darf wegen der
empfindlichen Vegetation nicht betreten
werden (überwachtes Sonderschutzgebiet).
Die schon sichtbare *Oberwalderhütte*
(2973 m) ist nur über den Gletscher erreichbar und Ausgangspunkt für schwierige Eis-
touren.

Die Rückkehr erfolgt auf dem Gamsgrubenweg bis zum Parkhaus (Busverbindung nach
Heiligenblut). Sie können aber auch auf dem
Gletscherweg bzw. vor dem obersten Stra-
ßentunnel auf dem Steig Nr. 702 zum Paster-
zen- und zum Glocknerhaus absteigen. Vom
Margaritzensee führt auch rechts der Möll
ein schöner Steig (5) nach Heiligenblut.

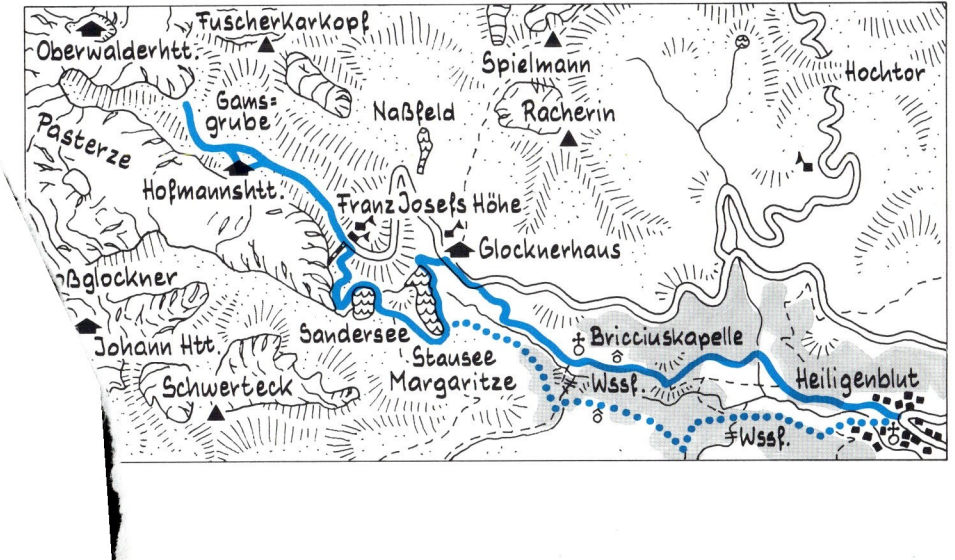

Nützliche Informationen

Ausgangsort: Heiligenblut.
Zielort: Franz-Josefs-Höhe.
Anfahrt/Rückfahrt: Bus (Linie 5002).
Gehzeiten: Heiligenblut – Glocknerhaus
2½ Stunden, Gletscherweg Pasterze 2 Stunden; Naturlehrweg Gamsgrube hin und
retour 2½ Stunden (Abstieg von der Franz-Josefs-Höhe zum Glocknerhaus 1 Stunde;
weiter nach Heiligenblut 2 Stunden).
Unterkunft unterwegs: Karl-Volkert-Haus
(TVN, 125 Betten und Lager); Glocknerhaus
(ÖAV, 62 Betten, 20 Lager); Pasterzenhaus
(40 Betten, 20 Lager); Hotel Franz-Josefs-
Haus (220 Betten, 20 Lager); Hofmannshütte
(ÖAV, 20 Betten, 60 Lager). Alle bewirtschaftet von Mitte Mai bis Ende September.
Einkehr unterwegs: Restaurants auf der
Franz-Josefs-Höhe.
Sehens- und Wissenswertes: ● Gotische
Pfarrkirche St. Vinzenz in Heiligenblut (geschnitzter Flügelaltar von 1520, Krypta, me-
tallenes Totenbuch für die am Glockner verunglückten Bergsteiger am Friedhof). ● Spätgotische Pockhorner Kirche. ● Möllfall und
Jungfernsprung (120 m hoher Wasserfall über
eine Serpentinwand) unterhalb von Heiligenblut. ● Nationalpark-Ausstellung im Parkhaus Freiwandeck. ● Die AV-Broschüre
»Gletscherweg Pasterze« ist im Glocknerhaus und in den Kiosken auf der Franz-Josefs-
Höhe erhältlich.
Auskunft: Tourismusbüro, A-9844 Heiligenblut, Tel. (0 48 24) 20 01–21.
Karte: Freytag & Berndt Wanderk. 1:50000,
WK 181 Kals – Heiligenblut – Matrei.
Weiterer Tourenvorschlag: Schareck
(2604 m), Sessellift von Heiligenblut und
vom Wallackhaus, Gasthaus; Übergang zum
Hochtor, 2575 m, Steig 160, 1½ Stunden,
Rückkehr per Bus.

*Von Heiligenblut bis zum Großglockner: Ein Weg
voller großartiger Eindrücke!*

2 In Kärntens merkwürdigstem Bergland

Salmhütte – Glorer Hütte –
Böses Weibl – Elberfelder Hütte

Tourencharakter: 3 bis 4 Tage; traumhafte, bei Nebel und Schneelage jedoch gefährliche Hochgebirgstour auf teilweise luftigen und gesicherten Steigen.
Ausrüstung: Hochgebirgsausrüstung.
Beste Jahreszeit: Juni bis September.
Reine Gehzeit: Insgesamt ca. 15 Stunden.
Markierung: Rot-weiß-rot.
Höhenunterschied: 1500 m Anstieg und 2300 m Abstieg.

Die alpine Chronik des Großglockners reicht weit zurück: Schon anno 1779 interessierte sich – sehr zum Erstaunen der Einheimischen – Balthasar Hacquet, berggängiger Professor für Anatomie und Chirurgie im fernen Laibach, für den »Glogger«. Doch erst 21 Jahre später standen wirklich die ersten Menschen auf dem Gipfel: die Heiligenbluter Gebrüder Martin und Sepp Klotz mit zwei Zimmerleuten und dem Döllacher Pfarrer Horasch. So etwas war schon damals nur mit »Sponsoring« möglich: Der Fürsterzbischof von Gurk, Altgraf Franz von Salm-Reifferscheid, finanzierte damals den Bau eines winzigen »Basislagers« (der Vorläuferin der heutigen Salmhütte) sowie drei regelrechte Großexpeditionen zum Glockner. Die Verpflegung muß dabei so opulent gewesen sein, daß manche Teilnehmer meinten, »in die üppigsten Gefilde Calabriens versetzt zu seyn«.

Später ist der Weg der Erstersteiger in Vergessenheit geraten. Schade, denn südlich des

Abendstille auf dem Kasteneck. Der Blick schweift in die Schobergruppe zum Bösen Weibl und zum Roten Knopf.

Glockners verbirgt sich das merkwürdigste Bergland Kärntens. In Amerika wäre eine solche Gegend berühmt: Grünblauer Schiefer – herrlich fester, kantiger Fels, aus dem sich auch der Glocknergipfel aufbaut – wechselt hier mit sandigen, weichen Kalkglimmerschiefern, den »Bratschen«, die von Dunkelbraun über Lehmgelb bis fast ins Weiße spielen. Bei Sonnenuntergang kann man hier plötzlich orangerote oder dunkelviolette Berge sehen. Ein besonderes Schaustück ist dabei das unnahbare Schwerteck (3247 m) mit seinen beiden gleichgerichteten und glattgeschliffenen Felsgraten, den »Schwertern«, und dem tief ausgehöhlten »Eiskeller« dazwischen. Die grobblockige Aussichtstribüne des Kastenecks und das Böse Weibl, ein 3121 Meter hoher und durchaus gutmütiger Wander-Dreitausender, vermitteln schließlich den Übergang zur Schobergruppe, die im Gößnitztal zwischen düsteren Gipfelzakken, steilen Gletschern und den drei einsamen Langtalseen viel von ihrer romantischen Hochalpenmelancholie ausstrahlt.

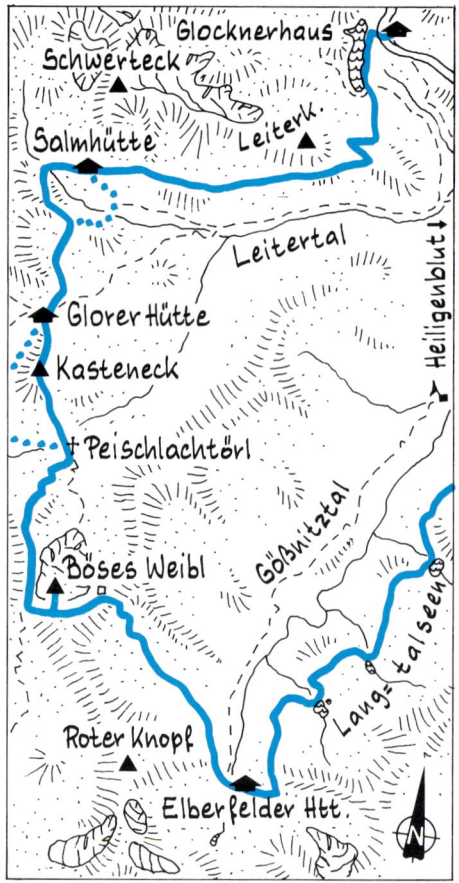

Der Wegverlauf

Vom *Glocknerhaus* (2132 m) folgen wir zunächst dem *Gletscherweg* über die *Margaritzen-Staumauer* (2000 m), zweigen dann links ab und steigen auf dem stellenweise gesicherten *Wiener Höhenweg* (702 B) zur *Stokkerscharte* (2442 m) hinauf. Anschließend geht es – hoch über dem Leitertal – im sanften Anstieg durch steile Hänge zur *Salmhütte* (2644 m) hinüber. Der Verbindungssteig zur schon in Osttirol gelegenen *Glorerhütte* (2642 m) ist nach der Überquerung des *Leiterbachs* ausgesetzt und gesichert (eine längere, aber unschwierige Variante führt von der Salmhütte weiter unten über den Bach und mündet jenseits bei einer kleinen Hütte am *Glatzberg* ein).

Ab der *Glorerhütte* führt der *Wiener Höhenweg* westlich um das *Kasteneck* (2836 m) herum ins *Peischlachtörl* (2484 m). Bei Schönwetter empfiehlt sich aber die kaum längere Überschreitung des Gipfels. Vom Törl geht es rechts über den *Peischlachbach* (911), südwärts über einen ansteigenden Blockrücken, vorbei an kleinen Tümpeln und später über einen harmlosen Gletscherrest in

den breiten *Tschadinsattel* (2987 m). Das *Böse Weibl* (3121 m) wird nun nach links über Firn und einen Blockgrat erstiegen. Der Abstieg führt nach Osten zum *Gernot-Röhr-Biwak* (2926 m), dann steil nach Osten und Süden hinab (Stahlseil), am *Tramerkarsee* vorbei und durch das *Tramertal* zur *Elberfelder Hütte* (2346 m) hinab.

Der *Langtalseenweg* (920) steigt erst im Bogen um den *Hornbach* an und wendet sich dann nach Norden. In der Folge werden die steilen Hänge und Rinnen des *Hinteren, Mittleren und Vorderen Seekamps* gequert (an einer Stelle Seilsicherung); dazwischen liegen die drei *Langtalseen* in ihren Karen. Zuletzt steigen wir über steile, bald schütter bewaldete Wiesen zur *Wirtsbaueralm* (1745 m) ab und folgen dem Weg durch das *Gößnitztal* über die *Bruchetalm* nach *Heiligenblut-Winkl* (1264 m) hinaus.

Der Leiterbach entspringt in einem kaum bekannten Winkel am Fuß des Großglockners.

Nützliche Informationen

Ausgangsort: Glocknerhaus.
Zielort: Heiligenblut.
Anfahrt/Rückfahrt: Bus (Linie 5002).
Gehzeiten: Glocknerhaus – Salmhütte
4 Stunden; weiter zur Glorer Hütte 2 Stunden; auf das Böse Weibl 3 Stunden (über das Kasteneck ½ Stunde länger); Abstieg zur Elberfelder Hütte 2 Stunden; Langtalseenweg bis Heiligenblut 5–6 Stunden.
Unterkunft unterwegs: Salmhütte (ÖAV, 30 Betten, 35 Lager, von Anfang Juni bis Ende September bewirtschaftet); Glorerhütte (DAV, 14 Betten, 50 Lager, von Mitte Juni bis Anfang Oktober bewirtschaftet); Gernot-Röhr-Biwak (8 Lager, offener Unterstand); Elberfelder Hütte (DAV, 12 Betten, 50 Lager, von Anfang Juli bis Mitte September bewirtschaftet); Jausenstation Wirtsbaueralm (Nächtigungsmöglichkeit, im Sommer bewirtschaftet).
Sehens- und Wissenswertes: ● Gößnitzwasserfall (100 m) und Kachlsee (Naturlehrweg) in der Nähe von Heiligenblut-Winkl.
Auskunft: Siehe Tour 1.
Karte: Freytag & Berndt Wanderkarte 1:50000, WK 181 Kals – Heiligenblut – Matrei.

3 Gold und Getreide

Bergbauernland auf der Kärntner Seite des Sonnblicks

Tourencharakter: Ausgefüllte Tagestour auf aussichtsreichen Wander- und Güterwegen.
Ausrüstung: Bei Schönwetter ist außer Wanderschuhen nichts Besonderes nötig.
Beste Jahreszeit: Mai bis November.
Reine Gehzeit: 5 bis 6 Stunden.
Markierung: Großteils rot-weiß-rot.
Höhenunterschied: 700 m Anstieg, 100 m Abstieg.

Die Menschen konnten früher noch soviel Furcht vor dem Gebirge haben – eines lockte

sie trotzdem hinauf: das Gold. Das gleißende Metall wurde vielleicht schon in der Jungsteinzeit aus den Tauern geholt. Der größte Goldrausch fand hier allerdings im 15. und 16. Jahrhundert statt: 1557 holten etwa 3000 Knappen 830 Kilo Gold und 2723 Kilo Silber aus den Rauriser, Gasteiner und Großkirchheimer Bergwerken, wovon einiges auch im »Alten Pocher« im Kleinen Fleißtal zerkleinert und geschmolzen wurde. Manche Stollen wurden auf über 3000 Meter Seehöhe in den Goldberg und den Goldzechkopf, zwei Nachbargipfel des Sonnblicks, geschlagen – einige davon deckten später die vorrückenden Gletscher zu. Die neuentdeckten Schätze Amerikas drückten jedoch bald den Goldpreis, und die leicht zugänglichen Lagerstätten erschöpften sich am Beginn des 17. Jahrhunderts. So verlegten sich ein paar Knappen aufs Goldwaschen – eine Tradition, die im Fleißtal für die Touristen bis heute gepflegt wird.

Den Gewerken sind auf der Kärntner Seite der Goldberge die Strombosse gefolgt. Kein

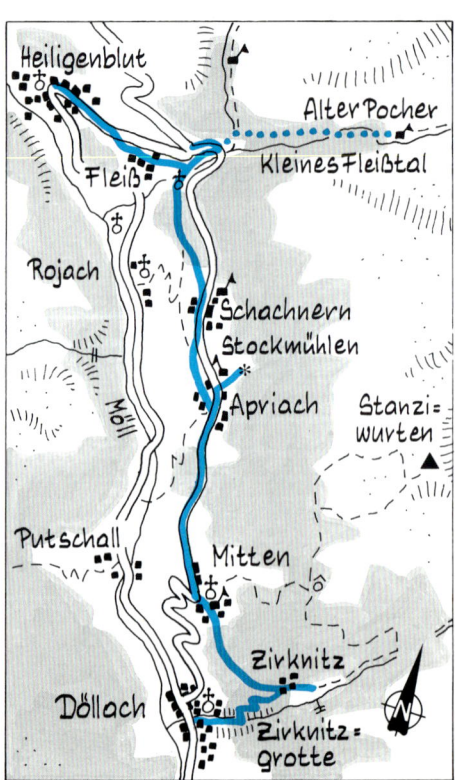

Kleine technische Wunderwerke im Steilhang: In den renovierten Apriacher Stockmühlen wird immer noch Mehl gemahlen.

Tal südlich des Sonnblicks ist von Staumauern, Zufahrtsstraßen oder Bachableitungen verschont geblieben – selbst der Zirknitzgrotte, dem monumentalen Klammfinale des gleichnamigen Tals, wurde fast das ganze Wasser abgedreht.

Nur die schmucken Paarhöfe der Bergbauern präsentieren sich wie eh und je – stolz herausgeputzt vor der traumhaften Kulisse der gletscherweißen Glocknerberge und der dunklen Schobergruppe. Da und dort wird hier auf 1400 Meter Seehöhe sogar noch Getreide angebaut. Auf den typischen »Harpfen« hängt das würzige Bergheu zum Trocknen, und in Apriach treibt ein Bergbach bis heute die kleinen, horizontal unter dem Boden angebrachten Schaufelräder der liebevoll restaurierten »Stockmühlen«. Vielleicht ist der extrem schwierige Arbeitsalltag auf den bis zu 50 Grad geneigten Leiten im museal eingerichteten Mentlhof ein wenig zu erahnen: Ein Leben zwischen Hof, Heuernte und Holzarbeit, meist ohne Urlaub, dafür mit Sorgen um den Nachwuchs und einer ungewissen EG-Zukunft ...

Der Wegverlauf

Von *Großkirchheim* (Döllach, 1013 m) spazieren wir am *Kraftwerk* vorbei ins Zirknitztal und neben einer Rohrleitung in die *Zirknitzgrotte*. Nach dem *Zirknitzfall* übersetzen wir den Bach und kommen links auf einem steilen, gesicherten Steig zum asphaltierten Güterweg hinauf, der rechts ins *Zirknitztal* führt. Ein kurzes Stück weiter taleinwärts entspringen aus der gegenüberliegenden Felsflanke die Wasserfäden der *Neun Brunnen*. Wir wandern jedoch zuvor links auf dem Weg 5 B durch den Kulmer Wald nach *Mitten* (1293 m) hinauf.

Nun folgen wir der nach Norden ansteigenden Straße (Markierung 7) bis *Apriach* (1378 m). Der *Mentlhof* liegt etwas unterhalb der Schule (Infotafel); die *Stockmühlen* erreicht man oberhalb davon auf einem kurzen, steilen Wiesenweg. Vom *Mentlhof* wandern wir schließlich auf dem Weg 9 nach *Unterschachnern* und zum *Fleißwirt*. Rechts führt ein Forstweg zur Apriacher Straße und zur *Goldwaschanlage am Fleißbach* hinauf (in der Nähe die Bushaltestelle *Fleißkehre* an der Glocknerstraße); geradeaus geht es durch den Weiler *Fleiß* nach *Heiligenblut* (1310 m) hinüber.

Nützliche Informationen

Ausgangspunkt: Großkirchheim (Döllach).
Zielort: Bushaltestelle Fleißkehre oder Heiligenblut.
Anfahrt / Rückfahrt: Bus (Linien 5002, 5108).
Gehzeiten: Döllach – Mitten 1½ Stunden, weiter nach Apriach 1 Stunde, nach Heiligenblut 2 Stunden.
Unterkunft unterwegs: Gasthöfe und Privatquartiere in Schachnern und Mitten.
Einkehr unterwegs: Mühlenstüberl in Apriach.
Sehens- und Wissenswertes: ● Museum im Schloß Großkirchheim (Bergbau, Geologie, Flora und Fauna der Region). ● Nationalparkhaus »Alte Schmelz« (Ausstellungen, Tonbildschau und Mölltaler Handwerksstube). ● Wallfahrtskirche Maria Dornach (1491). ● Geführte »historische Spaziergänge« durch Großkirchheim. ● Geführte Trekkingtouren ins Nationalparkgebiet. ● Apriacher Stockmühlen (Besichtigung nach Voranmeldung im Tourismusbüro Heiligenblut). ● Mentlhof (im Sommer jeweils am Montag, Mittwoch, Freitag und Samstag um 12 Uhr, 14 Uhr und 16 Uhr zu besichtigen; Verkauf von hausgemachten Spezialitäten). ● Goldwaschen und Wildbeobachtungen im Fleißtal. ● Alter Pocher (Gasthaus, 45 Minuten von der Fleißkehre).
Auskunft: Verkehrsamt, A-9843 Großkirchheim, Tel. (0 48 25) 212; Nationalpark Hohe Tauern, A-8943 Großkirchheim, Tel. (0 48 25) 61 61 oder 62 62; Heiligenblut siehe Tour 1.
Karte: Freytag & Berndt Wanderkarte 1:50000, WK 181 Kals – Heiligenblut – Matrei.
Anschlußtour: Stanziwurten (2683 m, von Mitten über die Mittener Kaser, Steig Nr. 5, 4 Stunden); Sandkopf (3090 m, ab Schachnern über die Schachner Kaser und die beiden Wetterkreuze, unmarkiert, aber nicht schwer zu finden, 4½ Stunden, Trittsicherheit nötig).

4 Berge aus Schutt und Blumen

Mohar und Sadnig, die ungleichen Brüder

Tourencharakter: 2 bis 3 Tage; weitgehend unschwierige Alm- und Bergwanderung auf zwei prächtige Aussichtswarten.
Ausrüstung: Bergwandermontur.
Beste Jahreszeit: Juni bis Oktober.
Reine Gehzeit: Insgesamt ca. 10 Stunden.
Markierung: Rot-weiß-rot.
Höhenunterschied: 2400 m.

Zahlreich sind in Kärnten die Ortsnamen Dellach oder Döllach. Sie sind vom slawischen »dolina« abzuleiten, was soviel wie »Tal« heißt. Döllach im Mölltal liegt zwar über 1000 Meter hoch, doch gemessen an den Riesenbergen ringsum erscheint es doch tief. Dabei wurden die steilen Hänge viel früher besiedelt als der lange Zeit sumpfige Talboden selbst. Die Kirche des mehr als 100 Meter höher gelegenen Weilers Sagritz ist viel älter als das Döllacher Gotteshaus.

Gut 600 Meter weiter oben, im urtümlichen Astental, das im Talschluß ein wertvolles Flachmoor birgt, liegen die einschichtigsten Bergbauernhöfe Kärntens. Vor dem Bau der Zufahrtsstraße waren sie oft von Oktober bis in den Mai hinein von der Außenwelt abgeschnitten; Verstorbene mußten dann mit Schlitten zu Tal gebracht – oder auf den Dachböden bis zum Frühjahr »eingefroren« werden. Schulpflicht besteht hier erst seit 1927 (und zunächst nur von Allerheiligen bis Mai), da die Kinder wie Erwachsene am Hof arbeiten mußten. Das Gebirge über der Asten, die Sadniggruppe, ist uraltes Bergbaugebiet. Der »Waschgang«, ein Abhang der Kluidhöhe, erinnert mit seinen seltsamen Auswurfhalden noch an die einstigen Kupfer- und Goldgruben.

Die Gipfel selbst liegen natürlich im touristischen Windschatten der Dreitausender rundum. Zwar grassiert hinter dem Neuen Sadnighaus leider auch schon die Wochenendhausbauwut, aber darüber, zwischen dem 2604 Meter hohen Mohar, dem »Blumenberg« des Mölltals, und dem ebenso stein- wie aussichtsreichen Sadnig (2745 m), blieb ein recht ursprüngliches Alm- und Wanderrevier erhalten.

Der Wegverlauf

Von *Großkirchheim* (Döllach, 1013 m) wandern wir auf der Straße südöstlich nach *Mitteldorf* hinauf. Von dort führt der Weg Nr. 1 A erst dem Frauenbach entlang und dann durch Wald zur *Klosteralm* (1858 m) und zum nahen *Gasthaus Glocknerblick* (2047 m). Wir nehmen nun dem Kammsteig 153 zum *Moharkreuz* (2451 m) und über den

Graskamm auf den *Mohar* (2604 m). Im Abstieg verfolgen wir den Kamm weiter ins *Göritzer Törl* (2463 m) und steigen rechts über den Astner Boden und die *Blaslalm* zum *Neuen Sadnighaus* (1880 m) ab.

Den *Hohen Sadnig* (2745 m) erreichen wir wahlweise auf dem Steig 150 oder dem *Astenmoos* entlang über die *Lindleralm* (Nr. 149), wobei beide Routen 200 m unterhalb der *Sadnigscharte* (2484 m) zusammenlaufen. Den obersten Anstieg vermittelt der geblockte Nordgrat. Der Abstieg erfolgt auf der gleichen Route.

Vom Sadnighaus schlendern wir zuletzt

Dreitausenderpanorama vom Sadnig: Über dem benachbarten Mohar präsentieren sich die dunkelfelsige Schobergruppe und die pasterzenweiße Glocknergruppe.

ein Stück auf der Straße in die *Asten*, wo der Waldweg 149 über die etwas oberhalb eingesenkte *Astener Höhe* (1898 m) nach *Sagritz* (1131 m) und *Großkirchheim* hinüberführt.

Nützliche Informationen

Ausgangs- und Zielort: Großkirchheim (Döllach).
Anfahrt/Rückfahrt: Bus (Linien 5002, 5108).
Gehzeiten: Großkirchheim – Gasthaus Glocknerblick 2½ Stunden; auf den Mohar 1½ Stunden; Abstieg zum Sadnighaus 1¼ Stunden; auf den Sadnig 2½ Stunden; Abstieg zum Sadnighaus 2 Stunden; über die Astener Höhe ins Tal 2 Stunden.
Unterkunft unterwegs: Gasthaus Glocknerblick (Nächtigungsmöglichkeit, im Sommer bewirtschaftet, Autozufahrt); Neues Sadnighaus (privat, 21 Betten, 20 Lager, von Palmsonntag bis Ende Oktober bewirtschaftet, Autozufahrt).
Karte: Freytag & Berndt Wanderkarte 1:50000, WK 181 Kals – Heiligenblut – Matrei.
Anschlußtour: Makernispitze (2644 m), vom Sadnighaus über das Schobertörl, 2355 m, Steig 151, 3 Stunden.
Weiterer Tourenvorschlag: Gartlkopf (2458 m), von Großkirchheim über die hochgelegenen Gehöfte von Ranach, Rundweg über Gartl- und Schoberalm, rot bezeichnet, 5 Stunden, Bergtour.

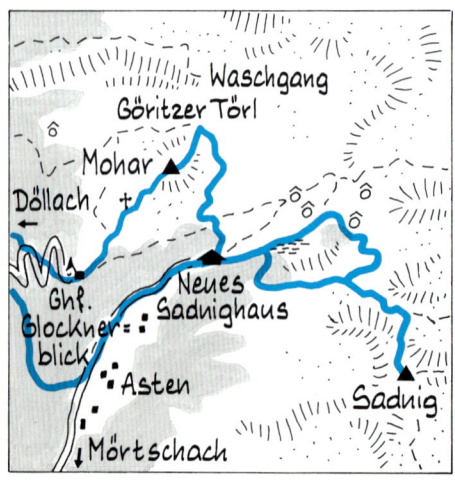

5 Familienalm und Wallfahrtsberg

Über die Winkler Alm oder zum Marterle

Tourencharakter: Jeweils 1 bis 2 Tage; unschwierige und aussichtsreiche Alm- und Höhenwege (die Gipfelanstiege erfordern jedoch Trittsicherheit).
Ausrüstung: Bergwandermontur.
Beste Jahreszeit: Juni bis Oktober.
Reine Gehzeit: Jeweils ca. 8 Stunden.
Markierung: Rot-weiß-rot.
Höhenunterschied: 1100 m und 1400 m.

Wo die Möll nach Osten schwenkt, breiten sich unter den Gipfeln der Schober-, Kreuzeck- und Goldberggruppe herrliche, mit duftigen Lärchen bewachsene Almbalkone aus. Auf der Winkler Alm oberhalb des Iselsberges, im Vorfeld des Kärntner Tauern-Nationalparks, hat der Alpenverein beispielsweise einen fast ebenen »Familienwanderweg« für große und kleine Entdecker angelegt. In einer dazugehörigen Broschüre kann man nachlesen, wie sich die Berge rundum im Verlauf von Jahrmillionen aufgetürmt haben, was hier an Blumen und Tieren zu finden ist und was es mit den uralten Almkasern auf sich hat.

Das wundersamste Wanderziel des Mölltals schmiegt sich jedoch in die steilen Südabhänge des scharfen, kaum besuchten Zellinkopfkamms: die kleine, kalkweiß aus 1849 Meter Höhe leuchtende Marterle-Wallfahrtskirche. 1906 entstand sie an der Stelle eines Kreuzes, das einst ein aus Bergnot geretteter Hirte errichtet haben soll. Seit 1991 ist sie dem Gedenken an den 1968 verstorbenen, durch parapsychologische Fähigkeiten und seine Stigmatisierung bekannt gewordenen italienischen Kapuzinerpater Pio gewidmet. Auch der päpstliche Segen darf hier erteilt werden, und sogar Wunderheilungen sollen schon vorgekommen sein. Vertrauen Sie auf der Route zum Leitenkopf, dem einzigen markierten Gipfelsteig in dieser weltvergessenen Gebirgsgruppe, aber bitte nicht auf überirdische Hilfe – versuchen Sie Abkürzer durch die harmlos aussehenden, aber »senkrecht aufgestellten« Wiesenhänge gleich gar nicht!

Der Wegverlauf

a) Familienweg Winkler Alm: Vom *Iselsberg* (1209 m) wandern wir auf einem Güterweg durch den Weiler *Penzlberg* zur *Kirche St. Benedikt.* Ab hier führt links der steile Waldsteig 931 – die Straße zur *Winkler Alm* mehrfach kreuzend – zum *AV-Jugendheim* (1907 m) hinauf. Der Hausberg der Alm, der 2401 m hohe *Straßboden*, kann von hier aus leicht auf einem markierten Pfad erstiegen werden. Beim Jugendheim beginnt nun der *Familienweg*, der zur *Winkler Viehalm* – mit einer Variante zum kleinen *Almsee* – und oberhalb des Kammerbichls zur *Pichleralm* (1880 m) hinüberleitet. Der Abstieg erfolgt auf der Zufahrtsstraße bzw. einem Abkürzungssteig nach *Rettenbach* (ca. 1300 m) und auf dem Weg 930 durch die Felshänge des Kofls zur *Bushaltestelle Rettenbach* an der Mölltal-Bundesstraße (880 m).

b) Marterle und Leitenkopf: Von *Rangersdorf* (864 m) führt eine serpentinenreiche Straße (Markierung 10 bzw. 155) über den *Wenneberg* hinauf. Ab etwa 1150 m schließt ein steiler Wald- und Wiesensteig zum *Marterle* und seinem Gasthaus (1849 m) an. Der Weiterweg zum *Leitenkopf* (2449 m) folgt kurz einem Güterweg und zieht von der *Steineralm* dann im weiten Bogen über die steilen Hänge des *Ebenecks* (2283 m) zum obersten Gipfelgrat empor. Der Abstieg erfolgt auf der gleichen Route. Achtung: In den meisten Karten sind die Gipfelnamen des Leitenkopfs und des Zellinkopfs vertauscht!

Nützliche Informationen

Ausgangs- und Zielorte: a) Iselsberg bzw. Bushaltestelle Rettenbach bei Winklern; b) Rangersdorf im Mölltal.
Anfahrt / Rückfahrt: Bus (Linien 5002, 5108).
Gehzeiten: a) Iselsberg – Winkler Alm 2½ Stunden; auf den Straßboden 2 Stunden (Abstieg 1½ Stunden); Familienweg zur Pichleralm 2 Stunden; Abstieg ins Mölltal 2½ Stunden; b) Rangersdorf – Marterle

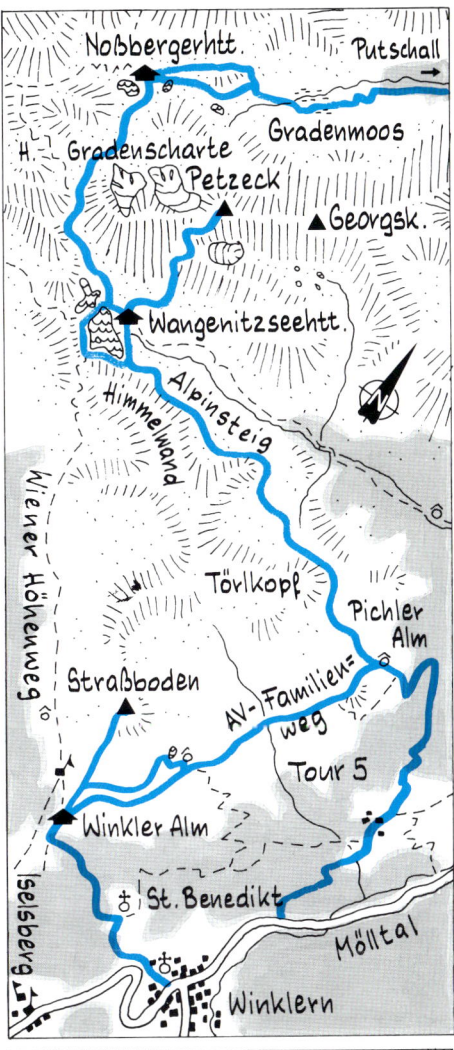

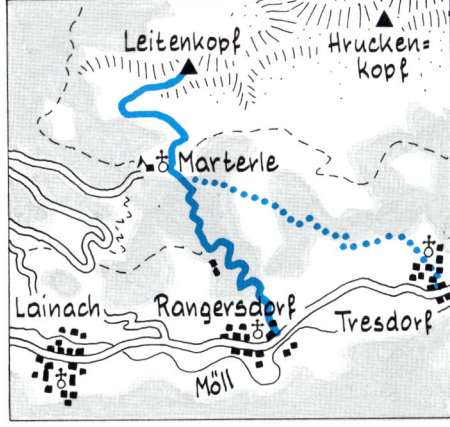

Freundschaftliche Begegnung auf der Winkler Alm.

Ruhig und tinten- blau liegt der Wangenitzsee vor seiner Schutzhütte. Hier haben die niederländischen Alpinisten ein Stück Bergheimat gefunden.

3 Stunden; auf den Leitenkopf 1¾ Stunden; Abstieg 3 bis 3½ Stunden.

Unterkunft unterwegs: a) Winkler Alm (ÖAV, 35 Lager, von Anfang Juni bis Ende September bewirtschaftet, in der Nähe die Jausenstation Raneralm, Autozufahrt); b) Gasthaus Marterle (28 Betten, im Sommer bewirtschaftet, Autozufahrt).

Einkehr unterwegs: a) Pichleralm (im Sommer bewirtschaftet, Autozufahrt).

Sehens- und Wissenswertes: ● National- park-Informationsstelle im Mautturm von Winklern. ● Renovierte Venezianersäge und Ruine auf dem Burgstall. ● Margarethenbad mit schwefelhaltigem Wasser in Lainach. ● Schmiedbad (altes »Bauernbadl«) in der Nähe von Lamnitz bei Rangersdorf. ● Die AV-Broschüre »Familienweg Winkler Alm« ist im Tourismusbüro und in der National- parkstelle Winklern erhältlich .

Auskunft: Tourismusbüro, A-9841 Winklern, Tel. (0 48 22) 2 27–16.

Karten: Freytag & Berndt Wanderkarte 1:50000, WK 181 Kals – Heiligenblut – Matrei und WK 225 Kreuzeckgruppe – Mölltal.

Weiterer Tourenvorschlag: Anna-Schutz- haus am Ederplan (1991 m), kristallge- schmücktes Kreuz, von Lainach über die Ro- nehütte, Markierung 7 und 7 A, 3 Stunden, lohnender Weiterweg auf den Ziethenkopf, 2484 m, Trittsicherheit nötig, 2½ Stunden.

6 Wunder Schobergruppe

Wangenitzsee – Petzeck – Noßbergerhütte

Tourencharakter: 3 bis 4 Tage; pracht- volle Hochgebirgstour auf soliden, aber stellenweise luftigen und gesicherten Steigen (bei Nebel oder Schneelage ge- fährlich).
Ausrüstung: Hochgebirgsausrüstung.
Beste Jahreszeit: Juli bis September.
Reine Gehzeit: Insgesamt ca. 20 Stunden.
Markierung: Rot-weiß-rot.
Höhenunterschied: 2700 m Anstieg, 2600 m Abstieg.

Die Schobergruppe ist in allem ein Wunder: Sie umfaßt auf engstem Raum 50 schroffe Dreitausender und wohl doppelt so viele Gipfel über 2500 Meter Höhe, von denen – unglaublich, aber wahr – ganze sieben (!) ei- nen markierten Pfad besitzen. Vergleichswei- se wenig vergletschert, entfalten manche ih- rer endlosen Hochtäler einen geradezu süd- lich anmutenden Zauber, andere scheinen wiederum überhaupt nur aus 1000-Meter- Wänden zu bestehen. Besonders in der Hochregion zeigt sich die Schobergruppe als fast arktisch wirkendes Hochgebirge wilde-

ster Art, in Form und Farbe wohl einmalig im Alpenraum. Das manchmal düster-braune, dann wieder farbenprächtige Gestein – es gibt dort rote, blaue und grüne Berge – wird wunderbar aufgehellt durch leuchtende Seespiegel, brausende Wildbäche und Wasserfälle. Die Kärntner Landesregierung bewies 1983 viel Weitblick, als sie neben dem Großglockner und seiner Umgebung praktisch den gesamten Kärntner Anteil der Schobergruppe zum Nationalpark erklärte (die Tiroler Nachbarn zogen erst mehr als zehn Jahre später nach).

Anspruchsvolle Höhenwege überbrücken die hohen Scharten und verbinden eine Handvoll Hütten. Eine davon gehört Leuten aus einem sehr flachen Land: Die »Nederlandse Bergsportvereniging«, die holländische Sektion des ÖAV, baute 1965 ein modernes Schutzhaus neben den tintenblauen und inselgeschmückten Wangenitzsee. Gletschermilchig schimmern dagegen die Seen neben der Noßbergerhütte im benachbarten Gradental, das mit dem unberührten Gradenmoos ein weiteres Natur-Kleinod der Schobergruppe besitzt. Bei guten Wetter- und Schneeverhältnissen läßt sich dazwischen sogar das 3283 Meter hohe Petzeck, mit zwei Metern Vorsprung vor dem Roten Knopf der König der Schobergruppe, ohne allzu großes Herzklopfen erklimmen.

Der Wegverlauf

Von der *Bushaltestelle Rettenbach* (900 m) im Mölltal wandern wir über den Weiler *Rettenbach* zur *Pichleralm* (1880m). Ab hier zieht der markierte *Alpinsteig* steil in die

Die Gradenseen bei der Noßbergerhütte sind eine »Erbschaft« der Gletscher – mit dem vom Felsuntergrund abgeschliffenen Staub färben sie das Wasser bis heute milchig hell. Jenseits des Mölltals stehen die Eisgipfel der Goldberggruppe um den Sonnblick.

Törlkopfscharte (2375 m) mit der »Steinernen Katz« hinauf. Nach einer gesicherten Schluchtquerung geht es durch die steinigen Hänge der *Saualpe*, bis ein zweiter Klettersteig-Abschnitt die Scharte unterhalb der

Himmelwand freigibt. Zuletzt steigen wir zur nahen *Wangenitzseehütte* (2508 m) ab. Als Zugabe führt um den See ein »Klettersteigerl« herum. Das *Petzeck* (3283 m) ist von hier aus auf dem im Mittelteil ausgesetzten und gesicherten, zuletzt aber wieder zahmeren Steig 927 über Schutt und Firn erreichbar.

Anderntags steigen wir auf dem *Wiener Höhenweg* (918) neben dem *Kreuzsee* zur *Kreuzseescharte* (2760 m) an. Unterhalb des Perschitzkopfs zweigt rechts der *Holländerweg* (923) ab. Er führt nach rechts, zuletzt 50 m durch steilen, erdigen Schutt in die *Hohe Gradenscharte* (2803 m). Jenseits hilft uns ein Stahlseil über brüchigen Fels und Firn zum schon fast zerschmolzenen *Gradenkees* hinab. Über Moränenschutt ist dann die *Noßbergerhütte* bald erreicht. Bei Vereisung kann man aus dem *Perschitzkar* nach Westen über die *Niedere Gradenscharte* (2796 m) ausweichen (leichter, aber länger und ebenfalls gesichert).

Von der Hütte wandern wir schließlich nach der Markierung 916 (im Talgrund) oder 918 (auf dem höhergelegenen *Rudl-Eller-Weg*) – vorbei am prächtigen *Gradenmoos* – durch das *Gradental* nach *Putschall* (1053 m) hinaus. Die Straße im unteren Teil läßt sich ab dem Parkplatz rechts auf dem *Forstweg* (925) umgehen.

Nützliche Informationen

Ausgangsort: Bushaltestelle Rettenbach an der Mölltalstraße.
Zielort: Putschall bei Döllach im Mölltal.
Anfahrt/Rückfahrt: Bus (Linien 5002, 5108).
Gehzeiten: Mölltal – Pichler Alm 2½ bis 3 Stunden; Alpinsteig zur Wangenitzseehütte 5 Stunden; auf das Petzeck 2½ Stunden (Abstieg 2 Stunden); Übergang zur Noßbergerhütte 3 bis 4 Stunden; Abstieg nach Putschall 3½ Stunden.
Unterkunft und Einkehr unterwegs: Pichleralm (siehe Tour 5); Wangenitzseehütte (ÖAV, 25 Betten, 38 Lager, von Mitte Juni bis Mitte September bewirtschaftet); Adolf-Noßberger-Hütte (ÖAV, 10 Betten, 28 Lager, von Ende Juni bis Mitte September bewirtschaftet).
Auskunft: Siehe Touren 4 und 5.
Karte: Freytag & Berndt Wanderkarte 1:50 000, WK 181 Kals – Heiligenblut – Matrei.
Wegvariante: Wiener Höhenweg Winkler Alm – Wangenitzseehütte (teilweise gesichert, Nr. 918, 4 bis 5 Stunden).

7 Mölltaler Miniaturen

Raggaklamm, Groppensteiner Wasserfall und Danielsberg

Tourencharakter: Drei liebenswerte Halbtagsausflüge – der Steig durch die Raggaklamm ist allerdings kein Spaziergang!
Ausrüstung: Bei Schönwetter ist nichts Besonderes nötig (nur für die steilen und nassen Stege in der Raggaklamm sind Wanderschuhe erforderlich).
Beste Jahreszeit: Mai bis Oktober.
Reine Gehzeit: Jeweils zwischen 1½ und 3 Stunden.
Markierung: Nur teilweise vorhanden, aber auch nicht nötig.
Höhenunterschied: Jeweils ca. 200 m.

Manchmal verbergen sich die interessantesten Dinge nicht weit droben im Gebirge, sondern sind gleich vor der Haustür zu finden. Ein gutes Beispiel dafür ist die Raggaklamm bei Flattach: Der enge Schlund zählt zu den ganz großen Natursensationen Kärntens. Ängstlich darf man auf den schmalen und feuchten »Hühnerleitern« zwischen den 200 Meter hohen Schluchtwänden nicht sein. Manchmal muß man sich über dem tosenden Raggabach wie auf einem Klettersteig am Seilgeländer hochziehen. Nach dem obersten Wasserfall hat sich dann hoffentlich jeder sattgesehen, denn der Abstieg durch die Klamm ist auf bürgermeisterliche Anordnung verboten und hat auf einer Forststraße zu erfolgen, die aber auch so steil ist, daß sie mit Seilen gesichert wurde!

Nicht ganz so dramatisch, aber ebenfalls recht sehenswert gestaltet der Mallnitzbach seinen Abgang Richtung Möll: Unterhalb der stattlichen, wohlbetürmten Burg Groppenstein überwindet er seinen engen Graben in drei Kaskaden – die schönste ist die mittlere davon, der 50 Meter hohe Groppensteiner Wasserfall. Stürzendes Wasser gäbe es hier noch einiges zu entdecken, zum Beispiel in den Waldabhängen des Poliniks, im Teuchltal oder im Reißeck.

Ein ganz besonders liebenswertes Wander-

ziel ist schließlich der »heilige Berg« des Mölltals: der weit ins Lurnfeld hinauslugende Danielsberg. Seit die Eiszeitgletscher »vergessen« haben, ihn wegzuhobeln, steht er beinahe mitten im Tal. Auf seiner 968 Meter hohen Kuppe werden wohl schon die Kelten und die Römer ihre Götter verehrt haben, denn die heutige, den heiligen Daniel und Georg geweihte Kirche birgt noch ein römi-

Die Raggaklamm, Kärntens wildestes Wasserwunder.

Der Groppensteiner Wasserfall, ein wenig bekanntes Naturwunder am Eingang zum Mallnitzer Tal.

sches Relief und einen Römerstein. Der mit Felsgruppen und interessanter Flora geschmückte Gipfel gewährt übrigens eine unerwartet schöne Aussicht: von der nahen Kreuzeckgruppe zu den fernen Karawanken – und auf die Tauernbahn.

Der Wegverlauf

a) *Raggaklamm:* Von *Flattach* (696 m) gehen wir nach Süden über die Möll in die Ortschaft *Schmelzhütten* (einstiger Kupferbergbau) und steiler zum Klammgasthaus hinauf. In der engen Schlucht gibt es kein Entrinnen. Der Rückweg schlängelt sich dann rechts durch abschüssigen Wald zu einer Forststraße, die steil zum Gasthaus hinunterführt. Achtung: Keinesfalls in die Hänge oberhalb der Klamm absteigen – die abgetretenen Steine pfeifen direkt auf den Schluchtsteig!
b) *Groppensteiner Wasserfall:* Von der *Bushaltestelle Raufen* westlich von *Obervellach* (685 m) spazieren wir zur Brücke über den Mallnitzbach und – erst auf einem Forstweg, dann rechts oberhalb der Wildbachverbauung vorbei – in sein Tal hinein. Nach dem ersten Wasserfall steigen wir am jenseitigen Hang zum schmalen Aussichtsplatz vor dem *Groppensteiner Wasserfall* (Seilsicherung) an. Der Rückweg erfolgt auf der gleichen Route (der Weiterweg zum Zechnerfall und zur Mallnitzer Straße ist durch einen Erdrutsch zerstört).
c) *Danielsberg:* Von der *Kapelle Maria am Sandbichl* an der Straße von Kolbnitz (613 m) nach Preisdorf zweigt der Steig 571 zur Kirche (968 m) und zum nahen Gasthaus ab. Der Rückweg erfolgt auf der gleichen Route (oder auf der anderen Seite erst auf einem Hohlweg, dann auf der Straße über *Litzldorf* nach *Penk*, 663 m).

Nützliche Informationen

Ausgangs- und Zielorte: a) Flattach; b) Obervellach; c) Kolbnitz.

Anfahrt / Rückfahrt: Bus (Linie 5108) oder Tauernbahn (Linie 22).

Gehzeiten: a) durch die Raggaschlucht und zurück 3 Stunden; b) zum Groppensteiner Wasserfall und retour 1½ Stunden; c) auf den Danielsberg 1½ Stunden (Abstieg jeweils 1 Stunde).

Einkehr unterwegs: a) Schluchtgasthof vor der Raggaklamm; c) Gasthof Herkuleshof am Danielsberg.

Sehens- und Wissenswertes: ● Die Fahrt mit der Tauernbahn zwischen Mallnitz und Kolbnitz – über gewaltige Brücken, durch Tunnels und vorbei an der »Märchenburg« Niederfalkenstein. ● Urbanhütte im Kaponiggraben (1809 m), kleines Almmuseum mit Rauchkuchl von 1797, vom Bahnhof Kaponig, Weg 578, 2½–3 Stunden.

Auskunft: Tourismusgemeinschaft Mölltaler Gletscher, A-9831 Flattach, Tel. (0 47 85) 615; Tourist-Information Reißeck, A-9815 Kolbnitz, Tel. (0 47 83) 20 60.

Karte: Freytag & Berndt Wanderkarte 1:50 000, WK 225 Kreuzeckgruppe – Mölltal.

8 Vom Glück und Elend der Hohen Tauern

Jamnigalm – Gletscherskigebiet Wurtenkees – Fraganter Hütte

Tourencharakter: Hochalpine, aber nicht allzu schwierige Dreitagetour auf gut angelegten Höhensteigen (kurze Stellen sind gesichert).
Ausrüstung: Hochgebirgsausrüstung.
Beste Jahreszeit: Juli bis September.
Reine Gehzeit: Insgesamt ca. 15 Stunden.
Markierung: Rot-weiß-rot.
Höhenunterschied: 1800 m Anstieg und 2800 m Abstieg.

Eine Tauern-Trilogie in Sachen Umweltpolitik: Der Startpunkt liegt im Mallnitzer Nationalparkrevier, unter den prachtvollen Bergen im »Niemandsland« zwischen Ankogel und Sonnblick. Zum Feldseekopf, einem großen Aussichtsgipfel, müßte man Kinder mitneh-

men: Am Zustieg gibt es einen geheimnisvollen »Zauberwald«, ein Almgasthaus, viele Bäche, Schwarzbeerfelder, durch die man sich durchessen kann, eine »steinerne Stadt« zum Herumkraxeln, Steinböcke und Murmeltiere, grüne und blaue »Strahlsteine« am Boden und zuletzt eine richtige Biwakschachtel mit Nebelglocke zu entdecken!

Im folgenden, unbeschwerten Dahinwandern auf dem Tauernhöhenweg sollten Sie sich dann schon auf das »Erlebnis 3000« am »Mölltaler Gletscher« einstellen. Da halfen keine Petitionen und Protesttouren: Nach der nahezu restlosen Nutzung des Fraganter Tals durch Speicherkraftwerke wurde 1987 auch noch ein umstrittenes Sommerskigebiet auf dem Schareck eröffnet. Seinerzeit hatten schon die Gasteiner mit einem Seilbahnbau begonnen, wobei ihnen jedoch das Geld ausging. Obwohl die Salzburger Seite des Gipfels mittlerweile unter Nationalparkschutz steht, wurde nun das südseitige, dramatisch abschmelzende Wurtenkees mit Seilbahn und Skiliften, zum Teil ungenehmigten Pisten, Zufahrtsstraßen, Lawinenverbauungen und einem großen Restaurant »erschlossen«. Zeitungen berichteten über Gletscherpräparierung mit Dünger und versickernde Fäkalien, die das Trinkwasser zeitweise bis zum 50000fachen der natürlichen Werte verseucht hätten. Als die AV-Sektion Spittal diesen »vorhersehbaren ökonomischen und ökologischen Flop« anprangerte, klagte die Liftgesellschaft auf Kreditschädigung – und verlor in zwei Instanzen.

Hätte der Kärntner Alpenverein nicht soviel Rückgrat bewiesen, wäre wohl auch die benachbarte Kleinfragant als Liftgebiet mißbraucht worden (u. a. hielt die AV-Jugend eine tagelange Mahnwache auf der Saustellscharte). So aber blieb dieses wellige Almkar Naturschutzgebiet, das mittlerweile sogar ausgedehnt wurde. Es war früher die Sommerfrische für glückliche Kühe, die allerdings beim Auf- und Abtrieb am ausgesetzten »Ochsentrieb« eine Mutprobe bestehen mußten. Daneben, im grünen Hochtal der Großfragant, erwarten uns schließlich ein vorbildliches Schutzhaus, die bewährte »Fraganter Bergschule« und 66 wundervolle Gipfeltouren zwischen Sadnig (2745 m) und Sandfeldkopf (2919 m). So kommt auf der

Westseite des Wurtentals die Hoffnung auf, daß die Erhaltung naturnaher Alpenlandschaft langsam wieder mehr Bedeutung gewinnt als kurzsichtiger Raubbau.

Der Wegverlauf

Von der Bushaltestelle unterhalb der *Jamnigalm* wandern wir über den Tauernbach zum nahen Gasthaus (1745 m). Dann leitet der Steig 136 über Almhänge, zwei Bäche und in steilen Serpentinen in die *Feldseescharte* (2714 m, Biwakschachtel) hinauf. Von hier aus ist der *Feldseekopf* (2864 m) leicht »mitzunehmen«. Der *Tauernhöhenweg* (Duisburg-Hannover-Weg, Nr. 102) führt von der Scharte nach Nordwesten, hoch über dem aufgestauten Feldsee, zu einem kleinen See hinab und zieht in sanftem Auf und Ab zur *Duisburger Hütte* (2572 m) hinüber. Wer das Sommerskigebiet »genießen« möchte, kann unter der Seilbahn zum Restaurant am *Wurtenkees* hinaufwandern.

Es folgt der Abstieg zur *Staumauer des Hochwurtenspeichers* und zum *Naturfreundehaus am unterhalb gelegenen Weißsee* (2381 m). Ab hier führt der stellenweise gesicherte *Sadnig-Höhenweg* (147) zum nahen *Schwarzsee* und – vorbei an zwei weiteren Seen – in die *Saustellscharte* (2560 m) hinauf. Auf der anderen Seite geht es ins *Bogenitzenkar* der *Kleinfragant* hinunter. Bald steigen wir steil und luftig zur *Ochsentriebscharte* (2651 m) auf, die den Weg ins *Schobertörl* (2355 m) vermittelt. Hier biegen wir nach links ab und gelangen neben dem Schoberbach zur *Neuen Fraganter Hütte* (1817 m).

Der Abstieg auf dem Weg 146 nach *Innerfragant* (1074 m) hat den Nachteil, daß es von dort noch 5 Straßenkilometer ohne Busverbindung nach *Außerfragant* (712 m) ins Mölltal sind. Als Alternative bietet sich die Forststraße über das *Kreuzbödele* (1893 m) zur *Domnighütte* an (Nr. 11), wo ein Weg über die *Goldberghütte* (1769 m) nach *Gößnitz* (770 m) ins Mölltal anschließt (11 A, D 2 und E 4).

Nützliche Informationen

Ausgangsort: Jamnigalm oberhalb Mallnitz.

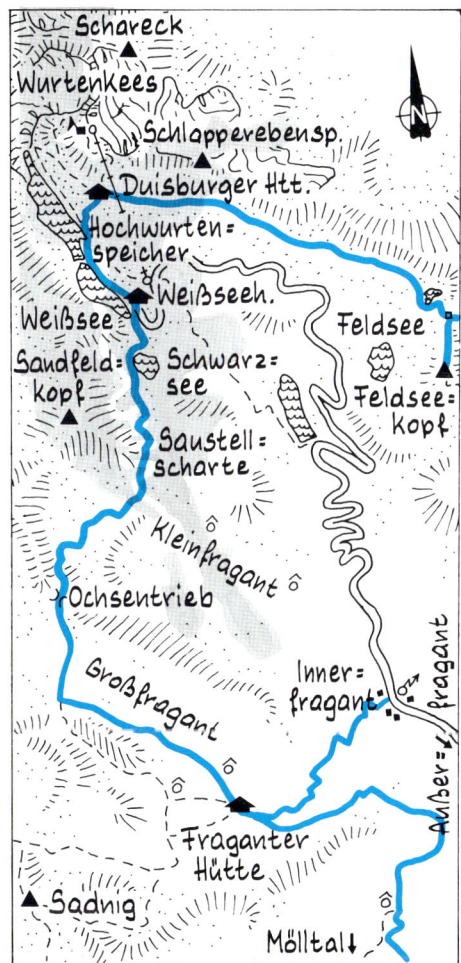

Zielort: Außerfragant oder Gößnitz im Mölltal.

Anfahrt / Rückfahrt: Bus (Linien 5108, 5114). Von Mallnitz fährt auch der »Nationalpark-Bummelzug« bis knapp vor die Jamnigalm (Juni bis Mitte September).

Gehzeiten: Jamnigalm – Feldseescharte 2½ Stunden (auf den Feldseekopf und retour 45 Minuten); weiter zur Duisburgerhütte 2 Stunden. Sadnig-Höhenweg zur Neuen Fraganter Hütte 6 Stunden; Abstieg nach Innerfragant 1½ Stunden (über das Kreuzbödele nach Gößnitz 3 Stunden).

Unterkunft unterwegs: Gasthaus Jamnighütte (8 Betten, im Sommer bewirtschaftet, Autozufahrt); Feldsee-Biwakschachtel (offener Notunterstand); Duisburger Hütte (DAV,

Der Blick zum Sonnblick und Hocharn zeigt nur die halbe Wahrheit: Gleich hinter dem Moränenwall muß das Wurtenkees als Sommerskigebiet herhalten.

10 Betten, 25 Lager, von Anfang Juli bis Mitte September bewirtschaftet); Neue Fraganter Hütte (ÖAV, 42 Betten, 44 Lager, von Ende Mai bis Mitte Oktober bewirtschaftet, daneben AV-Jugendherberge).

Sehens- und Wissenswertes: ● Ausstellung über den historischen Kupferbergbau in der Fraganter Hütte (eine Schrift von Otto Umlauft über den Bergbau ist in der Hütte erhältlich).

Auskunft: Kurverwaltung, A-9822 Mallnitz, Tel. (0 47 84) 290: Tourismusgemeinschaft Mölltaler Gletscher (siehe Tour 7).
Karten: Freytag & Berndt Wanderkarte 1:50000, WK 191 Gasteiner Tal – Wagrein – Großarltal und WK 225 Kreuzeckgruppe – Mölltal.

Anschlußtouren: Sandfeldkopf (2919 m), weglos aus der Bogenitzen über die Bogenitzenscharte, 2 Stunden, Trittsicherheit nötig; Sadnig (2745 m), von der Fraganter Hütte über den Kleinen Sadnig, teilweise gesichert, oder via Sadnigscharte, Markierung 164 und 146, jeweils 3 Stunden.

9 Wege im Wandel

Spurensuche am Ankogel

Tourencharakter: Eine unschwierige Tages-Hüttenwanderung und eine strammere, besser auf 1½ Tage angelegte Hochgebirgstour. Bei Vereisung kann die Querung unter der Romatewand östlich der Mindener Hütte unangenehm werden.
Ausrüstung: Bergwandermontur (eventuell Pickel mitnehmen).
Beste Jahreszeit: Juli bis September.
Reine Gehzeit: 4 bzw. 6 Stunden.
Markierung: Rot-weiß-rot.
Höhenunterschied: 800 m bzw. 300 m Anstieg und 1700 m Abstieg.

Trotz ihrer Höhe waren die Tauern immer schon »durchlässig«. Auf dem 2460 Meter hohen Korntauern, unter dem heute Schnellzüge und Autoverladung durch den 8,5 Kilometer langen Tauerntunnel donnern, fand man beispielsweise ein steinzeitliches Beil. »Handelsweg, 5000 Jahre alt« verkündet auch eine Tafel am kunstvoll aufgeschichteten »Heidenweg« westlich der Ankogel-Seilbahn. Dieser 24 Kilometer lange Weg soll neuen Forschungen zufolge schon von den Römern für den Goldtransport angelegt worden sein. Am benachbarten Mallnitzer Tau-

ern erinnert ein als Museum renoviertes Tauernhaus an die mit Salz, Wein, Stoffen oder Gewürzen bepackten Saumzüge. Wenn es am Tauern besonders arg »schauerte«, läutete auf der Paßhöhe eine Nebelglocke – sie steht immer noch neben der Hagener Hütte. Die Chronik erzählt von »Trieben« bis zu 40 Pferden. Damit konnten sich die Säumer in Notfällen Beistand leisten (und an Mautstationen im größeren Durcheinander auch manches »schwarz« mitgehen lassen). Schmuggler sollen sogar schon auf Brettern durch den Schnee abgefahren sein …

Ein paar hundert Jahre später bauten die Bergsteiger »Höhenwege« als Verbindung zwischen ihren Schutzhütten (wie einfach diese damals waren, kann man in der liebevoll gehegten Mindener Hütte noch erleben). Der Begriff »Höhen*weg*« ist jedoch irreführend: Das sind keine Wanderpromenaden, sondern hochalpine Marathonsteige, da und dort mit Eisen entschärft, luftige Grate »überalpinierend«, unterbrochen durch ruppige, oft mit eishartem Schnee plombierte Rinnen – oder überhaupt gerade durch ein paar Markierungen in der Trümmerwildnis angedeutet. Einer dieser Wegerbauer, der norddeutsche Geheimrat Dr. Karl Arnold, ließ sich aus Liebe zu »seinen« Bergen sogar in einem kleinen Mausoleum neben dem Hannoverhaus begraben. Das waren noch Zeiten! Damals war sogar der Ankogel noch um 16 Meter höher als heute (seine Spitze fiel 1932 nach einem Erdbeben ins Salzburgische).

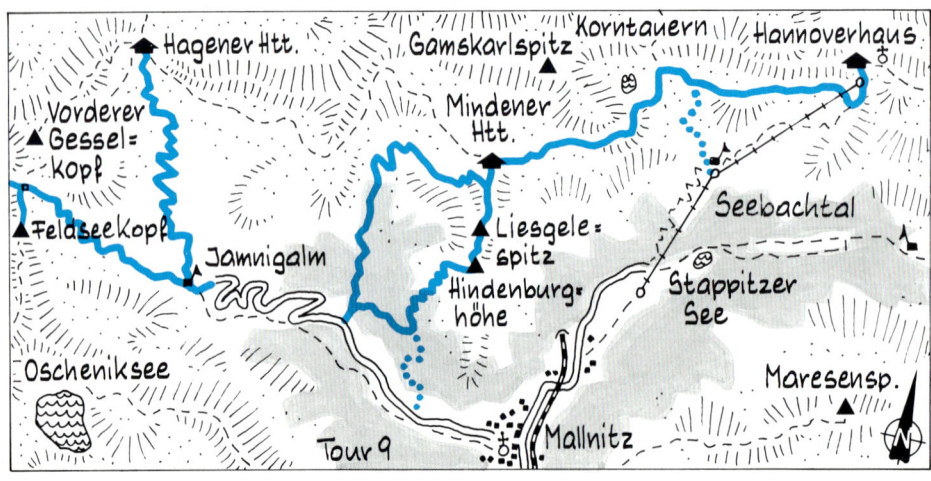

Das Arnold-Mausoleum vor der Kulisse des Ankogels.

Und wieder ein paar Dezennien später steht das Verstehen und Bewahren der Natur im Vordergrund. Sichtbares Zeichen dafür ist ein Naturlehrpfad im Seebachtal, in dem der WWF als Jagdpächter nationalparkgerechtes Wildmanagement praktiziert. Am Stappitzer See rasten übrigens nicht nur die Wandervögel gern, sondern auch seltene kunterbunte Zugvögel – aber die brauchen keine gebahnten Wege …

Der Wegverlauf

a) Zur Hagener Hütte: Von der *Jamnigalm* (1745 m; siehe Tour 8) führt der Weg 110 ohne Schwierigkeiten zum *Tauernkreuz* (2230 m), zum *Tauernhaus* und zum nahen *Mallnitzer Tauern* (2446 m) mit dem Schutzhaus hinauf. Der Rückweg erfolgt auf der gleichen Route.

b) Zur Mindener Hütte: Hier starten wir in der *Bergstation der Ankogel-Seilbahn* (2626 m) und statten zunächst einmal dem nahen *Hannoverhaus* (2722 m) einen Antrittsbesuch ab. Der *Tauernhöhenweg* (Göttinger Weg 502) zweigt jedoch unterhalb der

Seilbahnstation, im *Elschesattel* (2548 m) westwärts ab und führt über das *Lucketörl* (2384 m; hier ist eine steile Platte zu überwinden) bis in das Kar unterhalb des Korntauerns (hierher könnte man von der Mittelstation, 1926 m, auf dem »Heidenweg« heraufwandern). Meist geht es durch wüste Blockkare (Achtung auf Steinschlag) und unter der Romatewand auch über exponierte Gratrippen zur *Mindener Hütte* (2428 m).

Im Abstieg steuern wir erst die südlich gelegene *Weißenbachscharte* (2278 m) an. Ab hier folgen wir entweder dem Gratsteig 138 zur *Liesgelespitze* (2406 m), von der wir steil zur *Hindenburghöhe* (2316 m, altes Denkmal) und in unzähligen Kehren durch den Wald zur *Stockerhütte* (1300 m) im Tauerntal absteigen. Oder wir steigen westlich davon auf dem *Mindener Jubiläumsweg* 137 durch das *Öde Woisgenkar* (viel Wasser zu überqueren) und neben dem Woisgenbach dorthin ab.

Nützliche Informationen

Ausgangs- und Zielorte: Jamnigalm; Ankogel-Seilbahn.
Anfahrt / Rückfahrt: Nationalpark-Bummelzug bzw. Bus (Linie 5114).

Gehzeiten: a) Jamnigalm – Hagener Hütte 2 Stunden (Abstieg 1½ Stunden); b) Seilbahn-Bergstation – Hannoverhaus 15 Minuten; zur Mindener Hütte 3 bis 4 Stunden; Abstieg jeweils 3 Stunden.

Unterkunft unterwegs: Jamnighütte (siehe Tour 9); Hagener Hütte (DAV, 16 Betten, 30 Lager, bewirtschaftet von Anfang Juli bis Anfang Oktober); Mindener Hütte (DAV, 12 Lager, für Selbstversorger von Mitte Juni bis Mitte September offen); Hannoverhaus (DAV, 35 Betten, 35 Lager, bewirtschaftet von Anfang Juli bis Ende September).

Einkehr unterwegs: Restaurant in der Seilbahn-Bergstation, Gasthaus Hochalmblick bei der Mittelstation.

Sehens- und Wissenswertes: ● Mallnitzer Garten für alpine Raritäten (vor der Kirche). ● Historische Stockmühlen und Schusterkeusche (Mallnitzer Heimatmuseum). ● Natur-lehrpfad Seebachtal (vom Stappitzer See nahe der Seilbahn-Talstation zur Jausenstation Schwußnerhütte und retour 3 Stunden; ein AV-Naturführer dazu ist in der Kurverwaltung erhältlich).

Auskunft: Siehe Tour 8.

Karte: Freytag & Berndt Wanderkarte 1:50 000, WK 191 Gasteiner Tal – Wagrein – Großarltal.

Anschlußtouren: Vorderer Gesselkopf (2974 m), von der Hagener Hütte, teilweise gesicherter Steig 135, 2 Stunden; Grauleitenspitze (2893 m), vom Hannoverhaus, unbezeichnet, aber leicht, 1 Stunde.

Weitere Tourenvorschläge: Häusler Alm (1868 m), Sessellift von Mallnitz, Steig 139 und 143 auf das Lonzaköpfl, 2317 m, 1½ Stunden; Maresenspitze (2915 m), herrlicher Aussichtsgipfel, von Mallnitz 5 Stunden, Steig 522, Schwindelfreiheit nötig.

Das Arthur-von-Schmidt-Haus, die trauliche Herberge am blaugrünen Dösner See (Tour 10).

Audienz bei der Tauernkönigin: Die Hochalmspitze mit dem Trippkees von Westen (Tour 10). ▷

10 Im Reich der Tauernkönigin

Dösner Tal – Säuleck – Gießener Hütte

Tourencharakter: Hochalpine und sehr abwechslungsreiche Dreitagetour auf soliden Steigen, die jedoch stellenweise Trittsicherheit erfordern.
Ausrüstung: Hochgebirgsausrüstung.
Beste Jahreszeit: Juli bis September.
Reine Gehzeit: Insgesamt ca. 13 Stunden.
Markierung: Rot-weiß-rot.
Höhenunterschied: 1900 m Anstieg und 2200 m Abstieg.

Zugegeben: Der Weg durchs Dösner Tal zieht sich. Doch der Anblick des blaugrünen Dösner Sees – einer der wenigen, den die Kärntner Kraftwerksplaner ungeschoren ließen – und die vielfältigen Wasserspiele seines Abflusses sind die Schweißtropfen schon wert. Schließlich kann man sich noch damit trösten, daß der Hüttenwirt des Arthur-von-Schmid-Hauses mit seinem Roß hier noch viel öfter hin- und herlaufen muß, damit uns droben Küche und Keller soviel Gutes bieten.

Als Draufgabe gibt sich der hütteneigene Dreitausender, das Felstrapez des Säulecks, auf seinem Normalweg meist recht gnädig. Die ersten Touristen setzten ihm schon 1823 einen Steinmann auf. Sicher waren sie auch schon so begeistert vom Blick zur 3360 Meter hohen Hochalmspitze, die sich mit ihren sagenumwobenen »Steinernen Manndln« jenseits des Gößkars über dem Trippkees aufbaut. »Tauernkönigin« nennen sie die Bergsteiger, »Hochalmer« die Einheimischen, weil sie – wie z. B. auch der Hochkönig – mit der Sage von der verwunschenen, zu Eis gewordenen Alm in Verbindung steht. Die Hochalmspitze hat der Kärntner Alpenverein erst vor kurzem vor Gletscherlift-Plänen bewahrt, indem er den ganzen Berg bei einer Versteigerung kaufte. Was so ein eisiger Felspalast kostet? Der Hammer fiel bei 1 120 000 Alpendollar. Dafür ist die Tauernkönigin aber hoffentlich nie mehr wieder so ungnädig wie im »Lawinenfrühling« 1975, als sie die alte Gießener Hütte mit einer Lahn zu Kleinholz zerlegte!

Der Wegverlauf

Vom *Bahnhof Mallnitz* (1179 m) wandern wir durch eine Unterführung zu einem Umspannwerk, nach dem links ein steiler Wiesenweg (510) zu den Höfen am Dösner Sonnenhang hinaufführt. Dann führt eine Straße ins bewaldete *Dösner Tal* zur Jausenstation an der *Konradlacke* (1616 m), von wo sich ein Steig über zwei Karstufen zum *Arthur-von-Schmid-Haus* (2275 m) am *Dösner See* hinaufwindet.

Anschließend leitet der Steig 534 ins Schuttkar oberhalb der Seewände, links –

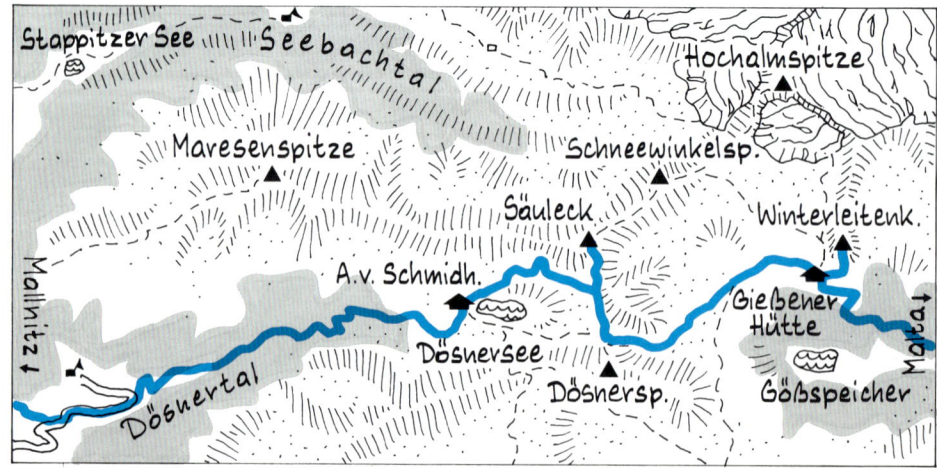

meist durch Schneefelder – in ein Kar und zuletzt neben dem blockigen Südostgrat auf das *Säuleck* (3086 m) empor.

Im Abstieg bleiben wir knapp unterhalb des Gipfels bei der *Abzweigung des Detmolder Weges* (einem hochalpinen und sehr schwierigen Klettersteig zur Hochalmspitze) rechts. Wo der Säuleck-Steig rechts zur Hütte zurückführt, können wir auch weglos nach Süden ins Kar unterhalb der schmalen *Mallnitzer Scharte* (2673 m) absteigen. Diese übersteigen wir auf dem vom Schmidhaus kommenden Steig 533 (jenseits seilgesichertes Felsband und steiles Schneefeld), der in der Folge durch das weite *Gößkar* oberhalb des Gößspeichers zur *Gießener Hütte* (2202 m) hinüberführt. Hier empfiehlt sich der kurze Abstecher auf den *Winterleitenkopf* (2518 m; eine Stelle erfordert Trittsicherheit).

Schließlich steigen wir auf dem Weg 533 neben und auf der Versorgungsstraße zur *Oberen Thomanbauerhütte* (1677 m) in den *Gößgraben* ab, wo uns der 9 km lange, buslose Straßenhatscher zum *Zirmhof* (853 m) im *Maltatal* leider nicht erspart bleibt.

Nützliche Informationen

Ausgangsort: Bahnhof Mallnitz-Obervellach.
Zielort: Bushaltestelle Zirmhof im Maltatal.
Anfahrt / Rückfahrt: Bus (Linie 5130); Tauernbahn (Linie 22).
Gehzeiten: Mallnitz – Schmid-Haus 3½ Stunden; auf das Säuleck 2½ Stunden; zur Gießener Hütte 3 Stunden (auf den Winterleitenkopf und retour 1½ Stunden); Abstieg ins Maltatal 3½ Stunden.
Unterkunft unterwegs: Arthur-von-Schmid-Haus (ÖAV, 18 Betten, 46 Lager, bewirtschaftet von Mitte Juni bis Ende September); Neue Gießener Hütte (DAV, 24 Betten, 42 Lager, bewirtschaftet von Anfang Juli bis Ende September).
Einkehr unterwegs: Jausenstation Konradhütte im Dösner Tal (Taxizufahrt möglich); Gasthaus Mentebauerhütte im Gößgraben.
Auskunft: Siehe Touren 9 und 32.
Karten: Freytag & Berndt Wanderkarte 1:50 000, WK 191 Gasteiner Tal – Wagrein – Großarltal und WK 202 Radstädter Tauern – Katschberg – Lungau.

11 Auf hohen Graten

Der riesenhafte Mölltaler Polinik

Tourencharakter: Kräftige Zweitagetour mit herrlichem Tauern-Panorama (kurze Stellen im Gipfelbereich sind gesichert und können bei Vereisung problematisch werden).
Ausrüstung: Bergwandermontur (Pickel ratsam).
Beste Jahreszeit: Juli bis September.
Reine Gehzeit: Ca. 7½ Stunden.
Markierung: Rot-weiß-rot.
Höhenunterschied: 2100 m.

Zwischen ewigem Eis und Dolomitenfels nimmt die Kreuzeckgruppe eine eigene Stellung innerhalb der Hohen Tauern ein. Ihr Gestein ist viel älter als das der Umgebung. An ihrer Einsamkeit sind sicher die fehlenden Gletscher und Dreitausender schuld, ebenso die unendlich langen Steige zu und zwischen den wenigen Hütten. Der berühmte Alpenmaler Edward Theodore Compton verglich die Kreuzeckgruppe einst mit dem schottischen Hochland.

Der Mölltaler Polinik, mit fast 2800 Meter Höhe der Hauptgipfel, ist ein riesenhafter Berg. Vom Gipfel schweift der Blick nicht nur über ein großartiges Tauernpanorama, son-

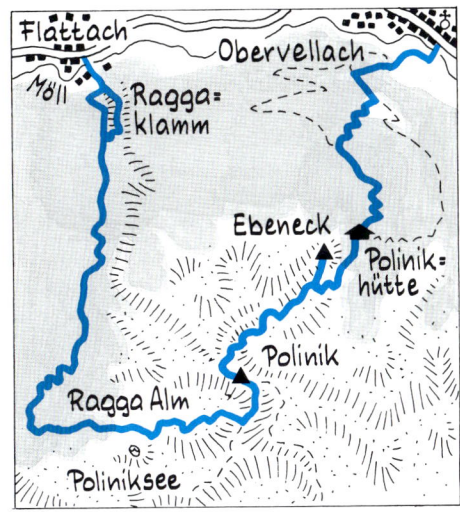

Auf hohen Graten: Der Steig über den Polinik ist recht luftig!

dern auch ganze 2100 Meter tief ins Tal. Sein slawischer Name bedeutet übrigens soviel wie »halber Tag«. Der Polinik war für die Einheimischen also der »Zwölfer« einer natürlichen Sonnenuhr, wie es zum Beispiel auch in den Sextener Dolomiten eine gibt. Als Gebirge für sich streckt er hohe und mächtige Grate aus – wie die Fangarme eines dunklen Seesterns. Rundum schäumt lebendiges Tauernwasser über Kaskaden oder durch so wilde Gräben wie die Raggaklamm (Tour 7). Da und dort ist es auch in fast unzugänglichen Bergseen gefangen, etwa im Polinik- oder im Bodensee. Üppiges Blühen kleidet den Berg; neben seltenen Blumen wächst hier auch der edelste Baum der Alpen, die Zirbe. In der Nähe der Raggaalm erinnert das Berghaus noch an ein altes Bergbaugebiet. Dort war es auch, wo wir neben weißen Marmorblöcken mitten im dunklen Kristallingestein einen großen, weißblühenden Alpenrosenbuschen fanden – man sagt, er deute ein Silbervorkommen im Boden an...

Der Wegverlauf

Von *Obervellach* (665 m) spazieren wir am Schwimmbad vorbei über die Möll und steigen nach der Markierung 326 westlich im Bogen auf einer Forststraße (326), dann auf einem steilen Waldsteig (328) zur *Polinikhütte* (1873 m) auf.

Weiter geht es, vorerst nur sanft ansteigend, auf einem Almweg zur *Steinbühelhütte* (2126 m; rechts ist ein Abstecher zum *Ebeneck*, 2122 m, möglich). Dann quert man etwas ausgesetzt durch den Abhang der *Mörnigköpfe*, steigt durch eine steile Mulde (Sicherungen) und turnt zuletzt über den Gipfelgrat auf den *Polinik* (2784 m). Der Abstieg erfolgt südwärts über Geröllhalden zur *Teuchlscharte* (2468 m), dann westlich auf schmalem Steig über die *Polinik-* und die *Raggaalm* ins Raggatal und durch dieses nach *Flattach* (696 m; rechts die *Raggaklamm*, die jedoch nicht im Abstieg begangen werden darf; siehe Tour 7).

Nützliche Informationen

Ausgangsort: Obervellach.
Zielort: Flattach.
Anfahrt / Rückfahrt: Bus (Linie 5108).
Gehzeiten: Obervellach – Polinikhütte 3 bis 4 Stunden; auf den Polinik 3 Stunden; Abstieg nach Flattach 4 Stunden.
Unterkunft unterwegs: Polinikhütte (ÖAV, 14 Betten, 40 Lager, bewirtschaftet von Mitte Juni bis Ende September).
Auskunft: Siehe Tour 8.
Karte: Freytag & Berndt Wanderkarte 1:50000, WK 225 Kreuzeckgruppe – Mölltal.

12 Rösselsprünge im Reißeck

Hochkedl, Radlkopf und Reißeck

Tourencharakter: Eine spannende Halbtags- und eine ausgefüllte Tagesunternehmung in hochalpiner Umgebung. Die gut angelegten Steige erfordern stellenweise Trittsicherheit (der Hochkedl-Anstieg ist luftig und teilweise gesichert, der Radlkopf ist weglos, aber unschwierig erreichbar). Nicht bei Nebel oder Schnee gehen!
Ausrüstung: Hochgebirgsausrüstung.
Beste Jahreszeit: Juli bis September.
Reine Gehzeit: 2½ bzw. 5 bis 6 Stunden.
Markierung: Rot-weiß-rot.
Höhenunterschied: Insgesamt 1100 m.

Berge fallen durch ihre natürlichen Besonderheiten auf – beim Reißeck hat jedoch die Technik dazugeholfen: Die vier größten Seen rund um den Fast-Dreitausender wurden aufgestaut; das in Druckrohre zusammengepferchte Wasser donnert seither genau 1772,5 Höhenmeter tief auf die Turbinen im Kolbnitzer Kraftwerk. Das ist die größte Fallhöhe der Welt. Natürlich ging das nicht ohne Umweltsünden ab. Zwischen Betonmauern, Liftstützen und ausgetrockneten Bächen liegt noch immer allerlei Zeug aus der Bauzeit herum. Doch die »Aufstiegshilfe« ins Reich des Reißecks ist wirklich originell: Die einstige Werksbahn überwindet den Höhenunter-

schied zuerst mit drei bis zu 82 Prozent steilen Schrägaufzügen, dann rattert eine Schmalspurbahn zwei Kilometer unterirdisch zu den Mühldorfer Stauseen hinüber.

Die Reißeckberge darüber sind so schön und geheimnisvoll wie eh und je geblieben. Dunkle Grate mit unglaublich scharfen Felszacken beherrschen hier seltsame Kare und schier endlos lange Täler. Im Radlgraben gab es einst ein Goldbergwerk und ein Heilbad. Namen wie »Zauberernock« (2944 m), Donnerschlagspitze (2386 m) oder »Hohe Leier« (2774 m) regen die Phantasie ebenso an wie die seltsamen Steinfiguren. Schauen Sie sich nur einmal den »Hugo-Rausch-Turm« an der Kleinen Leier oder den »Teuflischen Torwart« in der Roßalmscharte an!

Der Wegverlauf

a) Hochkedl: Vom *Berghotel Reißeck* bei der Endstation der Höhenbahn (2244 m) wandern wir zur nahen *Reißeckhütte* (2287 m) und zum südlichen Ansatz der Staumauer hinauf. Hier teilt sich der Weg: Wir steigen rechts auf dem stellenweise gesicherten Steig 568 gegen die *Hochkedlscharte* (See- oder Goaselescharte) und knapp davor rechts über den steilen Blockhang zum Gipfel (2558 m) an. Abstieg auf der gleichen Route.

b) Radlkopf und Großes Reißeck: Der Steig 510 zieht vom *Berghotel* über den *Seeriegel* oberhalb des Kleinen Mühldorfer Sees ins *Riekentörl* (2525 m) empor. Rechts geht es weglos über den unschwierigen Schutthang auf den *Radlkopf* (2744 m) hinauf. In der Scharte zweigt rechts der Steig 562 ab, der sanft bis unter die *Kaltherbergscharte* (2712 m, Wegteilung) ansteigt. Rechts in die Scharte hinauf und links in zahlreichen Serpentinen über den Südwestrücken auf das *Reißeck* (2965 m). Der Abstieg erfolgt auf der gleichen Route oder von der *Kaltherbergscharte* über den *Hochalmsee* (Steig 561) und die *Mooshütte* ins *Riekentörl* (Steig 510).

Nützliche Informationen

Ausgangs- und Zielort: Berghotel Reißeck.
Anfahrt / Rückfahrt: Tauernbahn (Linie 22); ab Kolbnitz Reißeck-Höhenbahn.
Gehzeiten: a) Hochkedl-Anstieg 1½ Stunden

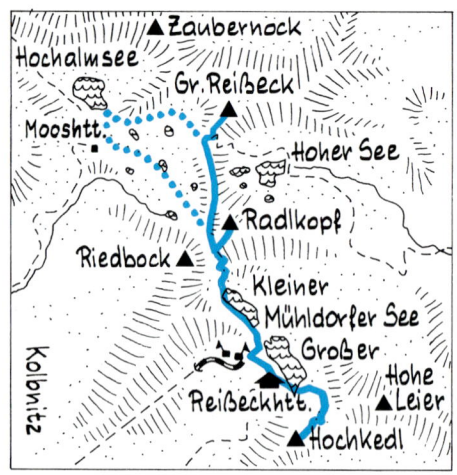

(Abstieg 1 Stunde); b) zum Riekentörl
1¼ Stunden (auf den Radlkopf und zurück
1 Stunde), weiter auf das Reißeck 1½ Stunden (Abstieg 2 Stunden, über den Hochalmsee 4 Stunden).

Unterkunft unterwegs: Berghotel Reißeck (40 Zimmer, ganzjährig bewirtschaftet); Reißeckhütte (ÖAV, 11 Betten, 36 Lager, von Anfang Juli bis Ende September bewirtschaftet); Adlerhorst (TVN, 23 Betten, 7 Lager, für Selbstversorger); Mooshütte (ÖAV, 8 Lager, für Selbstversorger von 1. Mai bis 1. Oktober mit AV-Schlüssel zugänglich).

Sehens- und Wissenswertes: ● Klinzer Schlucht oberhalb von Mühldorf. ● Wallfahrtskapelle St. Maria in Hohenburg (bei Pusarnitz) mit vorromanischem Portal.

Auskunft: Berghotel Reißeck, A-9815 Kolbnitz, Tel. (0 47 83) 2 42 00.

Karte: Freytag & Berndt Wanderkarte 1:50 000, WK 221 Millstätter See – Spittal – Nockalmstraße.

Weiterer Tourenvorschlag: Reißeck-Höhenweg 510 über das Kaponig-Biwak zum Arthur-von-Schmid-Haus (an einer Stelle gesichert, steile Schneefelder, 9 bis 11 Stunden, nur für Geübte mit Hochgebirgsausrüstung).

Dunkle Wolken und dunkle Gipfel im Zauberreich der Reißeckberge.

Oberes Drautal, Weißensee, Karnische Region

13 Kreuz und quer durchs Kreuzeck

Ein schönes Stück Höhenweg:
Kolbnitz – Greifenburg

Tourencharakter: 3 bis 4 Tage; schöne
Hochgebirgs-Transversale auf langen, an
einigen Stellen ausgesetzten und gesi-
cherten Höhensteigen (bei Nebel oder
Schnee gefährlich).
Ausrüstung: Bergwandermontur (even-
tuell Pickel mitnehmen).
Beste Jahreszeit: Juli bis September.
Reine Gehzeit: Insgesamt ca. 18 Stunden.
Markierung: Rot-weiß-rot.
Höhenunterschied: 2200 m Anstieg,
2800 m Abstieg.

Sogar im Winter und im Frühling, um so
mehr in den anderen Jahreszeiten, herrscht
im oberen Drautal ein mildes, sehr sonniges
Gebirgsklima. Es wird Luftströmungen aus
dem Süden zugeschrieben, die vom Mittel-
meer durch Berglücken der Karnischen und
Gailtaler Alpen zur Drau herüberfließen. An
den Hängen der Kreuzeckgruppe wieder auf-
steigend, verschaffen sie diesen sonst recht
rauhen Bergen ein warmes Kleinklima, das
für besonderen floristischen Schmuck sorgt
und einst sogar Weinbau ermöglichte. Der
»Weinberg« oberhalb von Dellach erinnert
noch daran. Eine hübsche und nahrhafte Be-
gleiterscheinung dazu war die Edelkastanie,
die auch heute noch auf manchen Südhängen gedeiht. Vielleicht liegt es auch an den
vielen erhaltenen mittelalterlichen Bauten,
daß die Orte hier so südlich heiter anmuten?

Im faszinierenden Kontrast dazu stehen die
wilden Gipfel darüber: Die schneidige, gegen Südwesten von Gras- und Felsbändern
durchzogene Hochtristen (2536 m) wurde etwa nach ihrer spitz zulaufenden Form, die einem Heuschober gleicht, benannt. Dafür gibt
die benachbarte Grafische Tristen, ein noch

ungestümerer Klotz, gleich ein zusätzliches
Namensrätsel auf: Sie soll einmal zum Besitz
eines Grafen gehört haben ...

Seit die Feldner Hütte wieder als zentrale
Unterkunft besteht (das alte Schutzhaus war
1988 abgebrannt, weil die Hüttenmaus so
gerne Kabel knabberte), ist auch das weit dahinter gelegene Herzstück des Kreuzecks
wieder »zu haben«: Ein scharfes, aber doch
immer wieder beruhigend grünes Bergland,
Gipfel der Einsamkeit, wildes Wasser, ver-
träumte Seen – und wahre Paradiese an Blumen und Beeren!

Der Wegverlauf

Von *Kolbnitz* (613 m) ersparen wir uns den
ersten Schweißverlust per *Kreuzeck-Schräg-
aufzug* (der allerdings nur unter der Woche
fährt). Von der Bergstation beim *Spelcher
Roßwiese* (1196 m) wandern wir dann auf
dem Waldsteig 342 über die *Mernik-* und die
Mühldorfer Alm (1504 m) zur *Roßeben*
(1977 m). Jenseits treffen wir bald auf den
Sachsenweg (344 bzw, 310 A), der rechts
durch die südseitigen Almhänge des Salzko-
felkamms in sanftem Auf und Ab zur *Salzkofelhütte* (1987 m) hinüberleitet.

Der westwärts anschließende *Heinrich-
Hecht-Weg* (310 A bzw. 318) steuert zunächst eben, dann durch ein steiles Schuttkar
auf die Nordseite des *Kleinen Kreuzecks*
(2505 m) bzw. die *Goldgrubenscharte*
(2448 m, Sicherungen) zu. Nun folgt die lange, ermüdende Auf-und-Ab-Südhangque-
rung zur *Annaruhe* (2508 m) und ins *Naß-
feldtörl* (2332 m). Zuletzt geht es über die
grasige *Bratleiten* (kleine Hütte) in den hintersten Grund des *Gnoppnitztals* hinab und
kurz zur *Feldner Hütte* (2182 m) hinauf.

Ab hier führen zwei markierte Steige nach
Süden über die Gletscherschliffe des *Plat-
tachs* ins *Lackentörl* (2379 m). Weiter geht es
links um den *Lackentörlspitz* (2443 m) und
dann auf dem Steig 338 rechts durch die
Steilgrashänge der *Grafischen Tristen*

Im Glanzsee, gleich hinter der Feldner Hütte, spiegelt sich die Kreuzeckgruppe. Über dem Plattach erheben sich die Grafische Tristen und die Hochtristen.

(2553 m) herum ins *Zweiseentörl* (2368 m). Hier können Sie entweder östlich der *Hochtristen* (2536 m) am *Zweisee* vorbei zur *Sattleggerhütte* (1755 m) im Skigebiet der *Emberger Alm* oder westlich davon zum *Einsee* und über das *Ochsentörl* (2076 m; Abstecher zum nahen Knotenberg, 2216 m) zum *Hochtristen-Schutzhaus* (1720 m) weiterwandern. Von beiden Schutzhäusern leiten mehrere Talwege (338, 330, D2) nach *Greifenburg* (645 m), *Berg* (692 m) oder *Dellach im Drautal* (613 m) hinunter.

Nützliche Informationen

Ausgangspunkt: Kolbnitz im Mölltal.
Zielort: Greifenburg, Berg oder Dellach im Drautal.
Anfahrt / Rückfahrt: Bahn (Linien 22, 22a).
Gehzeiten: Bergstation Roßwiese – Salzkofelhütte 4 Stunden; Übergang zur Feldner Hütte 6 bis 7 Stunden; Übergang zur Sattleggerhütte oder zum Hochtristenhaus jeweils 4 bis 5 Stunden; Abstieg ins Drautal jeweils 2 bis 3 Stunden.
Unterkunft unterwegs: Salzkofelhütte (ÖAV, 20 Betten, 10 Lager, bewirtschaftet von Ende Juni bis Mitte September); Feldner Hütte (ÖAV, 9 Betten, 16 Lager, bewirtschaftet von

Anfang Juni bis Mitte September); Sattleggerhütte (privat, 40 Betten, bewirtschaftet von Mitte Juni bis Mitte September); Hochtristen-Schutzhaus (privat, 30 Betten und Lager, bewirtschaftet von Anfang Juni bis Anfang September).
Einkehr unterwegs: Jausenstationen Mernikalm und Mühldorfer Alm; Dünhofenhütte und Fichtenheim auf der Emberger Alm (im Sommer bewirtschaftet).
Sehens- und Wissenswertes: ● »Freskenkirche« St. Georg von Gerlamoos bei Steinfeld im Drautal: Großartiger Freskenzyklus und seltene Darstellung der hl. Kummernus von Thomas von Villach, um 1470. (Den Kirchenschlüssel bekommt man bei Fam. Klokker in Gerlamoos 15.) ● Klamm und Wasserfall oberhalb von Gerlamoos (45 Minuten). ● Schloß Greifenburg. ● Spätromanische Kirche Maria Geburt in Berg (Fresken aus dem 13. Jh.), gotische Kirche St. Athanas südlich des Ortes. ● Ochsenschlucht und Gaißlochklamm (bei Feistritz südlich von Berg, jeweils ca. 30 Minuten). ● Modellbauanlage »Klein Austria« in Bruggen.
Auskunft: Fremdenverkehrs-Gebietsverband Oberdrautal, Tel. (0 47 12) 81 31 50.
Karte: Freytag & Berndt Wanderk. 1:50000, WK 225 Kreuzeckgruppe – Mölltal.

Anschlußtouren: Salzkofel (2498 m), von der Salzkofelhütte auf dem Steig 341, 1¼ Stunden; Kreuzeck (2701 m), »Hausberg« der Feldner Hütte, Steig 318 bzw. 326, 1½ Stunden; Hochtristen (2536 m), vom Zweiseentörl 45 Minuten, Abstieg zur Emberger Alm oder zum Hochtristen-Schutzhaus jeweils 1½ Stunden.

Weiterer Tourenvorschlag: Gaugen (2195 m), mit Gaugen-Schutzhaus; Stagor (2289 m); Alm- und Aussichtsgipfel oberhalb von Steinfeld, ca. 5 Stunden.

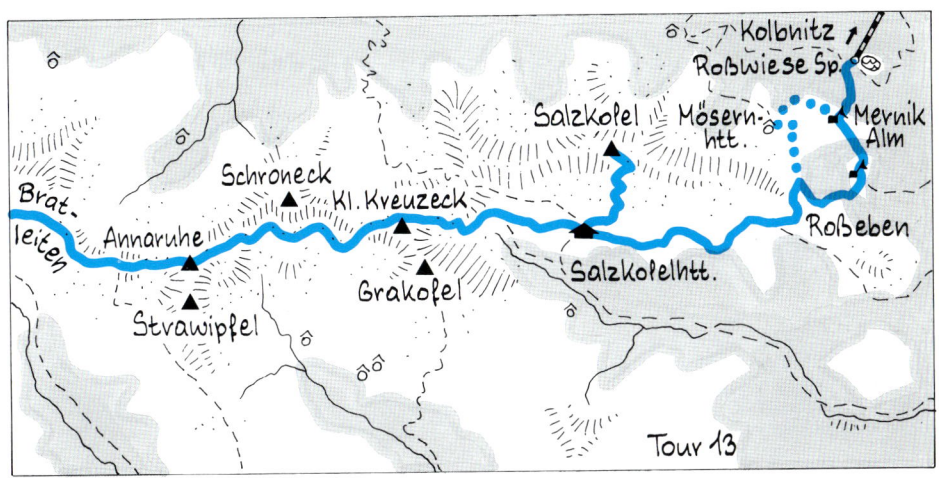

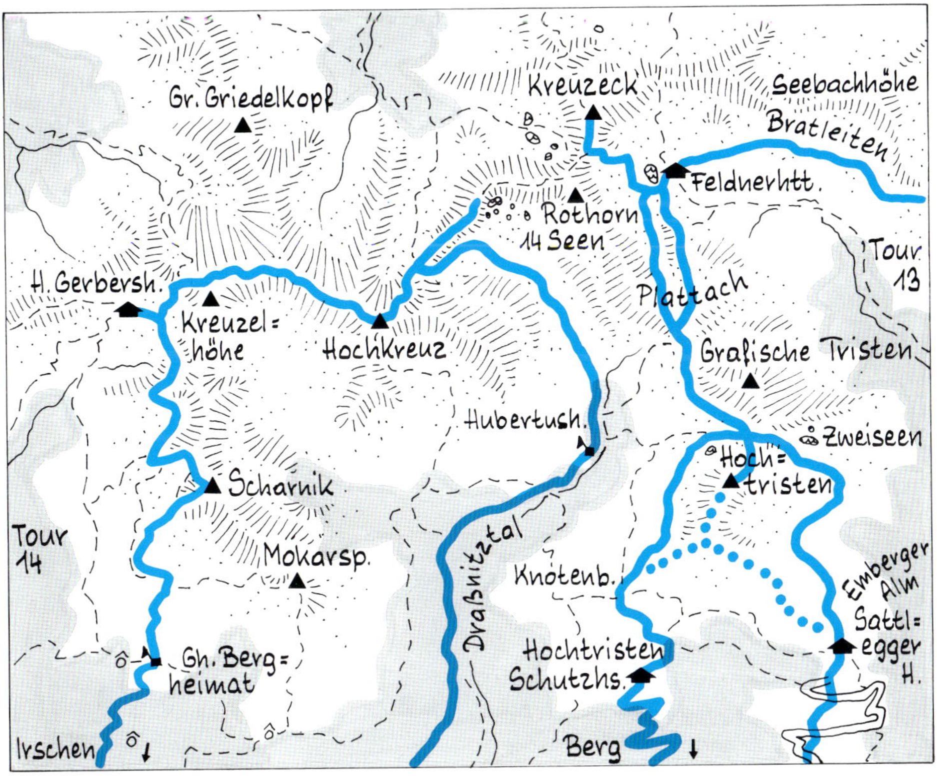

In dramatischen Bauschen driften die Wolken über das Hochkreuz und seine Gipfelnachbarn.

14 Vierzehn Seen und hundert Gipfel

Berg- und Talwege im Herzen der Kreuzeckgruppe

Tourencharakter: 3- bis 4tägige, großteils sehr einsame Bergtour, die über längere Strecken absolute Schwindelfreiheit und Trittsicherheit erfordert. Bei Nebel, Gewitter und Schneelage sehr gefährlich!
Ausrüstung: Bergwandermontur (eventuell Pickel ratsam).
Beste Jahreszeit: Juli bis September.
Reine Gehzeit: Insgesamt ca. 13 Stunden.
Höhenunterschied: 2500 m.

Vielleicht haben Sie auch schon einmal an einem verregneten Hüttentag in einem jener alten Alpinbücher geschmökert, in denen die Bergpioniere des vorigen Jahrhunderts von ihren Abenteuern berichten. In der »goldenen Zeit des Alpinismus« erlebten sie das Gebirge noch vor dem touristischen Sündenfall – auf unerstiegenen Gipfeln, im noch nie durchkletterten Fels, im Biwak, auf Almen oder Selbstversorgerhütten.

Die unberührten Berge um das Hochkreuz vermitteln noch einen Hauch dieser Ära. Die Hugo-Gerbers-Hütte ist beispielsweise so entlegen, daß sie nach dem Krieg nur wenige Selbstversorger nutzten. Hätte sich nicht der englische Alpinist P. A. Tallantire ihrer erbarmt, sie ab den Sechzigerjahren wieder bewohnbar gemacht und liebevoll gepflegt, wäre sie wohl völlig verwahrlost. Der bergbegeisterte Idealist verfaßte sogar Führer mit erstaunlicher Ortskenntnis (»Felix Austria – hut to hut touring guides«) und steckte die Erlöse in die Erhaltung »seiner« Hütte.

Erst seit kurzem ist das Schutzhaus wieder bewirtschaftet und bietet damit einen traulichen Schlupfwinkel zwischen dem Irschener Almwanderrevier um den Scharnik und dem Rückgrat des Kreuzecks, das sich von der Kreuzelhöhe zum Hochkreuz schwingt. Gehen Sie diesen schwindelnd schönen, aber ungesicherten Felsensteig bitte wirklich nur bei guten Verhältnissen nach eingehender Gewissenserforschung in Sachen Schwindelfreiheit an – sonst können Sie weder die Vogelschau in die Täler noch den permanenten Prachtblick zum Glockner genießen.

Die Stille bleibt schließlich auch im Abstieg noch 2000 Höhenmeter und etliche Kilometer lang erhalten. Unterhalb des Kleinen Hochkreuzes verbirgt sich mit den blaugrünen »Vierzehn Seen« eine kaum bekannte Laune der Natur. Im Draßnitztal sind Sie dann noch eine halbe Weltreise lang mit sich und dem überschäumenden Bach allein. Nur der holzheimelige Almgasthof Hubertushaus bietet dazwischen eine schmackhafte Abwechslung.

Der Wegverlauf

Von *Irschen* (804 m; der Bahnhof liegt ca. 2 km weiter unten im Drautal) marschieren wir zunächst auf einer Straße, dann auf dem Waldweg 315 zum *Gasthof Bergheimat* (1581 m) auf der *Leppener Alm* hinauf. Ab hier führt ein Almsteig (315 bzw. J 25) weiter nordwärts auf den *Scharnik* (2657 m). Es folgt der kurze Abstieg ins *Gursgentörl* (2445 m) und – nach Westen abbiegend – in den Sattel zwischen *Torwand* (2562 m) und *Dachskofel* (2373 m), von wo aus der Höhensteig 315 sanft durch Schutthänge und an kleinen Seen vorbei zur *Hugo-Gerbers-Hütte* (2347 m) abfällt.

Der zweite Wegabschnitt folgt dem ersten ein kurzes Stück retour und schwingt sich dann links zur lackengeschmückten *Kreuzelscharte* (2471 m) empor. Hier biegen wir wieder rechts ab, queren den Nordabhang

der *Kreuzelhöhe* (2624 m) und balancieren über den langen Verbindungsgrat zum *Schwarzwandkopf* (2683 m) und zum *Hochkreuz* (2709 m) hinüber. Der Abstieg führt uns nach Nordosten ins *Kirschentörl* (2458 m), wo rechts der Steig durch das Kar »In der Kirschen« neben dem Kirschenbach zum *Hubertushof* (1651 m) hinunterleitet (folgt man jedoch dem *Kreuzeck-Höhenweg* noch etwa 1 km nach Osten, erreicht man die *Vierzehn Seen*, 2367 m, von denen man ein kurzes Stück weglos zum Kirschenbach absteigen muß). Zuletzt wandern wir durch das *Draßnitztal* Richtung Drau: Ab ca. 1300 m zieht der Steig D 3 rechts durch den Weiler *Oberdraßnitz* nach *Irschen* hinüber, die Talstraße (D 1) entläßt uns dagegen via *Unterdraßnitz* in *Dellach* (613 m).

Nützliche Informationen

Ausgangspunkt: Irschen.
Zielort: Dellach im Drautal.
Anfahrt / Rückfahrt: Bahn (Linie 22 a).
Gehzeiten: Bahnhof Irschen – Irschen 30 Minuten; zum Gasthof Bergheimat 2 bis 2½ Stunden; auf den Scharnik 2½ bis 3 Stunden; Abstieg zur Hugo-Gerbers-Hütte 1½ Stunden; über die Kreuzelhöhe auf das Hochkreuz 2 Stunden; Abstieg über das Kirschentörl zum Hubertushaus 1½ Stunden, nach Dellach 2½ Stunden.
Unterkunft und Einkehr unterwegs: Gasthof Bergheimat (im Sommer bewirtschaftet); Hugo-Gerbers-Hütte (ÖAV, 50 Lager, von Ende Juni bis Mitte September bewirtschaftet); Hubertushaus (privat, im Sommer bewirtschaftet).
Sehens- und Wissenswertes: ● Romanisch-gotische Pfarrkirche St. Dionysius in Irschen. ● Kräutergarten. ● Blumen- und Kräuterwochen, Irschner Heuwochen mit Heudiplom, geführte Natur- und Kräuterwanderungen. ● Schloß Stein.
Auskunft: Fremdenverkehrsamt, A-9773 Irschen, Tel. (0 47 10) 24 77.
Karte: Freytag & Berndt Wanderkarte 1:50 000, WK 225 Kreuzeckgruppe – Mölltal.
Wegvariante: Von der Gerbers-Hütte kann man auch auf einem markierten Almweg zur Leppener Alm zurückwandern (2 Stunden).

Rast auf dem Zochenpaß im Herzen der Lienzer Dolomiten. Über den Böden der Kerschbaumer Alm schießen die Kalkfelsen der Kühbodenspitze und des Bösecks in die Höhe.

15 Wem die Unholde hold sind

Auf dem Drei-Törl-Weg durch die bizarren Lienzer Dolomiten

Tourencharakter: 3 Tage; landschaftlich großartige Gebirgsdurchquerung auf zum Teil sehr steilen Schuttsteigen (im Frühsommer oft noch gefährliche Schneefelder).
Ausrüstung: Bergwandermontur.
Beste Jahreszeit: Juli bis September.
Reine Gehzeit: Insgesamt ca. 13 Stunden.
Höhenunterschied: 2300 m Anstieg, 1800 m Abstieg.

Scharten haben in Kärnten und Osttirol viele Namen: Lücke, Hals, Paß, Sattele, Joch oder Törl. In den Lienzer Dolomiten gibt es neben einen »Schartenkammsattel« sogar ein »Schartenschartl«. Im Lavant-Luggauer-Törl sind wiederum Ausgangs- und Endpunkt für eine der alpinsten Wallfahrten der Alpen festgehalten. Schließlich ist nach solchen Übergängen auch die schönste Wanderdirettissima durch dieses zerklüftete Gebirge benannt: der Dreitörlweg.

Einst wurden die wolkenbrauenden Gipfel zwischen Lienz und dem Lesachtal »Unholde« genannt. Der einzige Unhold, dem ich in diesen sagenhaften Bergen jemals begegnet bin, war ein streitbarer Widder, der mir an einer neuralgischen Steigpassage partout den Weiterweg verwehrte – zuletzt spielte ich noch im Gewitterhagel Katz und Maus mit dem schurwollenen Feldherrn. Aber auch ohne Begegnungen der tierischen Art hat's der Dreitörlweg in sich: Er führt durch ein Labyrinth aus irrwitzigen Felszacken, geometrisch streng schräggestellten Steinschichten und spiegelnden Riesenplatten, die oft wie überdimensionale Theaterkulissen wirken – und all das im Schatten kolossaler Kalkburgen, von denen nur die wenigsten eine Route unter dem II. Schwierigkeitsgrad anbieten. Der Hochstadel (2680 m) protzt mit einer der höchsten Ostalpenwände, die Gipfel um den Laserzkessel sind eine einzige Kletterarena, der 2718 Meter hohe Spitzkofel irritiert mit einer ganzen Armada aus Steintürmen. Wie gut, daß dazwischen ein See die Augen erfreut, drei Hütten Herberge und Gaumenfreuden bieten – und am Schluß das historische, aber neugestaltete Tuffbad zum Auskurieren wartet…

Der Wegverlauf

Von *Oberdrauburg (632 m)* spazieren wir am jenseitigen, südlichen Ufer der Drau ca. 3,5 km über *Flaschberg* nach *Oberpirkach* (636 m). Hier beginnt der steile Waldweg 213 zum *Hochstadelhaus* (1780 m) auf der Unholdealm.

Nach der gleichen Wegnummer wandern wir nun über die Almhänge des *Ranecks* (1970 m) zum *Seebl* (kleine Lacke, 2213 m). Im steinigen Gelände kommen wir bald ins *Leitentörl* (2361 m) am Fauleck-Rücken. Durch die Felsflanke erreichen wir dann den Hochstadelkamm, den wir – linkshaltend – unterhalb des *Klammkopfs* (2413 m) bis ins *Baumgartentörl* (2330 m) queren. Es folgt der steile Schuttabstieg zwischen pfeilgeraden Felsschichten in den *Baumgarten*, aus dem wir ins *Kühleitentörl* (2283 m) ansteigen. Jenseits geht es wieder hinunter, und zwar durch eine abschüssige Schuttrinne ins *Sandkar*, aus dem wir oberhalb der Lavanter Alm zum begrünten *Sandanger* hinüberwandern. Noch einmal mühen wir uns durch ein steiles Trümmerfeld zum schmalen *Laserztörl* (2497 m) hinauf, dann führt uns der letzte Abstieg des Dreitörlweges durch Schutt und Schnee zum *Laserzsee* und zur *Karlsbader Hütte* (2260 m).

Am nächsten Tag beginnen wir mit dem vergleichsweise gemütlichen Übergang ins *Kerschbaumer Törl* (2285 m; Markierung 213), von dem wir durch Schutt- und Almböden zum *Zochenpaß* (2260 m) flanieren. Ab hier geht es auf dem serpentinenreichen Steig 215 über Fels- und Grasbänder ins *Wildesendertal* und zum *Tuffbad* (1262 m) hinunter. Zuletzt marschieren wir auf der Zufahrtsstraße die letzten 3 km Richtung Lesachtal bzw. links auf einem Abkürzungsweg nach *St. Lorenzen* (1127 m) hinaus.

Nützliche Informationen

Ausgangspunkt: Oberdrauburg oder Nikolsdorf an der Drau.
Zielort: St. Lorenzen im Lesachtal.
Anfahrt / Rückfahrt: Bahn (Linie 22 a) und Bus (Linien 5050, 5052).
Gehzeiten: Oberdrauburg (bzw. Bahnstation Nikolsdorf) – Hochstadelhaus 4 Stunden; Dreitörlweg zur Karlsbader Hütte 5 Stunden; über den Zochenpaß zum Tuffbad 3 Stunden; nach St. Lorenzen 45 Minuten.

Die Lesachtaler Südseite der Lienzer Dolomiten bildet die Kulisse zur fröhlichen Floßfahrt in einem Seitental der Karnischen Alpen.

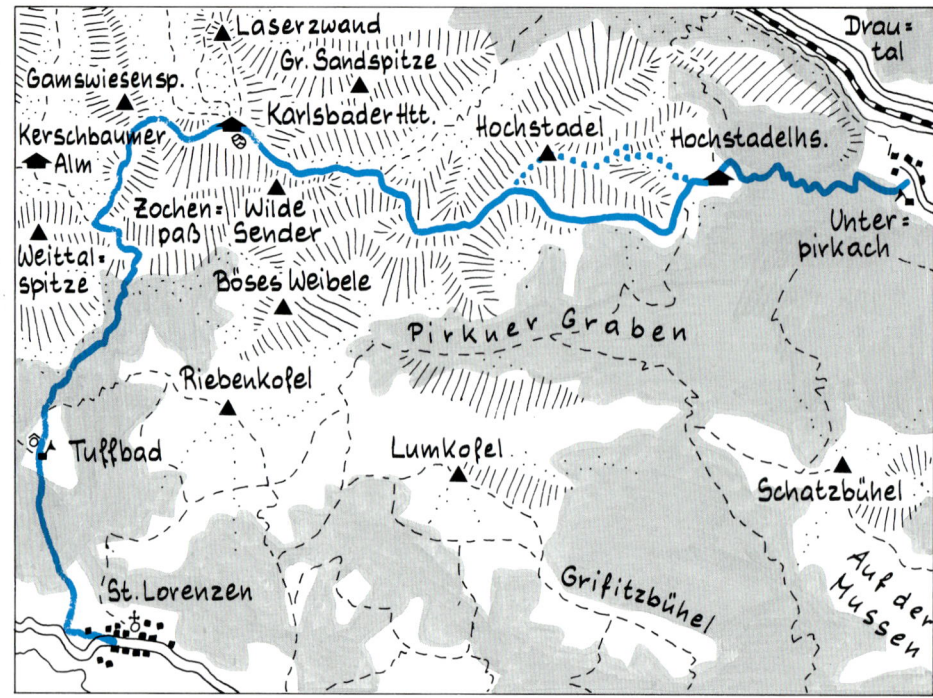

Unterkunft unterwegs: Hochstadelhaus (ÖTK, 20 Betten, 30 Lager, bewirtschaftet von Mitte Juni bis Mitte September); Karlsbader Hütte (DAV, 40 Betten, 60 Lager, bewirtschaftet von Mitte Juni bis Ende September); Gasthof Wilhelmer beim Tuffbad.

Sehens- und Wissenswertes: ● Römische Baureste (Kastell) und Ruinen Hohenburg (mit Pflanzenlehrpfad) und Flaschberg bei Oberdrauburg. ● Oberkärntner Masken- und Brauchtumsmuseum. ● Silberfall in der Gailbergschlucht (1¼ Stunden). ● Reste einer frühchristlichen Kirche und einer Fliehburg (4.–7. Jh.) sowie römische Funde neben den beiden Kirchen von Lavant.

Auskunft: Fremdenverkehrsverband Lienzer Dolomiten, A-9900 Lienz, Tel. (0 48 52) 6 52 65.

Karte: Freytag & Berndt Wanderkarte 1:50 000, WK 182 Lienzer Dolomiten – Lesachtal.

Wegvarianten: Zabarotsteig: exponierter, mit Leitern und Seilen gesicherter Anstieg von Nikolsdorf zum Hochstadelhaus, Nr. 217, 3½ Stunden; Hochstadel (2680 m), hochalpine Klettersteig-Überschreitung, Markierung 218, vom Hochstadelhaus

2½ Stunden, Abstieg zum Dreitörlweg 45 Minuten (nur für sehr Geübte).

Anschlußtour: Laserzwand (2614 m), 1¼ Stunden von der Karlsbader Hütte.

16 Im Kärntner Extrastüberl

Unterwegs auf dem Lesachtaler Talweg

Tourencharakter: 1½ bis 2 Tage oder 3 Halbtagsausflüge; abwechslungsreiche Tal- und Kulturwanderung auf unschwierigen Steigen und Forststraßen.

Ausrüstung: Bei Schönwetter ist nichts Besonderes nötig.

Beste Jahreszeit: Außer bei hoher Schneelage immer zu begehen.

Reine Gehzeit: Insgesamt ca. 9 Stunden.

Markierung: Holztafeln mit Emblem »Lesachtaler Talweg«.

Höhenunterschied: 900 m Anstieg und 700 m Abstieg.

Im Südwesten Kärntens, eingebettet zwischen den Lienzer Dolomiten und den Karnischen Alpen, liegt das Lesachtal. Seine Lebensader, die Gail, hat einen verwirrenden Lebenslauf: Am Kartitscher Sattel teilt sich ein winziger Wasserlauf – die eine Hälfte plätschert als Gailbach Richtung Sillian, die andere nach Obertilliach, und da wie dort heißt es »Tiroler Gailtal«. Ab der Kärntner Landesgrenze hat sich die Gail im »Lesachtal« einen kurvigen, bis zu 300 Meter tiefen Graben durchs brüchige Schiefergestein gefräst. Ab Kötschach-Mauthen wird das nunmehrige »Obergailtal« breiter; von Hermagor weg schlängelt sich der Fluß einfach nur mehr durch das »Gailtal«, bis er bei Villach in die Drau mündet. Seltsam ist die Vorstellung, daß diese längste Talgerade der Ostalpen nach der Wegnerschen Kontinentalverschiebungs-Theorie die Grenze zwischen der europäischen und der afrikanischen Kontinentalplatte bildet!

Die Gail und ihre Seitentäler – Zählungen schwanken zwischen 72 und 76 – prägen das Lesachtal unübersehbar: Wie Inseln liegen die stolzen Bauernhöfe und schmucken Dörfer auf den geneigten Hangterrassen dazwischen. Die Lesachtaler Verbindungsstraßen haben mit ihren Höhenunterschieden und Haarnadelkurven schon so manchen Flachländern das Fürchten gelehrt. In schneereichen Wintern ist das Tal im Verkehrsfunk Dauergast – dann sind die Orte oft tagelang von der Außenwelt abgeschnitten.

Trotz der harten Lebensbedingungen hat sich kaum anderswo eine so unverfälschte bäuerliche Kulturlandschaft erhalten wie in diesem »Extrastüberl« Kärntens. Jedes einigermaßen flache Stück Boden wurde durch die Jahrhunderte kultiviert, jeder Grasfleck genutzt. Neben der Arbeit werden hier das gesellige Zusammensein, das Brauchtum, das religiöse Leben und nicht zuletzt die familiäre Betreuung der Gäste ganz besonders gepflegt. Das Lesachtal bietet keine spektakulären Dreitausender und keine Gletscher – sein Reiz liegt in seiner Ursprünglichkeit. Hier ist alles, was anderswo vom sanften Tourismus bis zum biologischen Landbau beschworen wird, seit jeher zu Hause. Der 1990 im Zuge eines touristischen Konzepts fertiggestellte Talwanderweg verbindet nicht nur die Lesachtaler Orte mit den Flußauen und Bergbauernhöfen. Er zeigt die Berge einmal aus der Talsicht: das Biegengebirge (2554 m) hoch über Nostra, den Blick von Niedergail auf die riesenhafte Plenge (2373 m), die Höfe von Obergail vor der finsteren Steinwand (2520 m) und dem kecken Letterspitz (2463 m), den Monte Peralba (Hochweißstein, 2694 m) als Krönung des Frohntals oder das Panorama der Lienzer Dolomiten von der Steineckenalm.

Der Wegverlauf

Von *Maria Luggau* (1179 m) wandern wir auf einem Wiesenweg nach Südosten zur *Gailbrücke* hinunter. Am drüberen Ufer geht es über *Sterzen* (1126 m) zur *Frohner Gailbrükke*, über die man den jenseitigen Weiler *Wiesen* erreicht. Nach der Überquerung der Bundesstraße spazieren wir links zur *Radegunder Kirche* hinunter und weiter nach *St. Lorenzen* (1128 m).

Vom Ortszentrum führt ein Steig nach Süden über das tief eingeschnittene Gailtal ins *Frohntal*, wo wir beim *Luggerkreuz* unterhalb von Frohn die Zufahrtsstraße erreichen. Auf dieser wandern wir weiter ins Tal, bis links eine Forststraße abzweigt, die uns durch die Wälder des *Obergailberges* (1374 m) nach *Obergail* hinüberleitet. Nun geht es rechts ins *Obergailtal* und – links abzweigend – zur *Steineckenalm* (1149 m). Zuletzt führt ein steiler Waldsteig zur *Liesinger Gailbrücke* hinab, von der man in Kürze am Freizeitzentrum vorbei nach *Liesing* (1043 m) hinaufkommt.

Von der Brücke marschieren wir dem südlichen Ufer entlang zur Haslacherhütte und gelangen links auf einem Ziehweg zum *Gailsteg*. Am drüberen Ufer kommen wir bald zur *Niedergailer Brücke*, überqueren den Fluß neuerlich und wandern auf der Straße zum Gasthaus Waldfrieden knapp vor *Niedergail*. Links führt erst eine Forststraße, dann ein Steig zum Steg über den *Niedergailbach*. Danach begleiten wir die Gail wieder auf einer Forststraße bis zum Campingplatz: Rechts geht es nach *Nostra* (1038 m) hinauf, von wo man auf einem steilen Ab- und Auf-Steig über das *Wolayer Tal* in den Weiler *Wodmaier* (992 m) und nordwärts über die Gail nach *Birnbaum* (960 m) kommt. Vom Campingplatz gelangt man auf der Straße auch gleich direkt dorthin.

Nützliche Informationen

Ausgangsort: Maria Luggau.
Zielort: Birnbaum.
Anfahrt / Rückfahrt: Bus (Linie 5050).
Gehzeiten: Maria Luggau – St. Lorenzen
2 Stunden, bis Liesing 3 bis 4 Stunden, nach Birnbaum 3 bis 4 Stunden.
Unterkunft und Einkehr unterwegs: Gasthöfe in den Orten und Weilern; Steineckenalm (im Sommer bewirtschaftet).
Sehens- und Wissenswertes: ● Kreuzweg in St. Jakob. ● Gotische Pfarrkirche in Kornat

Der Winter läßt das Lesachtal manchmal auch im Juni noch grüßen. Dieser Bilderbuch-Bauernhof steht im Obergailtal am Fuß der mächtigen Steinwand und des Letterspitzels.

bei Birnbaum. ● Gotische Pfarrkirche und spätgotische Filialkirche St. Radegund in St. Lorenzen. ● Wallfahrtsort Maria Luggau (barocke Basilika Maria Schnee, Servitenkloster, historische Bauernhöfe, vier renovierte Mühlen mit kleinem Museum, Mühlenfeste).
Auskunft: Tourismusverband Lesachtal, A-9653 Liesing, Tel. (047 16) 243.
Karte: Freytag & Berndt Wanderkarte 1:50000, WK 182 Lienzer Dolomiten – Lesachtal.
Anschlußtour: Der »Lesachtaler Almweg« führt – sozusagen ein Stockwerk höher – von Maria Luggau über den Luggauer Sattel (1803 m), Tuffbad (1262 m), Lakenalm (1610 m), Assing (1427 m), Mahdalm (1814 m) und Grifitzbichl (1860 m) nach Birnbaum zurück (prächtige Aussicht, mit Holztafeln und Emblem »Lesachtaler Almweg« markiert, insgesamt ca. 13 Stunden); Gipfelabstecher auf die Samalm (1992 m), den Riebenkofel (2386 m) und den Lumkofel (2287 m) möglich.

Ein Hauch von Dolomiten: Der Monte Chiadenis, der rauhe Nachbar des Hochweißsteins.

17 Berge in allen Farben

Über das Luggauer Törl
zum Monte Peralba

Tourencharakter: 2 bis 3 Tage; kräftige Bergwanderung mit schwierigem Gipfelanstieg (Schwindelfreiheit und Trittsicherheit nötig). Nicht bei Nebel oder Schnee gehen!
Ausrüstung: Bergwandermontur.
Beste Jahreszeit: Juli bis September.
Reine Gehzeit: Insgesamt ca. 12 bis 13 Stunden.
Markierung: Rot-weiß-rot.
Höhenunterschied: 2200 m.

Einen Berg wie den Hochweißstein findet man nicht alle Tage – wenn man ihn unter dieser Bezeichnung überhaupt findet: Da er sich knapp südlich der Staatsgrenze zwischen Friaul und der Provinz Belluno erhebt, ist er in den meisten Karten unter seinem ohnehin viel poetischeren italienischen Namen »Monte Peralba« verzeichnet. Von allen Seiten erscheint er als steinerne Festung, vorne wie ein Schiffsbug aufgeschwungen; auf der Ostseite spannt sich über Schutthalden und Riesenblöcken eine zersprengte, gelbliche Wand. Die steil abdachenden Nordabstürze gleißen weiß in der Sonne – hier macht der Hochweißstein seinem Namen wirklich alle Ehre!

Er tut das in einer Umgebung, die an farblichen Überraschungen nicht gerade arm ist:

Am Hauptkamm der Karnischen Alpen geben sich helle Kalke und dunkle Schiefergesteine »im fliegenden Wechsel« ein Rendezvous – es ist, als würden die Tauern mit den Dolomiten Hochzeit halten. Auf der Weißsteinspitze, dem österreichischen »Vorbau« des Peralba, hat der Druck der Alpenfaltung vulkanische Eruptivgesteine auf viel jüngere Kalk- und Schieferschichten bugsiert, was ihrer Nordseite ein zebraartiges Aussehen gibt. Die Raudenspitze besteht dagegen aus einem der betagtesten Baumaterialien der Alpen, aus grüngrauen, 460 Millionen Jahre alten Grauwacken. Der Kalk der »Gelben Lungern« westlich der Torkarspitze leuchtet wiederum grün, blau und ocker ins Tal. Und um die Pracht vollends zu steigern, gedeiht auf den unterschiedlichen Böden eine Fülle von zum Teil bereits südländisch-bunten Pflanzen.

Noch bunter ist bloß die internationale Schar der BergsteigerInnen, die an schönen Sommertagen friedlich unter der Gipfelmadonna die Prachtsicht vom Monte Peralba genießen. Daß die isolierte Position des weißen Berges auch für ganz andere Zwecke genutzt wurde, davon zeugen die Reste von Kavernen und Stacheldrahtverhauen auf dem Gipfel: Im Ersten Weltkrieg, zwischen 1915 und 1917, war der gesamte Karnische Hauptkamm Frontgebiet. Immer wieder versuchten italienische Alpini, die österreichisch-ungarischen Stellungen und die Funk-Abhorchstation auf dem Peralba zu erobern. Aber auch um die Jöcher rundum haben die plötzlich zu Feinden gewordenen Nachbarn erbittert gekämpft.

Der Wegverlauf

Von der Basilika in *Maria Luggau* (1179 m) gehen wir neben einer Mühle steil zum Gailsteg hinunter (Markierung 29 bzw. 451). Am drüberen Ufer erreichen wir die Forststraße, die ins langgezogene *Ebnertal* hineinführt. Ab der *Ochsenkofelhütte* (1464 m) wandern wir auf einem steilen Steig auf den *Luggauer Boden* (Bödenhütte) und ins *Luggauer Törl* (2232 m) hinauf. Jenseits steigen wir auf dem *Karnischen Höhenweg* (403) erst steil talwärts, zweigen dann aber rechts ab: Der erst sanft abfallende, dann fast ebene Höhenweg

führt unterhalb der Torkar- und der Weißsteinspitze entlang zum *Hochweißsteinhaus* (1867 m) hinüber. Falls in der dabei zu querenden Steilrinne noch Altschnee liegt, muß sie mitunter über die tiefergelegene *Frohnalm* umgangen werden!

Ab hier führt der Steig 448 nach Südwesten durch Grashänge und eine Felsrampe ins *Hochalpljoch* (2280 m, Staatsgrenze) hinauf. Bei den Festungsanlagen dahinter ist der *Monte Peralba* (2694 m) erstmals sichtbar. Sein Gipfelsteig zweigt kurz danach rechts ab und leitet uns über Schutthalden und durch einen steilen, oft nassen Kamin (Drahtseil) auf den freien, aber gutmütigen Grat. Der Abstieg erfolgt auf der gleichen Route.

Sehr lohnend ist auch der Übergang auf dem Steig 132 über das *Bladner Joch* (2312 m) zum *Rifugio Calvi* (2164 m) am Südfuß des Berges. Für den Rückweg bietet sich auch der Kriegsweg über das *Öfnerjoch* (2011 m, Staatsgrenze; Weg 140) an.

Vom *Hochweißsteinhaus* steigen wir

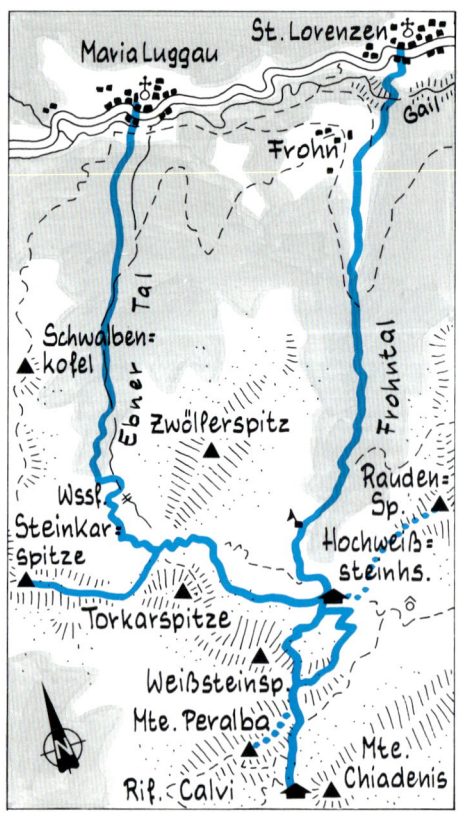

Der Monte Peralba, der marmorweiße Berg der Karnischen Alpen.

schließlich nordwärts zur *Frohnalm* mit der *Ingridhütte* (1651 m) ab und wandern auf der Almstraße durch das *Frohntal* hinaus (Nr. 448), nehmen die Straße über die Gail nach *Wiesen* an der Lesachtal-Bundesstraße (1107 m; Bushaltestelle) oder den Steig 26, der beim *Luggerkreuz* unterhalb von *Frohn* rechts abzweigt, durch die tief eingeschnittene Gailschlucht nach *St. Lorenzen* (1128 m).

Nützliche Informationen

Ausgangsort: Maria Luggau.
Zielort: St. Lorenzen.
Anfahrt / Rückfahrt: Bus (Linie 5050).
Gehzeiten: Maria Luggau – Luggauer Törl – Hochweißsteinhaus 5 Stunden; auf den Hochweißstein 3 Stunden (Abstieg 2 Stunden); Hochweißsteinhaus – Rif. Calvi 2 Stunden, Rückweg über Hochalpl oder Öfnerjoch 2 bis 3 Stunden; Abstieg nach St. Lorenzen 2 Stunden.
Unterkunft unterwegs: Hochweißsteinhaus (ÖAV, 14 Betten, 32 Lager, bewirtschaftet von Mitte Juni bis Anfang Oktober); Rifugio Calvi (CAI, 80 Betten und Lager, bewirtschaf-

tet von Anfang Juli bis Ende September).
Einkehr unterwegs: Ingridhütte (im Sommer bewirtschaftet).
Sehens- und Wissenswertes: ● Panoramatafel des Geo-Trails beim Hochweißsteinhaus. ● Bladen (Sappada) im Piavetal südlich des Monte Peralba ist eine uralte deutsche Sprachinsel.
Wichtig: Reisepaß mitnehmen!
Auskunft: Siehe Tour 16.
Karte: Freytag & Berndt Wanderkarte 1:50000, WK 182 Lienzer Dolomiten – Lesachtal.
Anschlußtouren: Steinkarspitze (2524 m, Steig 403 vom Luggauer Törl, 1 Stunde, leicht); Raudenspitze (2507 m, teilweise gesicherter Steig 140, 2 Stunden, nur für Geübte); Via ferrata Sartor auf den Monte Peralba sowie die beiden schwierigeren Klettersteige auf den Monte Chiadenis (2490 m; vom Rif. Calvi jeweils 1 1/2 Stunden, nur für Geübte mit Klettersteigausrüstung).
Weitere Tourenvorschläge: Sonnstein (2289 m, Steig 22 von Frohn, 3 Stunden); Gemskofel (2112 m, Steig 18 von Obergail, 3 Stunden).

18 Ins Herz der Karnischen Alpen

Zum Wolayersee, auf den Rauchkofel und »italienisch« um die
Hohe Warte herum

Tourencharakter: 2 bis 3 Tage; auf der
österreichischen Seite unschwierige Bergwanderung in grandioser Hochgebirgs-
umgebung, auf der italienischen Seite
teilweise ausgesetzte und gesicherte Steige (Schwindelfreiheit und Trittsicherheit
nötig).
Ausrüstung: Bergwandermontur (am
Sentiero Spinotti ist im Frühsommer ein
Pickel ratsam).
Beste Jahreszeit: Juli bis September.
Reine Gehzeit: Insgesamt 9 bis 12 Stunden (mit Ersteigung der Hohen Warte zusätzlich 3¹/₂ Stunden).
Markierung: Rot-weiß-rot.
Höhenunterschied: 1700 m Anstieg und
1600 m Abstieg (Hohe Warte zusätzlich
700 m).

Über 100 Kilometer weit erstreckt sich der
Karnische Hauptkamm in strenger Ost-West-
Richtung – von Thörl-Maglern bis Sexten. Er
ist jedoch nur der nördlichste Teil der Karnischen Alpen, die zwischen Piave und Taglia-
mento – kaum niedriger und noch ungebär-
diger – weit nach Süden ausbuchten.

Ihr vielleicht schönstes Landschaftskleinod
liegt aber auf Kärntner Boden und steht seit
1983 unter Naturschutz: der Wolayersee. In
seinem blauen Wasser spiegelt sich die eben-
mäßige Dreiecksform des Seekopfs (2554 m),
der den Auftakt zum elegant nach Westen
geschwungenen Felswand-Amphitheater des
Biegengebirges bildet. Im Osten protzt die
Hohe Warte (2780 m), der »Hausherr« der
Karnischen Alpen – eine felsige Trutzburg
mit firnverbrämtem Nordwandgesicht, von
deren Gipfelglocke man bei ganz klarem
Wetter tatsächlich bis zur Adria sieht. Die benachbarte, 2769 Meter hohe Kellerwand
birgt zwischen ihrem verfalteten Steinsockel
und ihren sechs Zinnen sogar einen richtigen, von Lawinenschnee genährten Mini-
Gletscher. Die nördlich des Valentintals auf-

schießenden Felsschründe des Gams- und
Mooskofels (2526 m und 2364 m) wären im
Karwendel oder im Wilden Kaiser wohl
schon allein namhafte Anziehungspunkte.
Dazwischen bietet der Rauchkofel (2460 m)
eine prächtige Aussichtsloge vor diesem Feuerwerk alpiner Dramatik. Wie sich diese im
unvorstellbaren Zeitraum von 500 Millionen
Jahren entwickelt hat, erklärt uns hier ein
sehr anschaulich gestalteter Lehrpfad im
Rahmen des »Geo-Trails«.

Auch am Wolayersee wurde der Krieg aus-
getragen. Gräben, Kavernen, Munitionsreste
und verrosteter Stacheldraht klagen das grau-
enhafte Gemetzel noch an. Die meisten der
hohen Gipfel waren von den Italienern besetzt; die Alpini konnten sogar den Wolayer-
paß erobern, nachdem sie sich zuvor vom
Seekopf abgeseilt hatten. Die Österreicher
schossen nördlich des Wolayersees zurück
und nagelten halsbrecherische Erkundungs-
Klettersteige durch die Nordabstürze der Hohen Warte und des Biegengebirges (die sehr
versierte Bergsteiger/-innen heute noch faszi-
nieren). Die alte, 1915 zerstörte Hütte am
Wolayersee baute der Alpenverein später
wieder auf. Heutzutage floriert der Kleine
Grenzverkehr zwischen Kärntner Kasnudeln
und den Spaghetti im nahen Rifugio Lambertenghi recht völkerverbindend. Nur der
»Hüttenpatron« des schmucken AV-Schutz-
hauses sollte einmal kritisch reflektiert werden: Ing. Eduard Pichl war zwar ein hervor-
ragender Bergsteiger und Neutourentüftler,
aber als radikal antisemitisch und groß-
deutsch eingestellter Funktionär auch maß-
geblich am berüchtigten »Arierparagraphen«
des Alpenvereins beteiligt...

Der Wegverlauf

Startpunkt ist das *Plöckenhaus* (1215 m) unterhalb des Plöckenpasses. Auf dem *Karnischen Höhenweg* 403 wandern wir westwärts über die *Theresienhöhe* (1316 m) und
oberhalb der *Unteren Valentinalm* (1220 m)
zur *Oberen Valentinalm* (1540 m). Weiter
durch das Obere Valentintal ins *Valentintörl*
(2138 m; Panoramatafel des Geo-Trails), aus
dem wir durch Schutt und Wiesen zur *Pichlhütte* am *Wolayersee* (1959 m) hinabwan-
dern.

Die Seewarte im Biegengebirge bildet einen reizvollen Kontrast zur grünen Umgebung der Pichlhütte am Wolayer See.

Der *Naturweg Wolayersee* führt von der Hütte (nach der Markierung 436) über blumenreiche Berghänge auf den *Rauchkofel* (2460 m), kurz vor dem Gipfel rechts Richtung *Valentintörl* und von dort auf dem Karnischen Höhenweg zur Hütte zurück (12 Haltepunkte mit Schautafeln).

Gemütliche wandern am besten über das Valentintörl zum Ausgangspunkt zurück (oder steigen durch das *Wolayer Tal* nach *Birnbaum*, 960 m, ab). Für Geübte empfiehlt sich jenseits des *Wolayerpasses* (1977 m;

Grenze) der Südsteig vom *Rifugio Lambertenghi* (1955 m), von dem auf ca. 1780 m Seehöhe links der Klettersteig *Sentiero Spinotti* (145) abzweigt. Dieser führt erst durch eine luftige Felsflanke, dann durch steile Grashänge (im Frühsommer gefährliche Schneerinne!) und zuletzt über schöne Almböden zum *Rifugio Marinelli* (2120 m). Ab hier (oder schon weiter westlich vom Sentiero Spinotti) läßt sich die *Hohe Warte* (2780 m) auf einem angelegten, aber teilweise verfallenen und ausgesetzten Kriegssteig

(143) durch Schutt und Schrofen erklimmen.

Von der Hütte wandern wir zuletzt auf dem Steig 146 durch wundervolle Karstlandschaft zu den *Casera Monumenz* (1769 m), überlisten eine brüchige Schrofenrinne und kommen über die *Casera Collinetta di sotto* zum *Plöckenpaß* (1360 m, Staatsgrenze).

Nützliche Informationen

Ausgangsort: Plöckenhaus.
Zielort: Plöckenpaß.
Anfahrt / Rückfahrt: Bus (Linie 5056).
Gehzeiten: Plöckenhaus – Pichlhütte 3 bis 3½ Stunden; Naturpfad Wolayersee 2½ bis 3 Stunden (Abstieg von der Pichlhütte nach Birnbaum 3 Stunden), Übergang zum Rifugio Marinelli 2½ Stunden (auf die Hohe Warte 2 Stunden, Abstieg 1½ Stunden); zum Plöckenpaß 2 Stunden.
Unterkunft unterwegs: Eduard Pichl-Hütte (ÖAV, 19 Betten, 36 Lager, bewirtschaftet von Mitte Juni bis Anfang Oktober); Rifugio Lambertenghi (privat, Nächtigungsmöglichkeit, bewirtschaftet von Ende Juni bis Ende September); Rifugio Marinelli (CAI, 34 Betten und Lager, bewirtschaftet von Ende Juni bis Ende September).
Wichtig: Reisepaß mitnehmen!
Auskunft: Siehe Tour 16.
Karte: Freytag & Berndt Wanderkarte 1:50000, WK 181 Kals – Heiligenblut – Matrei.
Anschlußtour: Monte Floriz (2184 m), vom Rif. Marinelli auf dem Steig 174, ½ Stunde.

19 Das Himmelsgewölbe der Finsternis

Die Mauthener Klamm – Ausflug und Abenteuer für Schluchtfans

Tourencharakter: ½ Tag; gut angelegter und abgesicherter Klammsteig (Vorsicht bei Nässe); anschließend »wilde« Klammdurchquerung mit exponierten Klettersteig-Abschnitten (Trittsicherheit und Schwindelfreiheit nötig). Achtung: Nur bei niedrigem Wasserstand und stabiler Schönwetterlage gehen – es gibt bei plötzlich einsetzendem Hochwasser keine Fluchtmöglichkeit!
Ausrüstung: Am besten feste Turnschuhe (für den hinteren Klammteil ist ein Steinschlaghelm ratsam).
Beste Jahreszeit: Der Klammsteig ist außer bei Schneelage immer begehbar; die restliche Strecke nur bei sommerlicher Temperatur.
Reine Gehzeit: Klammsteig hin und retour 1½ Stunden; gesamte Klamm ca. 2 Stunden.
Markierung: Hinweisschilder.
Höhenunterschied: Klammsteig fast eben; dann 250 m.

In Kötschach-Mauthen bekommt das breite Gailtal plötzlich eine recht alpine Note: Die Berge werden höher, die Straßen steigen kurvenreich Richtung Gailberg, Lesachtal und Plöckenpaß an – und neben dem tief eingeschnittenen Graben der Gail mündet von Süden eine zyklopenhafte Schlucht ein: die Mauthener- oder Valentinklamm, früher auch »Teufelsschlucht« genannt.

Einst sollen in ihren turmhohen Felsen hilfsbereite »Salige Frauen« gehaust haben. Um die Jahrhundertwende wurde der vordere Teil auf einer Quellwasserleitung mit Stegen, Brücken und originellen Tunnels begehbar gemacht. Weiter hinten ist in einer Wand das grottenartige »Heilige Grab« erkennbar; ins versteckte »Knappenloch« flüchteten die Bewohner Mauthens während der Beschießungen im Ersten Weltkrieg.

Der weitere Steigausbau wäre wohl kaum finanzierbar gewesen, so daß sich Alpenverein und Bergrettungsdienst etwas Besonderes einfallen ließen: Ausgerüstet mit Steinschlaghelm, solider Klettersteigpraxis und starken Nerven kann man auf dem »Klabautersteig« nun auch den wildesten Klammabschnitt erleben: Fast drei Kilometer weit im eiskalten Wildbach watend, über glitschige Felsen rutschend und auf schmalen Eisenklammern durch nasse Wände balancierend. Staunend und wohl auch etwas beklommen kämpft man sich durch drei schräg eingeschnittene Engstellen, die den treffenden Namen »Finsternis« tragen. In der mittleren führt der zusammengepferchte Bach unter einem überhängenden »Himmelsgewölbe« akustische Veitstänze auf. Wasserfälle, Schotterbänke als erholsamer Sonnenstrand und die schnurgerade »Steinerne Rinne«, die sich ein Seitenbach in die Schlucht gefräst hat, bilden weitere Schaustücke. Aber nochmals die Warnung: Unternehmen Sie diese abenteuerliche Mischung aus Kletterei und Kneippwanderung bitte wirklich nur bei gutem Wetter und mit alpiner Erfahrung – und testen Sie zuvor das Kälte- und Nässe-Durchhaltevermögen Ihrer Füße!

Der Wegverlauf

Von *Mauthen* (707 m) spazieren wir nach Süden zum Waldbad und weiter zum *E-Werk* ins *Valentintal*. Durch ein Felstor (Klettergarten) kommt man zu einer Hängebrücke, von der wir auf einem gut angelegten Steig, durch mehrere kurze Tunnels zur gefaßten *Schwarzbrunnquelle* kommen. Auf Holzstegen, einer weiteren Brücke und ausgesprengten Stufen erreicht man dann bald den Umkehrpunkt in der Klamm. Hier zeigt eine Tafel den Beginn des *Klabautersteigs* an: Das Geländer muß überklettert werden, nach einem kurzen, nur wandseitig mit einem Drahtseil gesicherten Steg folgt ein senkrechter Abstieg auf Eisenklammern. Nun geht es direkt im Bachbett durch die schmale und gewundene Klamm weiter, wobei einige Tümpel, Stromschnellen und Wasserfälle mit Hilfe von Klammern und Drahtseilen zu umklettern sind. Der »Ausstieg« erfolgt oberhalb des *Ederwirts* (959 m), wo ein markierter Steig vom *Römersteig* über den Bach zur *Plöckenstraße* hinaufquert.

Der Klabautersteig durch die Mauthener Klamm – ein Schluchterlebnis für Fortgeschrittene, die nasse Füße nicht scheuen.

Nützliche Informationen

Ausgangsort: Kötschach-Mauthen.
Zielort: Ederwirt an der Plöckenstraße (Bushaltestelle).
Anfahrt / Rückfahrt: Bus (Linie 5056).
Gehzeiten: Mauthen – Klammsteig und retour 1½ Stunden; Mauthen – Klabautersteig – Ederwirt 2 Stunden.
Sehens- und Wissenswertes: ● Romanisch-gotische Pfarrkirche von Mauthen (spätgotische Fresken). ● Wallfahrtskirche Maria Schnee. ● »Römerstein« unterhalb der Missoriaalm (Inschriften aus der Zeit der Veneter). ● Versteinerter Baum bei Laas. ● Abenteuercamp und Rafting auf der Gail. ● Museum Kötschach (siehe Tour 20).
Auskunft: Kurverwaltung, A-9640 Kötschach-Mauthen, Tel. (0 47 15) 85 16.
Karte: Freytag & Berndt Wanderkarte 1:50 000, WK 223 Weißensee – Gailtal – Naßfeld.

20 Kriegsmuseum und Friedenswege am Plöckenpaß

Maschinengewehr-Nase, Kleiner Pal und Cellon

> **Tourencharakter:** Eine Kurzwanderung auf problemlosen, aber teilweise gesicherten Steigen, eine leichte Halbtagstour und ein schwieriger Klettersteig auf den Spuren der Kriegsgeschichte.
> **Ausrüstung:** Bergwandermontur; für den Cellon Klettersteigausrüstung, Helm und Taschenlampe.
> **Beste Jahreszeit:** Juni bis Oktober, Cellon erst ab Juli.
> **Reine Gehzeit:** Zwischen 1½ und 5 Stunden.
> **Markierung:** Rot-weiß-rot bzw. rot-gelb, deutsch-italienische Hinweisschilder.
> **Höhenunterschied:** MG-Nase 100 m, Kleiner Pal 650 m, Cellon 900 m.

Bergwandern kann vieles bedeuten: Landschaftserlebnis, sportliche Bewegung oder mit Freunden Spaß zu haben. Am Plöckenpaß bedeutet es Besinnung – Besinnung auf die sinnlosesten aller Lebensäußerungen, auf Nationalismus und Krieg.

Der schmale, 1360 Meter hoch gelegene Gebirgseinschnitt, über den einst schon die Römer marschiert waren, wurde im Ersten Weltkrieg zu den »österreichischen Thermopylen«. Nachdem die Italiener alle Berge um den Paß besetzt hatten, konnten die Österreicher nach einem kaltblütigen Kletter-Handstreich zumindest den Ostgipfel des 2238 Meter hohen Cellon (Frischenkofel) erobern und mit einer Seilbahn ausbauen. Vom Westgipfel war die Übermacht der Alpini aber nicht zu vertreiben. Es muß eine merkwürdige Beziehung dort oben geherrscht haben: Die Italiener, von denen etliche gut Deutsch sprachen, forderten ihre Feinde zur Beendigung des Schießens und zum Herüberkommen auf, boten ihnen Schnaps und Zigaretten an. Ein Jahr später holten sie sich den Ostgipfel mit einem Großangriff zurück, den nur 16 Kaiserjäger überlebten – einer

soll an dem frei über den Abgründen hängenden Tragseil zu Tal gefahren sein! Nun lag der Zugang zur Cellonschulter unter italienischem Beschuß, so daß die Österreicher einen 170 Meter langen Stollen zu ihren dortigen Stellungen sprengten.

Auch das Gipfelplateau des Kleinen Pal (1866 m) wurde zum Schlachtfeld – dort lagen die feindlichen Stellungen oft nur wenige Meter voneinander entfernt. Zwischen ständigen Angriffswellen dezimierten auch gezielte Scharfschützen-Einsätze die Truppen – im Schnitt um 10 bis 30 Mann pro Tag. Nur starker Schneefall konnte das Morden zeitweise stoppen, doch dann starben mehr Soldaten durch Lawinen als durch die Kampfhandlungen.

Unterstützt von Freiwilligen aus ganz Europa, verbindet der Verein »Dolomitenfreude« seit Jahren die alten Frontsteige zwischen den Dolomiten und den Karniern zu einem System von »Friedenswegen« (Vie della Pace); seit 1983 werden auch die alten Militärbauten um den Plöckenpaß renoviert. Bleibt nur zu hoffen, daß dieses »Freilichtmuseum 1915–1917« nicht bloß die Begeisterung für alpine Kriegstechnik weckt: Auf dem Kreuztratten-Friedhof neben der Plöckenstraße, dem größten von vielen in den Karnischen Alpen, liegen 591 Gefallene bestattet – sie sind hier das bedrückende Maß aller Dinge.

Der Wegverlauf

a) Maschinengewehr-Nase: Zunächst gehen wir vom *Plöckenpaß* (1360 m) ca. 300 m auf der Straße Richtung Kötschach-Mauthen hinunter, bis bei einem Parkplatz rechts ein Steig abzweigt: Dieser führt – teilweise mit Treppen und Seilgeländer ausgebaut – zwischen Schützengräben, Kavernen, Unterständen und Baracken bis zur Feuerstellung auf der *MG-Nase* (ca. 1470 m). Der Abstieg erfolgt entweder auf der gleichen Route oder auf einem markierten Steig, der nach Norden zum *Plöckenhaus* (1215 m) hinabführt.

b) Kleiner Pal: Vom *Plöckenhaus* (1215 m; in der Nähe Gedächtniskapelle, Antriebsteile und Talstation der ehemaligen Pal-Seilbahn) führt der wieder instand gesetzte *Landsturmweg* in 67 Serpentinen und über viele Stufen auf den *Kleinen Pal* (1866 m; Stellungen, Postenstände, Baracken, in die Fels gesprengte Seilbahnstation). Für den Abstieg wählt man am besten den markierten Steig auf dem Kamm nach Osten, der vor dem *Freikofel* (1757 m) nördlich zu den *Soldatenfriedhöfen* ins Angertal bzw. zum *Plöckenhaus* führt. Eine ausgesetzte Route (nur für Geübte) zieht auch durch die felsige Nordwestflanke über die *MG-Nase zum Plöckenhaus* bzw. zum *Plöckenpaß* hinunter.

c) Cellon: Vom österreichischen Zollhaus am *Plöckenpaß* steigt in nordwestlicher Richtung ein Weg zur *Cellonetta-Lawinenrinne* an (Geo-Trail mit 11 Schautafeln und einem Panorama; Zugang auch vom *Plöckenhaus*). Links geht es zum *Cellonstollen* (unterirdische Sicherungen) und durch diesen auf die *Obere Cellonschulter* (Abstieg auf der italienischen Seite zur *Collinetta-Alm* und zum *Plöckenpaß* möglich). Nach rechts kommen wir zum Einstieg des ausgesetzten *Steinbergersteiges* (Drahtseile, Steinschlaggefahr), der in und neben der Rinne in einen Sattel (2100 m) hinaufzieht. Rechts geht es in Kürze auf den *Cellon-Westgipfel* (2238 m). Aus der Scharte führt auf der italienischen Südseite ein Kriegssteig über die *Collinetta-Alm* zum Ausgangspunkt zurück (auch gut als Aufstieg geeignet).

Nützliche Informationen

Ausgangs- und Zielorte: Plöckenpaß bzw. Plöckenhaus.
Anfahrt / Rückfahrt: Bus (Linie 5056).
Gehzeiten: Rundweg MG-Nase 1½ Stunden; Plöckenhaus – Kleiner Pal 1½ bis 2 Stunden (Abstieg 1½ Stunden); Plöckenpaß – Cellon 2½ bis 3 Stunden (Abstieg 2 Stunden).
Unterkunft unterwegs: Plöckenhaus (privat, 35 Betten, bewirtschaftet von Ende Mai bis Ende September).
Wichtig: Reisepaß mitnehmen!
Sehens- und Wissenswertes: ● Ausstellung über die Kriegsereignisse im Plöckenhaus.
● Plöckenmuseum im Rathaus von Kötschach-Mauthen (Waffen, Uniformen und Fotos aus dem Ersten Weltkrieg).
Auskunft: Siehe Tour 19.
Karten: Freytag & Berndt Wanderkarte 1:50000, WK 182 Lienzer Dolomiten –

Lesachtal und WK 223 Weißensee – Gailtal – Naßfeld.
Anschlußtouren: »Römerweg«, interessanter Zustieg von Mauthen zum Plöckenhaus, rot markiert, 2½ Stunden; Polinik (2331 m), vom Plöckenhaus Steig 430, 3 Stunden, Trittsicherheit nötig.

21 20000 Meilen unterm Meer

Zum Zollnersee

Tourencharakter: 2 Tage, unschwierige Almwanderung.
Ausrüstung: Bergwandermontur.
Beste Jahreszeit: Juni bis Oktober.
Reine Gehzeit: Insgesamt ca. 11 Stunden.
Markierung: Rot-weiß-rot.
Höhenunterschied: 1600 m.

Augen auf: Eine prächtige Türkenbundlilie schmückt den Weg zum Zollner See.

Die Gipfelreihe zwischen dem Plöckenpaß und dem Naßfeld ist – wie auch die benachbarten Almhöhen des Oberen Gailtals – nie ein alpines Modegebiet gewesen. Obwohl dort der idyllisch verwachsene Zollnersee unter so elegant aufgeschwungenen Zweitausendern wie dem Hohen Trieb liegt, haben erst der Karnische Höhenweg, der Bau der Dr.-Steinwender-Hütte und ein Naturpfad des Geo-Trails mehr Interessenten hier heraufgelockt. Nur im Krieg war es auf beiden Seiten des Grenzkammes zeitweise mit der Ruhe vorbei: Alte Frontsteige durchwühlen das Gebiet noch heute. Der Hohe Trieb, ein Gipfel aus weißen Felsstufen und grünen Steilhängen, wurde trotz blutiger Angriffe stets von den Italienern gehalten. Dafür machten sich die Österreicher einen Spaß draus, deren Versorgungsseilbahn auf den Monte Paularo immer wieder zu beschießen.

Der Zollnersee soll, so erzählt die Sage, mit der Adria in Verbindung stehen. Es klingt wie aus einem Jules-Verne-Roman, aber der Untergrund des Sees ist in geologischen Urzeiten tatsächlich in einem Meer entstanden. Was einst an fernen Küsten und bis zu 3000 Meter unter dem Meeresspiegel abgelagert wurde, liegt heute auf einer Seehöhe von 1700 Metern und birgt als Erinnerung noch wundersam versteinerte Seelilien.

Der Wegverlauf

Von *Dellach* (672 m) im Gailtal spazieren wir zunächst südwärts über den Fluß nach

Nölbling (651 m) und in den *Nölblinggraben*. Bei den letzten Häusern beginnt ein markierter Güterweg, der westlich des Grabens in Serpentinen ansteigt und dann oberhalb der *Nölblinger Wasserfälle* in den Talgrund hineinführt. Nach einer Wiese beginnt der Pfad, auf dem man zur *Dr.-Steinwender-Hütte* (1720 m) hinaufkommt.

Hier beginnt der 3,8 km lange »Naturpfad Zollnersee«, der – mit 13 Schautafeln versehen – als Rundweg die *Zollneralm* (1727 m) mit dem *Zollnersee* (1766 m) verbindet. Der *Kleine Trieb* (2095 m) ist auf einem markierten Kriegssteig über die Almhänge westlich des *Zollnertörls* leicht erreichbar. Der Übergang zum *Hohen Trieb* (Cuestalta, 2199 m) ist nicht leicht; der einfachere Westanstieg ist unmarkiert und schwer zu finden.

Der Abstieg von der Hütte erfolgt nach Westen über die *Bischofalmen* (1573 m bzw. 1181m), durch den Kronhofgraben und oberhalb des *Weidenburger Wasserfalls* nach *Weidenburg*, von wo man in Kürze zur Bahnstation von *St. Daniel* (650 m) kommt.

Nützliche Informationen

Ausgangsort: Dellach im Gailtal
Zielort: St. Daniel im Gailtal.
Anfahrt / Rückfahrt: Gailtalbahn (Linie 67).
Gehzeiten: Dellach – Steinwenderhütte 3 bis 4 Stunden, Naturpfad Zollnersee 3 Stunden, auf den Kleinen Trieb 1 Stunde (Abstieg 45 Minuten), Abstieg nach St. Daniel 2½ bis 3 Stunden.
Unterkunft unterwegs: Dr.-Steinwender-Hütte (ÖAV, 15 Lager, bewirtschaftet von Mitte Juni bis Ende September).
Sehens- und Wissenswertes: ● Hallstattzeitliche und römische Funde von Gurina, romanisches Kirchlein St. Helena und Ruine Goldenstein bei Dellach. ● Ruine in Weidenburg.
Auskunft: Verkehrsamt, A-9635 Dellach, Tel. (0 47 18) 301.
Karte: Freytag & Berndt Wanderkarte 1:50000, WK 223 Weißensee – Gailtal – Naßfeld.
Weitere Tourenvorschläge: Mauthner Alm, von Mauthen auf dem Steig 432 zum Mauthner Almhaus, 1501 m, 3 Stunden, oder Pflanzenlehrweg zum Hinterjoch, 1857 m,

1½ Stunden; Mussen (2090 m), von Kötschach auf dem Steig 227, 5 Stunden; Jukbühel (1888 m), vom Gailbergsattel auf dem Steig 229, 2¾ Stunden, Abstieg nach St. Daniel 2½ Stunden; Hochwipfel (2185 m), von Rattendorf auf dem Steig 24, 5 Stunden.

22 Eine Bergtour am Wildwasser

Durch die vielgestaltige Garnitzenklamm

Tourencharakter: Ausgefüllte Halbtagstour auf teilweise gesichertem, im obersten Bereich ziemlich ausgesetzten Klammsteig (nicht bei Regen gehen).
Ausrüstung: Unbedingt Wanderschuhe!
Beste Jahreszeit: Juni bis Oktober.
Reine Gehzeit: Insgesamt 4 bis 5 Stunden.
Markierung: Rot-weiß-rot.
Höhenunterschied: 500 m.

Achtung: Die Garnitzenklamm ist kein Spaziergang, sondern eine ordentliche Bergwanderung, zuletzt sogar ein kleines Klettersteig-Abenteuer. Der sechs Kilometer lange Steig durch dieses Naturdenkmal ist aber auch ganz besonders abwechslungsreich: In vier Abschnitten fesseln neben etlichen »klassischen« Engstellen auch Wasserfälle, ausgewaschene Kolke und bunte Gesteinsbrocken im Bach, glattgeschliffene Felswände, sieben Brücken, ausgesprengte und mit Ketten gesicherte Wegpassagen, Schutthalden und uriger Mischwald das Gemüt. 12 Schautafeln des Geo-Trails schärfen den »geologischen Blick« für den Weg des Wassers, und bei der Halbzeit bietet eine Holzhütte Unterstand.

Bei heftigen Wolkenbrüchen waren im hintersten, engsten und felsigsten Schluchtabschnitt bestimmt schon die Schutzengel im Einsatz: Der luftige, mit Leitern und Eisenketten gezähmte Steig führt dort so nahe an den Bach, daß er bei einbrechendem Hochwasser sofort überschwemmt ist. Ahnungslos vom Naßfeld herunterkommende Wanderer sahen sich an dieser Stelle schon vor der Wahl, wieder umzukehren oder das Wasser-

Der Besucherandrang darf nicht darüber hinwegtäuschen, daß der obere Teil der Garnitzenklamm »gar nicht ohne« ist!

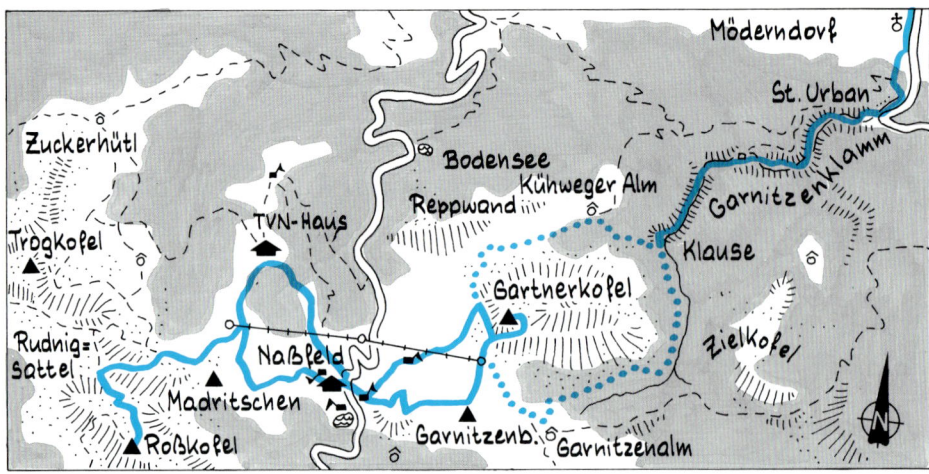

inferno ungesichert zu überklettern. Angesichts der vielen turnbeschuhten Ausflügler, die hier mit Kind und Kegel herumkraxeln, wäre auch bei der Eintrittskasse eine kräftigere Warnung angebracht als nur das witzige Verkehrsschild mit dem durchgestrichenen Stöckelschuh!

Der Wegverlauf

Von *Hermagor* (603 m) wandern wir auf der Straße südwärts nach *Möderndorf* und zum *Klammwirt* beim Schluchtausgang (612 m; Eintrittsgebühr). Nun führt der gut angelegte Klammsteig teilweise steil, steinig und mit Eisenketten gesichert zur offenen *Garnitzenhütte* und weiter bis zu einer querenden Forststraße. Ab hier zieht der Pfad gesichert, aber sehr ausgesetzt zum Klammbeginn bei der *Kühweger Klause* (1107 m) hinauf.

Der Abstieg erfolgt auf der gleichen Route. Auf der genannten Forststraße bzw. auf einem bei der Unterstandshütte abzweigenden Steig kann man auch kurz durch den (westlichen) Talhang aufsteigen und über das *St.-Urban-Kirchlein* (875 m) zum Klammausgang zurückwandern.

Nützliche Informationen

Ausgangs- und Zielort: Hermagor.
Anfahrt / Rückfahrt: Gailtalbahn (Linie 67).
Gehzeiten: Hermagor – Klammwirt 1/2 Stunde, bis zur Unterstandshütte 1 1/2 Stunden, bis zur Forststraße 45 Minuten, bis zur Klause 1/2 Stunde (Abstieg 2 bis 2 1/2 Stunden).
Sehens- und Wissenswertes: ● Gailtaler Heimatmuseum im Schloß Möderndorf.
● Romanische Katharina-Kirche in Radnig (bemalte Holzdecke). ● Pressegger See mit großen Schilfbeständen.
Auskunft: Verkehrsamt, A-9620 Hermagor, Tel. (0 42 82) 20 43.
Karte: Freytag & Berndt Wanderkarte 1:50 000, WK 223 Weißensee – Gailtal – Naßfeld.
Anschlußtouren: Von der Klause über das Kühweger Törl (1914 m) zum Naßfeld (1552 m), Steig 410, 2 Stunden oder rund um den Gartnerkofel, Steig 403, 409, 3 Stunden.
Weiterer Tourenvorschlag: »Norbert Schluga-Klettersteig« durch die Hohe Wand (1002 m), Einstieg sehr schwierig, Zugang von Obervellach bei Hermagor, Abstieg über die Ruine Khünburg, 3 Stunden.

23 Die Felsburgen über dem Naßfeld

Gartnerkofel und Roßkofel

Tourencharakter: Zwei tagfüllende Touren auf aussichtsreiche Felsgipfel; alpine, aber weitgehend unschwierige Steige.
Ausrüstung: Bergausrüstung.
Beste Jahreszeit: Juni bis Oktober.
Markierung: Rot-weiß-rot.
Reine Gehzeit: Jeweils 5 bis 6 Stunden.
Höhenunterschied: Jeweils 800 m.

Drei markante Gipfel sind es, die der Gegend um das Gailtaler Naßfeld (Pso. di Pramollo) Gesicht und Gestalt geben: der Gartnerkofel (2195 m), der Roßkofel (2239 m) und der Trogkofel (2279 m). Jeder hat in seiner Art felsige Rasse: Der alpinistisch bedeutsamste ist wohl der Trogkofel, eine weithin ins Gailtal leuchtende Kalkburg mit breitem, eingetieften Gipfeldach. Wie mit einem Messer aus dem Stein geschnitten, bietet sich seine Nordkante den verblüfften Beschauern dar, und davor stehen noch ein paar spitze Fels-

türme samt einem »Zuckerhütl«. Zum Alpinabenteuer laden zwei schnittige, mit Seilen und Leitern gespickte Eisenwege nebst Kletterrouten jeder Schwierigkeit – »Nur-Wanderer« haben allerdings keine Chance am Trogkofel.

Der benachbarte Roßkofel protzt zwar ebenfalls mit einer breiten und wilden Felsfront über dem italienischen Val del Winckel, gewährt in seiner terrassenförmig gegliederten Nordflanke jedoch einen listigen Durchschlupf. Auf seinem weitläufigen Gipfelplateau findet man noch ein paar steinerne Brustwehren, eingestürzte Unterstände und verrosteten, vom Gras überwachsenen Stacheldrahtverhau. Am Südabbruch des Roßkofels stand die einsame »Zwölferwache« des Ersten Weltkriegs – oft nur von einem einzelnen Soldaten besetzt!

Auch der Gartnerkofel, alpiner Hauptdarsteller und Aussichtsberg über dem Naßfeldpaß, blufft mit seinen zerklüfteten Felszacken: Das klobige Kärntner Kreuz auf seinem Hauptgipfel ist nicht schwer zu erreichen; auf Grund der schweißsparenden »Sessel-Zufahrt« wird er an schönen Tagen von Hunderten besucht. Die »Sonnenalpe Naßfeld«

Der Gartnerkofel, der »Hausberg« über dem Naßfeld.

mutierte ja leider zum überbordenden Skizirkus – zwischen Asphalt, Hotels und Zweitwohnsitzen hat auch das Naßfeldhaus des Alpenvereins nichts mehr mit seinem Urbau von 1885 gemeinsam. Noch dazu haben die Lift- und Pistenplaner ausgerechnet dort umgegraben, wo die streng geschützte Wulfenia carinthiaca ihren einzigen Standort in Mitteleuropa hat. Warum die dunkelblaue Kärntner Nationalblume ausschließlich rund um den Gartnerkofel blüht, ist bis heute nicht geklärt. Vermutlich hat sie hier die Eiszeiten überdauert – Verwandten von ihr begegnen Sie erst wieder in Albanien, in Kleinasien oder im Himalaya.

Der Wegverlauf

a) Naturpfad Naßfeld und Gartnerkofel: Vom *Gasthof Krieber* am *Naßfeld* (1552 m) wandern wir auf der Straße (403) zur *Watschiger Alm* (1625 m; auch per Sessellift erreichbar). Ab hier führt der *Naturpfad Naßfeld* nach der Markierung 410 durch Liftgebiet ins *Kühweger Törl* (1914 m; Abstecher zum Panorama auf der Kammleiten, 1998 m) und scharf nach Süden am Wandfuß des *Gartnerkofels* aufwärts. Nach der 3. Schautafel zweigt links der Steig 412 ab, der zwischen Felswänden auf den Gipfel (2195 m) führt. Im Abstieg geht es auf dem Gipfelsteig wieder retour, am Wandfuß aber nach links und – vorbei an einem Skilift – zur Sessellift-Bergstation im *Garnitzentörl* (1885 m; lohnender Abstecher zur Schautafel 10 auf der *Krone*, 1832 m) und im stetigen Auf und Ab des *Auernig-Höhenweges* (411) über den *Garnitzenberg* (1950 m) und den *Auernig* (1825 m) zum *Naßfeld* zurück.

b) Roßkofel (Monte Cavallo): Vom *Naßfeld* (1552 m) steigen wir auf dem *Karnischen Höhenweg* 403 westwärts Richtung *Madritschen*-Höhenzug an und wandern durch das von Liften überspannte Almgebiet oberhalb der *Treßdorfer Höhe* (1875 m; Liftauffahrt möglich) zum *Rudnigbach*. Nun geht es nach links steil zwischen Felsblöcken in den *Rudnigsattel* (1945 m; Grenze, unterhalb das *Bivacco Lomasti)* und südlich auf dem Steig 414 durch das Bergsturzgelände unter der Nordwand auf die Hochfläche des *Roßkofels* (2239 m) hinauf. Der Rückweg erfolgt auf der

gleichen Route (ab der *Treßdorfer Höhe* Variante über das *TVN-Haus Treßdorfer Alm* möglich).

Nützliche Informationen

Ausgangs- und Zielort: Naßfeldpaß.
Anfahrt / Rückfahrt: Bus (Linie 5066).
Gehzeiten: Naßfeld – Watschiger Alm ½ Stunde; Naturpfad Naßfeld 4 Stunden (mit Gipfelersteigung 1¼ Stunden länger).
Unterkunft unterwegs: Naßfeldhaus (ÖAV, 40 Betten, 60 Lager, bewirtschaftet von Mitte Juni bis Ende September); mehrere Gasthöfe und Hotels am Naßfeld (nicht alle sind im Sommer geöffnet); Watschiger Alm (30 Betten, 10 Lager, ganzjährig bewirtschaftet, Autozufahrt möglich); Treßdorfer Alm (TVN, 41 Betten und Lager, ganzjährig bewirtschaftet, Autozufahrt möglich).
Sehens- und Wissenswertes: ● Die Wulfenia blüht von Ende Juni bis Anfang August. ● Gedächtniskapelle am Naßfeld. ● Bodensee (Naturdenkmal) an der Naßfeldstraße. ● Gailtaler Heimatmuseum im Schloß Möderndorf. ● Spätgotische Filialkirche St. Leonhard (bemalte Holzdecke; Schlüssel im Pfarrhof Tröpolach erhältlich).
Wichtig: Reisepaß mitnehmen!
Auskunft: Verkehrsverein Sonnenalpe Naßfeld, A-9620 Hermagor, Tel. (0 42 85) 82 41.
Karte: Freytag & Berndt Wanderkarte 1:50000, WK 223 Weißensee – Gailtal – Naßfeld.
Wegvarianten: Kammleiten-Klettersteig auf den Gartnerkofel (ungesicherter Gratanstieg im I. und II. Schwierigkeitsgrad, rot/blau bezeichnet, vom Kühweger Törl 1 Stunde); Via ferrata Enrico Contin auf den Roßkofel (gesicherter Klettersteig, rot/blau bezeichnet, von der obersten Kehre an der italienischen Plöckenstraße über die Casera Winckel 3 Stunden).
Anschlußtouren: Trogkofel (Creta di Aip, 2279 m): Vom Rudnigbach auf dem Weg 413 und dem gut gesicherten Uiberlachersteig, 2½ Stunden. Vom Rudnigsattel auch auf der etwas schwierigeren Via ferrata Crete Rosse über die Südrampe, Zugang auf dem Karnischen Höhenweg 403, 3 Stunden; Abstieg vom Gipfel auf der Normalroute 416; nur für Geübte mit Klettersteigausrüstung.

24 Sagenhaft schön, sagenhaft scharf

Der Reißkofel

> **Tourencharakter:** 2 bis 3 Tage; leichte Almwanderung plus leichte Kletterei auf einen schneidigen Aussichtsgipfel (Trittsicherheit und Schwindelfreiheit nötig; bei Schneelage gefährlich).
> **Ausrüstung:** Bergwandermontur (eventuell ein Seil zum Sichern).
> **Beste Jahreszeit:** Juli bis September.
> **Markierung:** Rot-weiß-rot.
> **Reine Gehzeit:** Insgesamt ca. 11 Stunden
> **Höhenunterschied:** 1600 m Anstieg und 1700 m Abstieg.

Der Reißkofel ist ein ganz besonderer Berg: Aus halb Kärnten sichtbar, beherrschen seine prallen Felsflanken nicht nur das ganze Gail- und Gitschtal, sondern auch das Land an der oberen Drau. Er ist der Höchste in der 70 Kilometer langen Kette der Gailtaler Alpen. Fast 1800 Meter über den Talböden verläuft sein schmaler Grat genau in Ost-West-Richtung – »schwierig und schwindelig«, wie es in einem alten Kärntner Reisehandbuch heißt. Schwindelig darf man wirklich nicht sein, wenn man die Höhepunkte der Reißkofelaussicht – Weißensee, Zentralalpen bis zu den Stubaier Bergen, Monte Canin in den Julischen Alpen – genießen möchte.

In alten Sagen ist immer wieder von einer antiken Stadt Risa die Rede, die am Reißkofel lag und ihm den Namen gegeben haben soll. In Wirklichkeit entstammt die Bezeichnung »Reis« jener althochdeutschen Wurzel, die auch im Wort »reisen« steckt und nach der rutschgefährliche Geröllhalden noch heute »Schuttriese« oder »Schuttreiße« genannt werden. Der Volksmund weiß von einem unterirdischen See im Berg, der immer wieder ausbricht und einmal das ganze Gailtal überschwemmen wird. Tatsächlich reißen die Bäche, die durch wilde Gräben und Schluchten herabstürzen, bei Hochwasser viel »reisiges« Dolomitgestein mit sich und richten immer wieder arge Schäden an. Dafür entspringen am Fuß des Berges Heilquellen, die seit altersher genutzt werden.

Viele Legenden ranken sich aber auch um ungeheure Goldschätze, Venedigermandeln und frevelhafte Knappen, die den Bergsegen nicht zu schätzen wußten. In den Reißkofel-Südhängen wurde ja wirklich nach Erz gegraben. Reste eines Römerweges über den Jaukensattel deuten darauf hin, daß auch die Römer um den reichen Reißkofel Bescheid wußten, und die nahe Siedlung Gurina war schon in der Hallstattzeit ein bedeutender Bergwerksort.

Der Wegverlauf

Vom *Kreuzwirt* (967 m) an der Kreuzbergstraße wandern wir auf dem Steig 239 – mehrfach eine Forststraße querend – nach Westen in einen Waldsattel und über den Rücken der *Grafenweger Höhe* zur *Waisacher Alm* (1244 m). Durch die Almsenke der *Pfarreneben* (1141 m) geht es zur *Funderalm* (1377 m) weiter. Zuletzt marschieren wir auf der Forststraße (Markierung 235) zur *Comptonhütte* (1650 m) hinauf.

Ab hier steigen wir auf dem *Padiaursteig* (235) durch Wald, Latschen und eine steile, sandige Schlucht nach Süden zur »*Weiten Warte*« und ins *Köfeletörl* (2160 m) an. Nun geht es rechts auf einem sehr schmalen Pfad (229) ins nahe »*Törl*« (hier mündet ein Steig von Süden ein), dann durch Geröll und eine Plattenschlucht (Steinschlaggefahr!) auf den Ostkamm. Die teilweise recht luftige Schneide wird in mehrfachem Auf und Ab bis zum

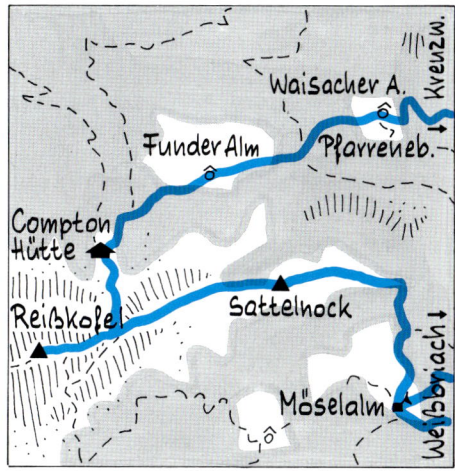

blockartigen Gipfel des *Reißkofels* (2374 m) überlistet.

Der Abstieg erfolgt bis zum *Köfeletörl* auf der gleichen Route. Dann queren wir jedoch auf dem Panoramasteig 229 südlich unterhalb des felsigen *Dristall(Tristen)kofels* (2094 m) vorbei und wandern über den Kamm (*Schneekopf*, 2007 m; *Marchriegelhöhe*, 2021 m; *Sattelnock*, 2033 m) nach Osten zum *Kumitsch* (1734 m). Nach kurzem Südabstieg zur *Weißbriacher Hütte* auf der *Napalalm* (1493 m; Panoramatafeln des Geo-Trails) führt der Steig 229 links über Wald- und Wiesenhänge nach *Weißbriach* (817 m) hinab; eine Variante ergeben die Wege 12 und 243 über die *Möselalm* (1177 m).

Nützliche Informationen

Ausgangsort: Kreuzwirt an der Kreuzbergstraße (Bushaltestelle).
Zielort: Weißbriach im Gitschtal.
Anfahrt / Rückfahrt: Bus (Linie 5066).

Gehzeiten: Kreuzwirt – Comptonhütte 3 bis 4 Stunden; ins Köfeletörl 1¼ Stunden (weiter auf den Reißkofel und retour 2 bis 2½ Stunden); Übergang zur Weißbriacher Hütte 2 Stunden; Abstieg nach Weißbriach 1½ bis 2 Stunden.

Unterkunft unterwegs: E. T. Compton-Hütte (ÖAV, 8 Betten, 11 Lager, bewirtschaftet von Mitte Juni bis Ende September); Weißbriacher Hütte (ÖAV, 20 Lager, Selbstversorgerhütte, mit AV-Schlüssel zugänglich).

Einkehr unterwegs: Möselalm (im Sommer bewirtschaftet).

Sehens- und Wissenswertes: ● Heilquellen beim Reißkofelbad und in Weißbriach.

Auskunft: Fremdenverkehrsamt, A-9622 Weißbriach, Tel. (0 42 86) 219.

Karte: Freytag & Berndt Wanderkarte 1:50 000, WK 223 Weißensee – Gailtal – Naßfeld.

Weitere Tourenvorschläge: Hochwarter Höhe (1682 m), von Kirchbach im Gailtal auf dem Steig 13, 3 Stunden.

Wolken brauen am Reißkofel, dem sagenhaften Felsklotz zwischen Gail und Drau.

25 Am Alpenfjord

Dem Weißensee entlang – und über
die Laka wieder retour

Tourencharakter: Zwei ausgefüllte Halb-
tagswanderungen, die auch einen ganzen
Tourentag rechtfertigen; unschwierige,
aber teilweise steile Ufer- und Bergsteige.
Ausrüstung: Bergwandermontur.
Beste Jahreszeit: Mai bis November.
Markierung: Rot-weiß-rot.
Reine Gehzeit: 4 und 5 Stunden.
Höhenunterschied: Am See nur zwei
kurze Anstiege; Laka 950 m.

Es gibt keinen besseren Vergleich für den
Weißensee: Er ist wirklich ein schmaler Al-
penfjord, über 11 Kilometer lang durch hohe
Berge gezogen. Sein bis zu 97 Meter tiefes
Wasser erinnert mit einer unwahrscheinlich
türkisblauen Farbe ebenso an den hohen
Norden wie die Tatsache, daß der Weißensee im Winter meistens zufriert. In den anderen Jahreszeiten ist sein Klima jedoch unge-
wöhnlich mild: Obwohl er fast 1000 Meter
hoch liegt, erreicht der »höchstgelegene Badesee Österreichs« im Sommer einladende
Badetemperaturen. Frühlingsblumen blühen
hier früher als anderswo, und der sonnige
Weißensee-Herbst wird gerühmt.

Über den Durchlaß zwischen dem Drau-
und dem Gailtal sind wohl schon römische
Kaufleute marschiert. Um das Jahr 1000 sie-
delten sich bairische Bauern am See an, deren protestantische Nachfahren – isoliert,
wie sie waren – in der Gegenreformation
glatt »übersehen« wurden. Trotz der mittlerweile recht kräftig agierenden Tourismus-
wirtschaft blieb die Gegend in weiten Teilen

*Der Weißensee und seine Bergumrahmung: Rechts über dem See reihen sich
Laka, Spitzegel und Golz aneinander.*

völlig unberührt: Der gesamte See und 7648 Hektar seiner Umgebung bilden Kärntens größtes Landschaftsschutzgebiet. Zwischen Techendorf und dem Ostufer des Fjords besteht bis heute keine Straßenverbindung. Unter den steilen, dicht bewaldeten Weißensee-Bergen gibt es keine Häuser, und nur die Weißensee-Schiffahrt sowie ein schmaler Steig verbinden hüben mit drüben. Dieser romantische Auf-und-Ab-Uferweg garantiert, insbesondere in Kombination mit einem »See-Hupfer«, eines der allerschönsten Kärntner Wandererlebnisse. Beschaulich schlängelt sich dieser Weg zwischen den Bäumen am Wasser dahin und zieht einmal über einen hohen Felsen hinauf, um Ihnen von dort einen unvergeßlichen Tiefblick auf den unergründlichen Spiegel zu schenken.

Wer das Flair der Kärntner Seenwelt ganz inhalieren möchte, muß einmal hier gewandert sein. Aber erst der Weg über die Laka, die dunkel abweisende und doch geheimnisvoll anziehende Waldschneide über dem Südufer, wird Ihnen den ganzen Zauber dieser Landschaft erschließen.

Der Wegverlauf

Von *Techendorf* (932 m) wandern wir auf dem Weg 19 ein Stück oberhalb von *Neusach* nach Osten zur Seestraße, die bald beim *Gasthof Ronacherfels* (Schiffs-Anlegestelle) endet. Nun folgt der Steig immer dem Ufer zu einer *Unterstandshütte* (Quelle) und weiter zur nächsten Anlegestelle. Im Bereich der *Kleinen Steinwand* geht es etwa 60 m bergauf (Tiefblick zum See!), danach wandern wir wieder direkt neben dem Wasser bis zur Bucht von *Ortsee* (Bushaltestelle und Schiffs-Anlegestelle beim Gasthaus Dolomitenblick).

Will man die *Laka* (1851 m) überschreiten, spaziert man zunächst auf dem Weg 265 nördlich des *Mösels* zum *Gasthof Mößlacher* (905 m), überquert Straße und Bach südwärts Richtung Farchtnersee und biegt beim *Bichlbauern* rechts auf den Steig 263 ab, der steil über den steilen Waldkamm der Laka hinaufführt. Durch leider etwas verwachsene Lichtungen erreicht man den höchsten Gipfel (»Krone«, 1851 m), danach geht es über den Westkamm – am Rand der *Tschischalm* (1421 m, herrlicher Ausblick) – zum *Paterzipf* am See (Anlegestelle) hinab. Unterhalb des Gipfels kann man auch nach Süden zur *Lakusenalm* und auf einer Forststraße über die *Hermagorer Bodenalm* (1223 m) zum *Paterzipf* absteigen.

Nützliche Informationen

Ausgangsort: Techendorf bzw. Ortsee.
Zielort: Ortsee bzw. Paterzipf.
Anfahrt / Rückfahrt: Zwischen Techendorf, Ortsee und Paterzipf per Schiff. Bus nach Techendorf (Linien 5068, 5066) bzw. von Paternion nach Ortsee (Linie 5160).
Gehzeiten: Techendorf – Ronacherfels

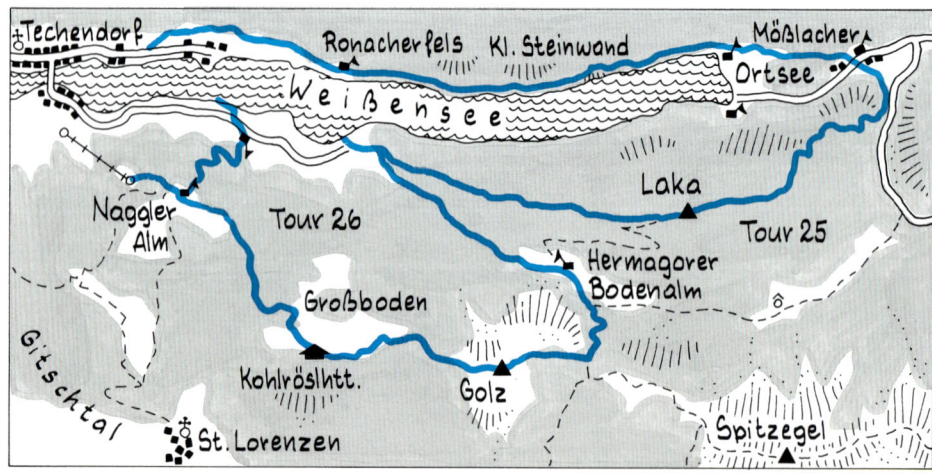

1 Stunde, weiter nach Ortsee 3 Stunden; Ortsee – Laka 3 Stunden, Abstieg 2 Stunden.

Einkehr unterwegs: Gasthöfe am Weg, eventuell Hermagorer Bodenalm (im Sommer bewirtschaftet).

Sehens- und Wissenswertes: ● Die blumenreichen Gossariawiesen am Uferweg bei Ortsee (einziges Vorkommen des Kugelginsters in Österreich). ● Abend- und Mondscheinfahrten auf dem See, Kinderlenkstand im Schiff »Weißensee«.

Auskunft: Verkehrsamt Weißensee, A-9762 Techendorf, Tel. (0 47 13) 22 20–13.

Karten: Freytag & Berndt Wanderkarte 1:50 000, WK 223 Weißensee – Gailtal – Naßfeld und WK 221 Millstätter See – Spittal – Nockalmstraße.

Weitere Tourenvorschläge: Alm hinterm Brunn (1253 m) und Gajacher Alm (1413 m), Rundtour ab Neusach, Markierung 259, 257, 256, 3 bis 4 Stunden; Latschur (2236 m), von Ortsee auf den Steigen 265, 264 über die Stosia-Alm, 4$^{1}/_{2}$ Stunden.

26 Gipfelglück und Glasgeschichte

Eine Almwanderung über den Golz

Tourencharakter: Aussichtsreiche Tagestour auf guten Alm- und Bergsteigen (im Gipfelbereich ist Trittsicherheit nötig).
Ausrüstung: Bergwandermontur.
Beste Jahreszeit: Juni bis Oktober.
Markierung: Rot-weiß-rot.
Reine Gehzeit: 5 bis 6 Stunden.
Höhenunterschied: Mit Lifthilfe 700 m Anstieg und 1100 m Abstieg.

Das Bergland südlich des Weißensees war in früheren Zeiten weitaus belebter als heute: Verfallene Stollen erinnern an den einstigen Bergbau; Erzpfade durchziehen heute noch die Wälder. In Tscherniheim, einem weltvergessenen Winkel hinter der Laka, stand von 1626 bis 1887 eine Glashütte. Holz gab es ja genug, und den Quarz zur Erzeugung des begehrten »Waldglases« brach man am Spitzegel (2118 m). Da und dort sollen im Boden noch bunte Scherben zu finden sein, und ein

Denkmal erinnert bis heute an diese Glasbläserei in der »Alben zu Tschernichaimb, genannt der Golz zu Radnik«.

Obwohl nicht viel niedriger, wirkt dieser Golz neben seinem östlichen Nachbarn nicht recht: Während der Spitzegel, ein wild geripptes Bergungetüm mit messerscharfer Schneide bis zum Vellacher Egel hinüber, nach allen Seiten hin seine Fels- und Steilgrasmuskeln spielen läßt, bleibt es beim Golz bei ein paar nordseitigen Mäuerln. Andererseits gibt es kaum einen Zweitausender, der so problemlos zu erreichen ist und dessen Ersteigung sich so lohnt.

Seinen Blumenschmuck darf man – besonders im Frühsommer – getrost auserlesen nennen – kein Wunder, daß uns da auf dem Weg von der Naggler Alm herüber eine gastliche »Kohlröslhütte« empfängt. Und schließlich verbirgt sich an seinem Fuß noch die große Hermagorer Bodenalm, die von der »Nachbarschaft Hermagor« noch alljährlich für etwa 60 Rinder und ein vielfaches an Ausflüglern bewirtschaftet wird – »über den Berg herüber«, sozusagen.

Der Wegverlauf

Diesmal erleichtert uns der Sessellift vom Weißensee zur *Naggleralm* (1324 m) den »Einstieg« (zu Fuß auf dem Steig 210). Vom *Naggleralmhaus* nahe der Bergstation führt der schmale Steig 262 in südöstlicher Richtung durch steilen Wald – einmal auch über eine Leiter – zur *Jadersdorfer Ochsenalm* bzw. zur nahen *Kohlröslhütte* (1533 m). Über die *Lorenzer Alm* unterhalb des *Großbodens* (1806 m), über einen Waldrücken und zuletzt auf einem steilen, latschenbewachsenen Felsgrat erreichen wir den *Golz* (2004 m).

Vom Gipfel steigen wir auf einem steilen und schmalen Steig (245) nach Osten in den *Radnigersattel* (1554 m) oberhalb der gleichnamigen Alm ab, wenden uns jedoch auf dem Waldweg 246 nach Norden und wandern in vielen Kehren durch den Wald zur *Hermagorer Bodenalm* (1223 m) abwärts. Auf der Forststraße kommen wir – erst links haltend, dann immer den steilen *Almbach* entlang – zügig zum *Paterzipf* am *Weißensee* (930 m; Schiffs-Anlegestelle) hinunter.

Die Hermagorer Bodenalm, ein willkommener Rastplatz in den Bergen südlich des Weißensees.

Nützliche Informationen

Ausgangsort: Naggl am Weißensee.
Zielort: Paterzipf am Weißensee.
Anfahrt / Rückfahrt: Weißensee-Schiffahrt.
Gehzeiten: Bergstation – Naggler Alm – Kohlröslhütte 1½ Stunden; auf den Golz 1½ Stunden; Abstieg zur Hermagorer Bodenalm 1½ Stunden; bis Paterzipf 1 Stunde.
Unterkunft und Einkehr unterwegs: Naggleralm (im Sommer bewirtschaftet); Kohlröslhütte (22 Betten, im Sommer bewirtschaftet);

Hermagorer Bodenalm (Nächtigungsmöglichkeit, von Juni bis September bewirtschaftet).
Auskunft: Siehe Tour 25.
Karte: Freytag & Berndt Wanderkarte 1:50 000, WK 223 Weißensee – Gailtal – Naßfeld.
Anschlußtouren: Spitzegel (2118 m), vom Radniger Sattel auf dem Steig 248 über die im Sommer bewirtschaftete Ladinzenhütte (1712 m), 2 Stunden, im oberen Bereich ausgesetzt, nur für Geübte.

27 Die Almen der Ostkarnier

Rund um Oisternig und Poludnig

Tourencharakter: Zwei Wochenend-
touren auf unschwierigen Wanderwegen
und Almstraßen.
Ausrüstung: Bergwandermontur.
Beste Jahreszeit: Juni bis Oktober.
Markierung: Rot-weiß-rot.
Reine Gehzeit: 13 bzw. 9 Stunden.
Höhenunterschied: 1200 m bzw. 1600 m.

Der östliche, nur mehr mit einem Gipfel über 2000 Meter lugende Auslauf der Karnischen Alpen steht ganz im Schatten der nahen, spektakulären Konkurrenz – Gartnerkofel, Dobratsch, Montasch, Wischberg. Daß die Aussicht von diesen behäbigen Almbergen vor allem zu den Julischen Alpen ganz besonders schön ist, hat sich kaum herumgesprochen. Außerdem überblickt man hier den Schnittpunkt dreier Kulturen: Das zum italienischen Friaul gehörige Gailitz- und Kanaltal war zwischen Tarvis und Pontebba früher deutschsprachig; wie im Unteren Gailtal leben dort auch Slowenen. Auf dem 1766 Meter hohen Luschariberg südlich von Tarvis steht, gut erkennbar, eine Marienwallfahrtskirche – sie ist nicht nur das größte Heiligtum der drei Kulturgruppen, sondern überhaupt einer der bedeutendsten Wallfahrtsorte Mitteleuropas.

Die vielen Kühe, Pferde, Ziegen und Schafe auf den ostkarnischen Almen – da und dort sind es ganze Almdörfer – rupfen das Gras jedenfalls oft grenzüberschreitend aus. Auf der Feistritzer Alm beispielsweise besitzen etliche Bauern aus Kärnten und Italien ihre Hütten, deren verschiedenfarbige Dächer ein buntes, fremdartiges Bild abgeben. Noch um die Jahrhundertwende trugen Sennerinnen die hier heroben hergestellten 40-Kilo-Käselaibe auf dem Kopf durch unwegsame Grä-

Die Rösser fühlen sich auf der Achomitzer Alm am Oisternig sichtlich wohl.

ben nach Feistritz, Tarvis oder Uggovitz (dort gibt es heute noch einen traditionellen Käsemarkt). Um die lange Wegzeit zu nutzen, verfertigten sie während des Gehens (!) oft noch hübsche Pantoffel mit Samtflecken, die man im Gailtal »Trallilan« nannte.

Heute sind etliche der Almen sogar auf öffentlichen Straßen erreichbar und laben mit ihren hausgemachten Köstlichkeiten die Wanderer.

Der Wegverlauf

a) Osternig (Oisternig): Von *Vorderberg* (565 m) im Gailtal führt eine Almstraße (478) in weiten Kehren nach Süden zur *Werbutzalm* (1440 m) hinauf. Ab hier führt uns die Markierung 477 erst auf einer Almstraße, dann auf einem ansteigenden und wieder abfallenden Steig westwärts durch die Wald- und Almhänge des *Osternig* herum zur *Dolinza-Alm* mit ihrem *Gasthaus* (1460 m). Hier empfiehlt sich der Abstecher auf den felsigen *Starhand* (1965 m; Weg Nr. 403).

Vom nahen *Lomsattel* (1480 m; Grenze) wandern wir nun auf dem *Karnischen Höhenweg* 403 durch die bewaldete Südseite des *Osternig*, und zwar zuerst bis zu einer Wegteilung abwärts und dann links zur *Feistritzer Alm* (1718 m; Grenze) hinauf. Von hier aus ist der *Osternig* (2052 m) auf einem Wiesensteig (481) auf italienischem Gebiet leicht zu ersteigen. Sehr lohnend ist auch der Ausflug zur nahen *Kapelle Maria Schnee* (1750 m), zum benachbarten *Schönwipfel-Schutzhaus* auf der *Achomitzer Alm* (1715 m; Markierung 403) und auf den *Achomitzer Berg* (1813 m).

Von der *Feistritzer Alm* kommt man auf der Almstraße (481) östlich um den *Osternig* herum wieder zur *Werbutzalm;* oberhalb davon führt eine Straße über den *Omberg* nach *Feistritz* (592 m) ins Gailtal.

b) Poludnig: Auch hier muß zuerst eine Forststraße begangen werden, und zwar von *Mellach* (612 m) an der Gail nach der Markierung 83 auf den *Unterdorfer Berg,* dessen Waldkamm (1437 m) auf einem Steig bis zur *Dellacher Alm* (1365 m) überschritten wird. Ein Stück führt noch eine Almstraße (403) aufwärts, dann zweigt rechts der Steig 408 zur *Poludniger Alm* (1724 m) ab. Zuletzt er-

reicht man den *Poludnig* (1999 m) problemlos auf einem Steig über den Ostkamm. Der Abstieg erfolgt auf der gleichen Route oder über die *Egger Alm* (1416 m), von der die asphaltierte Straße neben dem manchmal ausgetrockneten *Egger Almsee* (1399 m) wieder zur *Dellacher Alm* hinüberführt.

Nützliche Informationen

Ausgangs- und Zielorte: Feistritz bzw. Mellach im Gailtal.
Anfahrt / Rückfahrt: Gailtalbahn (Linie 67), Bus (Linie 5058).
Gehzeiten: a) Vorderberg – Werbutzalm 3 Stunden; zum Gasthaus Starhand 1½ Stunden (auf den Starhand und retour 2 Stunden); zur Feistritzer Alm 1¼ Stunden (auf den Osternig und retour 2 Stunden; auf den Achomitzer Berg und retour 2½ Stunden); Abstieg nach Vorderberg oder Feistritz 2½ Stunden. b) Mellach – Dellacher Alm 3 Stunden; auf den Poludnig 2 Stunden; Abstieg 3½ bis 4 Stunden.
Unterkunft und Einkehr unterwegs: Werbutzalm (im Sommer bewirtschaftet); Gasthaus Dolinza-Alm (8 Betten, 8 Lager, im Sommer bewirtschaftet); Feistritzer Alm (z. Zt. keine Nächtigungsmöglichkeit); Schutzhaus Schönwipfel (privat, 21 Betten, bewirtschaftet von Mitte Juni bis Mitte September); Dellacher Alm; Poludniger Alm, Egger Alm (alle im Sommer bewirtschaftet).
Sehens- und Wissenswertes: ● Schloß Bodenhof, spätgotische Kirche Maria im Graben und Wildbachklamm bei Vorderberg. ● Spätgotische Kirche und Schloß Weißenstein in St. Stefan. ● Kufen- und Kranzlstechen am Pfingstmontag in Feistritz.
Wichtig: Reisepaß mitnehmen!
Auskunft: Verkehrsamt, A-9623 St. Stefan/Gail, Tel. (0 42 83) 21 20.
Karten: Freytag & Berndt Wanderkarte 1:50000, WK 223 Weißensee – Gailtal – Naßfeld und WK 224 Faaker See – Villach – Unteres Gailtal.
Wegvariante: Osternig und Poludnig können über den Karnischen Höhenweg 403 zu einer Tour verbunden werden.
Weiterer Tourenvorschlag: Graslitzen (2044 m), von Förolach auf den Steigen 249 und 250, 4 bis 5 Stunden.

Unteres Drautal, Millstätter See, Lieser- und Maltatal

28 »Ins Land einischaun«

Goldeck

> **Tourencharakter:** $1/2$ Tag; unschwierige Almwanderung.
> **Ausrüstung:** Bergwandermontur.
> **Beste Jahreszeit:** Juni bis Oktober.
> **Markierung:** Rot-weiß-rot.
> **Reine Gehzeit:** $3^{1}/_{2}$ bis $5^{1}/_{2}$ Stunden.
> **Höhenunterschied:** 250 m Anstieg, 650 m Abstieg.

Als »goldrichtig« bewirbt die Goldeckbahn einen Ausflug auf den 2142 Meter hohen Hausberg von Spittal an der Drau, der an klaren Tagen wirklich einen prächtigen Panoramablick über die Kärntner Gipfelpalette schenkt. Das wußten schon unsere wandernden Vorfahren, die mit Vorliebe von so herausragenden Warten aus Sonnenauf- und -untergang genossen. Für die Stunden dazwischen bauten sie schon 1889 eine kleine Goldeckhütte.

Mit den lauschigen Gipfelstunden ist es heute vorbei: Neben Seilbahn, Liftzirkus und Panoramastraße muß man dort auch noch einen Sender übersehen. Nur das Gebiet um die immer noch nicht viel größere Hütte und die Gusenalm auf der anderen Seite des Berges sind von solchen Segnungen verschont geblieben. Hier läßt sich's noch trefflich im Almgras liegen, zur benachbarten Eckwand (2221 m) oder zum Staff (2218 m) mit seiner streng waagrecht gebänderten Nordwand hinüberblinzeln – oder eben ganz einfach weit »ins Land einischaun«.

Der Wegverlauf

Von der Bergstation der *Goldeck-Seilbahn* (2059 m) spazieren wir entweder auf dem Weg 210 in südwestlicher Richtung unter Liften durch oder über das *Goldeck* (2142 m) auf den Südwestrücken des Goldecks, den wir abwärts verfolgen, bis wir zuletzt scharf nach links zur *Gusenalm* (1750 m) umbiegen.

Den Rückweg nehmen wir am besten nach der Markierung 286 südlich um den Berg herum zum *Gasthof Seetal* am Ende der *Panoramastraße* (1800 m). Dann folgen wir der Straße ein kurzes Stück, bis wir links auf dem Weg 275 zum *Marten Nock* (2039 m) auf- und jenseits zur nahen *Goldeckhütte* (1929 m) absteigen. Vom unterhalb gelegenen *Moschenriegel* (1862 m) halten wir uns auf dem Weg 210 links durch das Kar und unter der Seilbahn durch auf die *Krendlmarhütte* (1637 m) und die nahe *Seilbahn-Mittelstation* (1640 m) zu. Von der *Krendlmarhütte* kann man auch zu Fuß nach *Spittal an der Drau* (560 m) absteigen.

Nützliche Informationen

Ausgangsort: Bergstation der Goldeck-Seilbahn (Spittal/Drau).
Zielort: Mittelstation bzw. Spittal/Drau.
Anfahrt / Rückfahrt: Tauernbahn (Linie 22), Drautalbahn (Linie 22a).
Gehzeiten: Bergstation – Gusenalm 1 bzw. $1^{1}/_{2}$ Stunden; zum Gasthof Seetal $1/2$ Stunde; Übergang zur Goldeckhütte 45 Minuten; Abstieg zur Mittelstation 45 Minuten, bis Spittal 2 Stunden.
Unterkunft unterwegs: Goldeckhütte (ÖAV, 8 Betten, 20 Lager, bewirtschaftet von Anfang Juni bis Ende September); Alpengasthof Krendlmarhütte und Jugendherberge im Dorf Goldeck (ganzjährig bewirtschaftet).
Einkehr unterwegs: Restaurant in der Bergstation; Gusenalm (Almspezialitäten), Restaurant Seetal (Panoramastraße von Zlan), Gasthof Sportgemeinschaft im Dorf Goldeck.
Sehens- und Wissenswertes: ● Schloß Porcia in Spittal, Renaissancebau aus dem 16. Jh. mit herrlichem Arkadenhof und Museum für Volkskunde, im Sommer Komödienspiele. ● Baldramsdorf: spätgotische

Abseits der Skilifte ist das Goldeck-Gebiet ein prächtiges Wanderrevier.

Kirche, Kärntner Handwerksmuseum im Pa-
ternschloß und Ruine Ortenburg. ● Archäo-
logisches Museum Teurnia bei St. Peter im
Holz (keltische, römische und frühchristliche
Ausgrabungen). ● Bergkirche St. Lambrecht
bei Lampersberg (Schablonenmalerei,
16. Jh.). ● Vorkommen der Gelben Alpenro-
se (»Wunderblume von Pusarnitz«) bei Lendorf. ● Frühmittelalter-Museum Carantana
bei Molzbichl (frühchristliche Ausgrabungen). ● Schloß Foscari in Paternion.

● Evangelisches Diözesanmuseum in
Fresach.
Auskunft: Tourismusbüro, A-9800 Spittal/
Drau, Tel. (0 47 62) 34 20.
Karte: Freytag & Berndt Wanderkarte
1:50 000, WK 221 Millstätter See – Spittal –
Nockalmstraße.
Anschlußtour: Staff (2218 m), von der Gu-
senalm auf den Steigen 210 und 287, 1½
Stunden; über die Stosia-Alm zum Weißen-
see, Markierung 210, 5 bis 8 Stunden.

Der Egelsee, ein ebenso verstecktes wie empfindliches Naturwunder zwischen Spittal und Millstätter See.

29 Ein Loch im Himmel

Vom Millstätter See zum moorschwarzen Egelsee

Tourencharakter: Unschwierige Wald- und Uferwanderung.
Ausrüstung: Außer Wanderschuhen ist nichts Besonderes nötig.
Beste Jahreszeit: Außer bei Schneelage immer begehbar.
Markierung: Rot-weiß-rot bzw. blau.
Reine Gehzeit: 4½ bis 5½ Stunden.
Höhenunterschied: 300 m.

Mit 12 Kilometer Länge und etwa 1,5 Kilometer Breite ist der Millstätter See der zweitgrößte in Kärntens Badeangebot. Bezüglich des Wasservolumens und seiner Tiefe (141 Meter) hält er jedoch den ersten Rang. Harmonisch schmiegt sich der namensgebende Ort in sein Nordufer. Die Historiker streiten noch darüber, ob die Bezeichnung »Millstatt« von einer Mühle, vom keltischen Wort »milstat« (Ort der Gnade) oder von einem römischen Tempel mit 1000 Götzenstatuen (mille statuae) kommt. Die Benediktiner bauten hier jedenfalls im Jahr 1080 ein Stift, dessen doppeltürmige Kirche den See bis heute prägt. Zahlreiche »Zweitvillen« aus dem vorigen Jahrhundert bezeugen, daß Millstatt schon damals als Urlaubsdomizil geschätzt war. Kein Wunder, schwören doch die Einheimischen Stein und Bein, daß der Himmel über dem See ein Loch hätte. Tatsächlich blinzelt die Sonne über Millstatt manchmal noch, wenn es rundherum schon »Schusterbuben regnet«. Ob das mit geheimnisvollen Aufwinden zusammenhängt oder – wegen des starken Autoverkehrs auf der Uferstraße – mit dem Ozonloch?

Keinerlei Abgase, sondern ausschließlich Waldluft atmet man am unverbauten Südufer des Millstätter Sees ein. Außer zwei Stichstraßen gibt es dort nur einen romantischen Steig. Viel Waldeinsamkeit verschenkt auch der langgezogene, vom Eiszeitgletscher modellierte Hügel, der den See vom Drautal trennt. Beschauliche Wanderer werden sich dort über verschwiegene Mini-Moore, einen

Aussichtsfelsen namens »Lug ins Land« und ganz besonders über den Egelsee freuen: Das rabenschwarze Wasser, in dem sich der Mirnock spiegelt, besitzt einen fast doppelt so großen, unter Naturschutz stehenden Schwingrasen-Saum. Bitte überlassen Sie ihn ungestört seiner ebenso seltenen wie sensiblen Flora und Fauna!

Der Wegverlauf

Vom Seehotel Steiner im Süden von *Seeboden* (588 m; Schiffs-Anlegestelle) wandern wir auf dem Weg 5 unter der Autobahn hindurch zur Kirche *St. Wolfgang* (745 m). Ab hier führt der *Egelsee-Höhenweg* (23) über den bewaldeten Höhenrücken nach Südosten. Den *Egelsee* (772 m) umgehen wir südlich auf einer Forststraße (Steg zum Wasser – bitte betreten Sie das Ufer sonst nirgends!) oder nördlich auf dem Wanderweg 1. Der *Lug ins Land* (816 m) erhebt sich knapp südlich des Sees.

Zu den beiden Schiffs-Anlegestellen am Südufer des Millstätter Sees führen mehrere Routen – eine kürzere nach der Markierung 1 über den *Kohlboden* zur *Schloßvilla*, eine längere auf dem Weg 23 über *Großegg* zum *Gasthaus Laggerhof*. Auf der *Seepromenade* bzw. dem *Südufersteig* (2) kommen wir wieder zum Ausgangspunkt zurück.

Nützliche Informationen

Ausgangs- und Zielort: Seeboden.
Anfahrt / Rückfahrt: Bus (Linie 5140); Schiffsverbindung mit Seeboden, Millstatt und Döbriach.
Gehzeiten: Seehotel Steiner – Egelsee 2 Stunden (zum Lug ins Land und zurück ½ Stunde). Rückweg über Schloßvilla 2 Stunden, über Laggerhof 3 Stunden.
Einkehr unterwegs: Gasthöfe am Südufer; eventuell das Gasthaus Lug ins Land (200 m südlich unterhalb des Aussichtsfelsens).
Sehens- und Wissenswertes: ● Fischereimuseum (Bootsfahrten mit Fischbeobachtung durch ein Schauglas) sowie Plüschtier- und Comic-Museum in Seeboden. ● Millstatt: romanische Stiftskirche mit Kreuzgang, wertvollen Fresken und Ziersteinen aus dem 9. Jh., Stiftsmuseum, lustiges Porzellanmu-

seum »Terra humoristica«, Heilkräutergarten, Internationale Musikwochen, Kaiserfest im August.

Auskunft: Kurverwaltung, A-9871 Seeboden, Tel. (0 47 62) 8 12 10: Kurverwaltung, A- 9872 Millstatt, Tel. (0 47 66) 20 22.

Karte: Freytag & Berndt Wanderkarte 1:50 000, WK 221 Millstätter See – Spittal – Nockalmstraße.

Anschlußtour: Am Südufer bzw. auf dem Höhenrücken kann man auch bis Döbriach weiterwandern (1 ½ Stunden); dort befindet sich ein Naturlehrpfad (2 Stunden).

30 Kneippen am Wasserfall

Der Kneipp-Biotrainingsweg auf die Millstätter Alpe

Tourencharakter: 1 bis 2 Tage; unschwierige, aber teilweise steile Schlucht- und Almwanderung.
Ausrüstung: Bergwandermontur.
Beste Jahreszeit: Mai bis Oktober.
Markierung: Rot-weiß-rot und blau.
Reine Gehzeit: Je nach Routenwahl 8 bis 12 Stunden.
Höhenunterschied: 1600 m.

Die Millstätter Alpe ist kein Ausflugziel für Einsamkeitsfanatiker. Zu einladend steht sie über dem Wiesenbalkon von Obermillstatt und Treffling, zu schön ist der Tiefblick von oben, zu viele Almstraßen (ver)führen hinauf; und auf ihrer »Rückseite« wird sogar bis hoch hinauf Magnesit abgebaut. Trotzdem hat der Millstätter Hausberg – eigentlich ist es ein ganzes Gebirge mit etlichen Geradedrüber-Zweitausendern – auch seine stillen Oasen, die man sich suchen sollte.

Ans Herz legen möchten wir Ihnen jedoch einen der schönsten autofreien Zugänge. Das mit dem Herz können Sie ruhig wörtlich nehmen: Der bekannte Bio-Guru Willi Dungl hat für das Gesundheitsdorf Obermillstatt in der Waldschlucht des Riegerbachs einen »Kneipp-Biotrainingsweg« gestaltet. Grüne Tafeln und ein Faltblatt geben dabei Anlei-

tungen zum Wassertreten, für Armbäder oder über das richtige Schwitzen, das Sie auf dem kräftig ansteigenden Pfad ja gewissenhaft üben können. Ab der Schwaigerhütte, 1000 Meter oberhalb von Millstatt, fächern sich die Wandermöglichkeiten auf: Die nahe Alexanderhütte empfiehlt sich beispielsweise mit historischem Almflair und dem vielleicht schönsten Direktblick zum See; die Millstätter, Sommeregger und die Lammersdorfer Hütte sind durch Dreistern-Höhenwege verbunden. Darüber komplettieren Tschierweger Nock, Hochpalfennock, Tschiernock und Kamplnock die Wanderseligkeit – mit blumigen Grasmatten, ein paar Almlacken und Felsen, in denen sogar Granate zu entdecken sind – und mit einem Alpenpanorama, aus dem besonders die eisstarrende Hochalmspitze hervorsticht.

Der Wegverlauf

Vom *Millstätter Marktplatz* (611 m) gehen wir durch die *Kalvarienberggasse* zum Beginn des *Schluchtweges* 193 (auch mit 36 und 54 bezeichnet). Dieser folgt nun – teilweise stark ansteigend, aber immer gut angelegt – dem *Riegerbach* bis zur Terrasse von *Obermillstatt* (857 m), wo bei einem Park-

Eine liebenswerte Unterkunft auf dem Rücken der Millstätter Alpe: die Alexanderhütte.

platz der *Willi Dungl Kneipp Biotrainings weg* beginnt. Wir wandern weiter durch die Schlucht – vorbei am Herzog-Wasserfall – bis zur *Hochrindlquelle*. Nach einem kurzen Straßenstück führt rechts der alte Almweg zur *Schwaigerhütte* (1620 m) hinauf.

Ab hier kommt man auf dem Almweg 193 zur *Millstätter Hütte* (1876 m) und zum nahen *Millstätter Törl* (1906 m) oder – kurz nach der Schwaigerhütte links auf den Weg 193 abbiegend – zur *Alexanderhütte* (1786 m). Der Höhenweg zur *Millstätter Hütte* trägt die Nummern 52 bzw. 194. Auch der Kammsteig 1931/191 über den *Tschierweger-* und den *Hochpalfennock* (2099 m) ist nicht zu verfehlen. Vom Törl führt ein markierter, aber teilweise steiniger Steig östlich auf den *Kamplnock* (2101 m; Gipfelkreuz etwas unterhalb des höchsten Punktes). Südlich des Kamplnocks führt der Höhenweg 191/55 über das *Grüne Törl* (hierher kann man auch weglos vom Kamplnock herunterwandern) und das *Obermillstätter Almkreuz* (2046 m) zum *Lammersdorfer Berg* (2063 m), von dem man auf einer Almstraße (191) zur *Lammersdorfer Hütte* (1644 m) bzw. nach *Obermillstatt* absteigen kann.

Nützliche Informationen

Ausgangs- und Zielort: Millstatt oder Obermillstatt.

Anfahrt / Rückfahrt: Bus (Linien 5140, 5138)

Gehzeiten: Millstatt – Obermillstatt 45 Minuten; Biotrainingsweg bis Schwaigerhütte 3 Stunden; über die Millstätter Hütte ins Millstätter Törl 1 Stunde (über Alexanderhütte 1½ Stunden; über den Hochpalfennock 2 bis 2½ Stunden). Millstätter Törl – Kamplnock und retour 1½ Stunden; Übergang vom Törl zur Lammersdorfer Hütte 2 Stunden; Abstieg nach Obermillstatt 1½ Stunden.

Unterkunft unterwegs: Schwaigerhütte (privat, Nächtigung möglich, bewirtschaftet von Anfang Mai bis Ende Oktober); Millstätter Hütte (ÖAV, 6 Betten, 10 Lager, bewirtschaftet von Anfang Juni bis 10. Oktober, bis Ende Oktober nur tagsüber); Alexanderhütte (privat, Nächtigung möglich, bewirtschaftet von Mitte Mai bis Ende Oktober); Alpengasthaus Lammersdorfer Hütte (bewirtschaftet von Anfang Mai bis Ende Oktober).

Sehens- und Wissenswertes: ● Heimatmuseum, Öko-Pfad und Alpengymnastikweg in Obermillstatt. ● Burgruine Sommeregg.

Auskunft: Siehe Tour 29.
Karte: Freytag & Berndt Wanderkarte
1:50000, WK 221 Millstätter See – Spittal –
Nockalmstraße.
Anschlußtouren: Vom Hochpalfennock auf
den Tschiernock (2088 m), Weg 191, 45 Minuten, Abstieg nach Gmünd 3 Stunden.

31 Nockstalgie

Rund um den Rosennock

Tourencharakter: Zwei aussichtsreiche
1½-Tagetouren auf guten, aber teilweise
steilen Alm- und Bergsteigen.
Ausrüstung: Bergwandermontur.
Beste Jahreszeit: Mai bis Oktober.
Markierung: Rot-weiß-rot.
Reine Gehzeit: Jeweils 7 bis 8 Stunden.
Höhenunterschied: 1400 m bzw.
1300 m.

Sie wissen nicht, liebe Leser, was Nockstal-
gie ist? Höchste Zeit, daß Sie die Nockberge
kennenlernen und nockstalgisch werden wie
wir! Die Nockberge sind ein weites Land
zwischen dem Katschberg und dem Neumarkter Sattel – der größte Teil ist kärntne-
risch, ein guter Happen steirisch und ein kleines, aber besonders schönes Stück liegt im
Salzburger Lungau. Es sind liebenswürdige,
weit ausladende Gipfel zwischen 1800 und
2400 Meter Seehöhe, aus 300 Millionen Jahre altem Kristallingestein aufgebaut und bis
hoch hinauf mit hellen Lärchen, dunklen Zir-
ben, etlichen Seen und blumenübersäten
Hochalmen geschmückt. Wären sie Menschen, könnte man sie »gelassen« nennen.
Schon von weitem erinnern sie mit ihrem
Gipfelgewoge an die süßen Salzburger Nok-
kerl. Auf derbere Art, dafür oft mit herzhaf-
tem Käse oder Topfen zubereitet, kamen die
Nocken auch auf den Tisch der Bauern, Sen-
nen und Holzknechte. Genauso gibt es unter
den Nockbergen verschiedenartige Kost:
weiche, fast schaumig zu nennende Höhenzüge, »Butternocken« mit gut »geschmalze-

*Die Nockberge im Überblick: Hinter dem Stileck
ist der Große Rosennock nicht zu übersehen.*

nen« Wegen oder roggenschwarze Nocken –
das sind die felsigen. Und für alle ist genug
da: In den Nockbergen könnte man wochen-
lang dahinwandern – sozusagen »Nock
around the clock«.

Alle Register landschaftlicher Vielfalt ziehen die Nockberge im Hinterland von Kaning. Oberhalb des schmucken Bergdorfes,
das regelrecht in einem Steilhang hängt, laden zum Beispiel sechs renovierte Floder-
mühlen aus der Zeit um 1800 zum Bestaunen und Getreidemahlen ein. Die originellen

Spielplätze, Kneippbecken und Mühlstein-Griller im Langalmtal werden sicher nicht nur dem Nachwuchs gefallen. In der Thomanbauerhütte können Sie die Kasnocken und andere Kärntner Köstlichkeiten durchprobieren, um sich solcherart für einen Besuch des Stileck (2179 m) zu stärken. Zwischen der Erlacher Hütte und dem 2440 Meter hohen Rosennock, dem Vizekönig der Nockberge, werden schließlich Felszähne gebleckt – Zunder- und Karlwand tragen ihr Almplateau auf einer Bastion aus verkarstetem Kalk, der sogar so südländische Pflanzen wie den Dolomiten-Mannsschild zum Blühen motiviert.

Der Wegverlauf

a) ***Rosennock:*** Von *Kaning* folgen wir zunächst der Straße Richtung Erlacher Hütte, zweigen aber 200 m oberhalb des Ortes links auf den Weg 173 ab, der uns nach Norden über einen Waldrücken auf das *Gridlegg* (1887 m) leitet. Nun wandern wir über die freie, nur sanft ansteigende *Feldhöhe* (1996 m) und dann über den steileren, teilweise felsigen Südostgrat auf den *Rosennock* (2440 m).

Der Abstieg erfolgt entweder auf der gleichen Route oder vom Südostgrat links (Steig 13) zum *Naßbodensee* (2029 m), etwas ansteigend ostwärts am Fuß der *Zunderwand*

vorbei und nach der Markierung 1701 zur *Erlacher Hütte* (1636 m) hinunter. Von dort wandern wir auf einer Forststraße (122) zur *Petodnighütte* auf der *Langalm* (1458 m) und auf dem *Kneipp- und Mühlenwanderweg* zum Ausgangspunkt zurück.
(Kartenskizze siehe Seite 109.)

b) Stileck: Knapp oberhalb der *Kaninger Kirche* quert der Weg 136 links durch *Kaning Bach* ins *Globatschtal*, durch das die Straße zum Magnesitbergbau hinaufzieht. In der zweiten Kehre zweigen wir rechts auf einen Güterweg ab, der kurvenreich zu den Gehöften *Raml* hinaufführt. Etwas oberhalb schließt Waldweg 193 zur *Hoisbauerhütte* auf; zuletzt wandern wir auf einer Almstraße zur nahen *Thomanbauerhütte* (1697 m).

Ab hier lassen sich drei markierte, aber teilweise steile Almsteige auf den *Rabenkofel* (2059 m) bzw. über die *Lamprechtshütte* auf den *Langnock* (2109 m) zu einer Rundtour mit Abstecher zum *Stileck* (2179 m) kombinieren. Der Abstieg von der Thomanbauerhütte erfolgt am besten auf der Anstiegsroute.

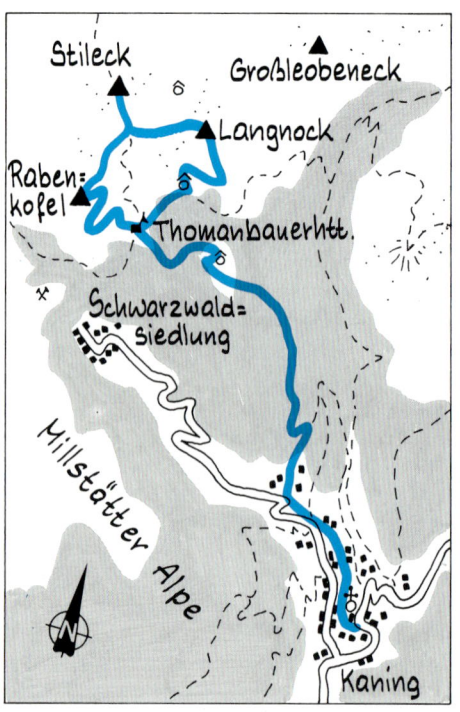

Nützliche Informationen

Ausgangs- und Zielort: Kaning.
Anfahrt / Rückfahrt: Bus (Linie 5142).

Auch mit dem Bergradl gut erreichbar: Die Thomanbauerhütte unter dem Stileck in den Radentheiner Nockbergen.

Gehzeiten: a) Auf den Rosennock 4 Stunden (Abstieg zur Erlacher Hütte 2½ Stunden; weiter bis Kaning 2 Stunden). b) Zur Thomanbauerhütte 2½ Stunden (Abstieg 2 Stunden); Rundweg über Stileck 3 Stunden.

Unterkunft und Einkehr unterwegs: Petodnighütte (privat, 8 Betten, im Sommer bewirtschaftet); Erlacher Hütte (privat, 54 Betten und Lager, von Anfang Mai bis Ende Oktober bewirtschaftet); Thomanbauerhütte (privat, 4 Betten) und Lamprechthütte (beide im Sommer bewirtschaftet).

Sehens- und Wissenswertes: ● Kaninger Mühlenfest im August. ● Auf der Thomanbaueralm werden Schwarzhalsschafe gezüchtet. ● Magnesitbergbau unterhalb des Nöringtörls. ● Radentheiner Werksmuseum.

Auskunft: Verkehrsamt, A-9545 Radenthein, Tel. (0 42 46) 22 88.

Karte: Freytag & Berndt Wanderkarte 1:50 000, WK 222 Bad Kleinkirchheim – Krems i. Kärnten – Radenthein – Reichenau.

Wegvariante: Der Kneipp- und Mühlenweg ist natürlich auch für sich ein lohnendes Ziel. Er beginnt bei der großen Straßenkehre, die unterhalb von Kaning über den Roßbach führt (knapp davor Bushaltestelle Schrott), und führt rechts ins Langalmtal, 2 bis 3 Stunden hin und retour (Zugang auch von Kaning). Ein weiterer Kneippweg führt vom Radentheiner Rathaus nach Dörfel (1 Stunde).

32 Der Schatz im Königstuhl

…und ein Besuch im alten Bauernbadl an der Nockalmstraße

Tourencharakter: 1 Tag, alpine, aber unschwierige Bergwanderung.
Ausrüstung: Bergwandermontur.
Beste Jahreszeit: Juni bis Oktober.
Reine Gehzeit: 4 Stunden.
Markierung: Rot-weiß-rot.
Höhenunterschied: 600 m.

Mitten durch die Nockberge führt eine 34 Kilometer lange Ausflugsstraße, die, vorbei an

etlichen Almgasthäusern und über zwei 2000-Meter-Scharten hinweg, das Gurk- mit dem Liesertal verbindet: die Nockalmstraße. Ursprünglich wäre dazu noch ein flächendeckendes Wintersportspektakel geplant gewesen, doch das war den meisten Kärntnern dann doch nicht mehr geheuer: Nach erbitterten Protesten von Naturschützern sah sich die Landesregierung zu einer Volksbefragung genötigt, bei der am 7. Dezember 1980 94,32 Prozent der Wähler für den Schutz der Nockberge votierten. Sieben Jahre später schütteten die Politiker das Kind neuerlich mit dem Bad aus und erklärten das Gebiet zum Nationalpark. Nationalparks sollen Urnatur bewahren oder wieder dazu werden – das wäre in dieser herrlichen, durch die Jahrhunderte an die Natur angepaßten Kulturlandschaft, wo die Kühe oft noch auf den Gipfeln grasen, weder wünschenswert noch möglich. Immerhin richtete die Nationalparkverwaltung entlang der Straße ansprechende Natur- und Kultur-Erlebnispunkte ein, organisiert geführte Wanderungen und schloß sich dem zukunftsweisenden Lungauer Tälerbus-System an.

Ein kulturhistorisches Unikum hat durch die Straße jedenfalls neuen Aufschwung genommen: das Karlbad. Wie vor 300 Jahren werden hier noch heute in einem Ofen Steine aus dem Karlbach erhitzt, die dann in Lär-

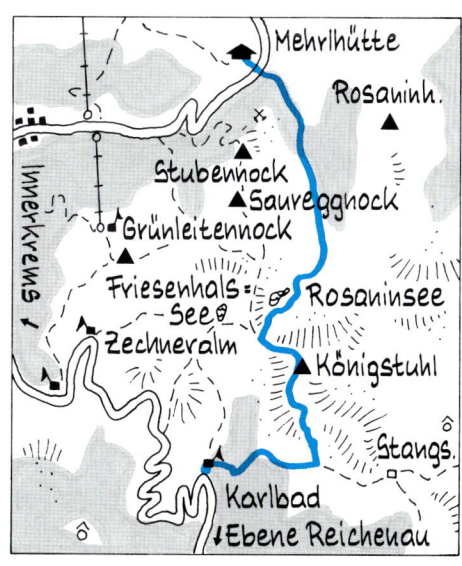

Tiefblick vom König-stuhl zum verwun-schenen, schon halb verlandeten Rosanin-see.

Auf dem Gipfel des Königstuhls, der Aussichtswarte am Schnittpunkt von Kärnten, Salzburg und der Steiermark.

Der Windebensee – ein kleines Naturwun-der direkt neben der Nockalmstraße.

chenholzwannen das Wasser wärmen und mit heilenden Mineralstoffen versetzen.

Nach einer Karlbad-Kur gibt's auch keinen Muskelkater auf dem Großen Königstuhl (2336 m). Über das uralte Bergbaugebiet um diesen charaktervollen Dreiländerberg be-richtet die Sage folgendes: Wer in der golde-nen Stunde auf der Stang ist, dem öffnet sich der Königstuhl; weiß man die Zauberformel, hat man Zugang zu seinen unermeßlichen Schätzen. Solche goldene Stunden gibt es tat-sächlich noch. Die Zauberformel bedeutet: ein paar Schritte weg von der Straße oder

vom lift- und zweithausverseuchten Schön-feld, und der Schatz ist die Stille. Suchen Sie sie ohne Hast auf den Wollgraswiesen der er-wähnten Stangalm oder am verwunschenen, schon halb verlandeten Rosaninsee – und Sie werden sie finden!

Der Wegverlauf

Von den *Mehrlhütte* (1730 m) am *Schönfeld* wandern wir auf dem Almweg 126 neben dem *Kremsbach* südwärts zum *Rosaninsee*, in die *Königstuhlscharte* und links – zuletzt

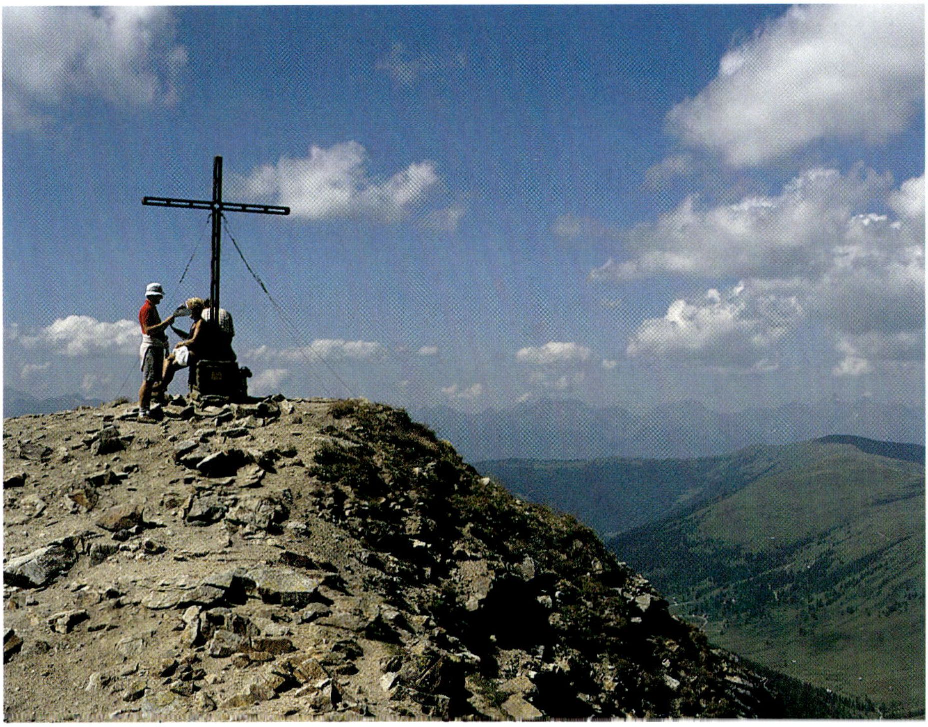

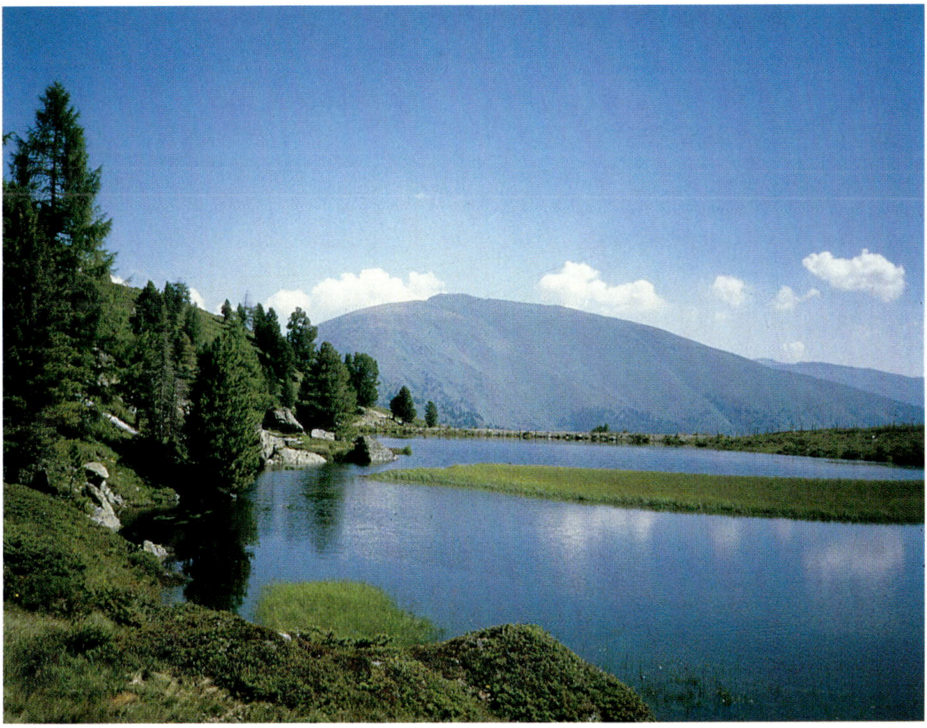

etwas steiler – auf den *Großen Königstuhl* (2336 m).

Im Abstieg überschreiten wir den Südgrat (125) zum benachbarten *Karlnock* und steigen zum *Stangboden* ab. Hier zweigen wir scharf nach rechts ab und flanieren auf dem Steig 117 zum *Karlbad* (1693 m).

Nützliche Informationen

Ausgangsort: Dr.-Josef-Mehrl-Hütte (Schönfeld).
Zielort: Karlbad an der Nockalmstraße.
Anfahrt / Rückfahrt: Bus (Linien 5136, 5236). Achtung: Für Reisegruppen Anmeldung erforderlich, Tel. (0 64 72) 72 20.
Gehzeiten: Mehrlhütte – Großer Königstuhl 2½ Stunden; Abstieg zum Karlbad 1½ Stunden.
Unterkunft und Einkehr unterwegs: Dr.-Josef-Mehrl-Hütte (ÖAV, 23 Betten, 31 Lager, bewirtschaftet von Anfang Juni bis Ende September); Gasthäuser am Schönfeld; Karlbad (Jausenstation, im Sommer bewirtschaftet).
Sehens- und Wissenswertes: ● Erlebnispunkte an der Nockalmstraße: Almwirtschaftsmuseum Zechneralm, ökologische Bergwaldinformation Grundalm, Naturkundliche Information in der Glockenhütte / Schiestlscharte, Naturlehrweg am Windebensee – dazu sind spezielle Info- und Programmprospekte erhältlich). ● Ehemaliger Kohle-Tagbau am Stangsattel.
Auskunft: Tourismusbüro, A-9862 Innerkrems, Tel. (0 47 35) 515; Nationalparkverwaltung Nockberge, A-9565 Ebene Reichenau, Tel. (0 42 75) 665.
Karte: Freytag & Berndt Wanderkarte 1:50000, WK 222 Bad Kleinkirchheim – Krems i. Kärnten – Radenthein – Reichenau.
Wegvariante: Vom Grünleitennock (2130 m), Sessellift von Innerkrems, über den Friesenhalssee auf den Königstuhl, Weg 118, 1½ Stunden; Abstieg über die Friesenhalshöhe und den Sauereggnock (2240 m), Weg 125, 2 Stunden. Nahe an diesem Weg liegt der Vogelsang, 2207 m. Der Name und eine Gedenktafel erinnern hier an Carl Freiherr von Vogelsang, den hochverdienten Begründer der christlichen Soziallehre, der unter anderem die Arbeiterkrankenversicherung und den Mutterschutz einführte.

33 Himmlische Wege über die Blutige Alm

Katschberg – Bonner Hütte – Mehrlhütte

Tourencharakter: 1 bis 2 Tage; unschwierige Steige in weitem, bei Nebel oder Schneelage sehr unübersichtlichem Almgelände.
Ausrüstung: Bergwandermontur.
Beste Jahreszeit: Juni bis Oktober.
Reine Gehzeit: Ohne Lifthilfe ca. 7 Stunden.
Markierung: Rot-weiß-rot.
Höhenunterschied: 1100 m Anstieg, 1200 m Abstieg.

Es ist eine alte alpine Erfahrung: Das Niemandsland liegt oft gleich hinter der Seilbahn. Genauso ist es auch auf dem Bergrücken, der vom Katschberg gegen die Innerkrems hinüberzieht. Da wie dort träumen geisterhaft verwaiste Hotels, Skilifte und Pisten vom Winterbetrieb, aber dazwischen breitet sich ein geradezu himmlisches Wanderland aus: Schier endlos weit gespannte Almhügel, »saftige« Wiesen mit seltener Blumenpracht, etliche Almhütten, ein paar Felswandln, ein paar Geröllfelder in den Karen, viel Heidesträucher, raunender Wald, eine Handvoll Seen, eine Aussicht von der Hochalmspitze bis zum Dachstein. Und mittendrin – dort, wo schon die Römer eine Straße von Teurnia in den Lungau hinübergebaut haben – steht die Bonner Hütte.

Da liest man den Namen in der Karte fast mit Entsetzen: »Blutige Alm«! Hier soll um die Mitte des 8. Jahrhunderts eine Schlacht zwischen Baiern und Slawen geschlagen worden sein – historisch belegt ist das jedoch nicht. Wer weiß, welche Bluttat wirklich dahintersteckt. Aber vielleicht wird uns die Verletzlichkeit des Friedens gerade dort bewußt, wo seine Widersacher irgendwann besonders gewütet haben?

Der Wegverlauf

Als erste Etappe erklimmen wir vom *Katschberg* (1641 m) aus das *Aineck* (2210 m) – mit

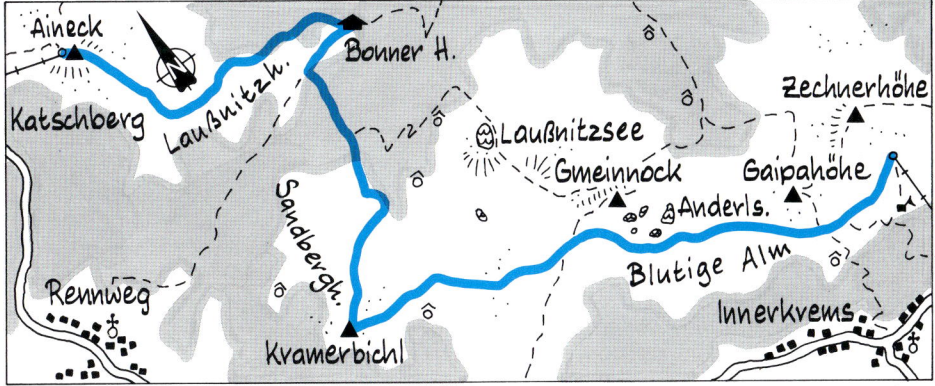

**Himmlische Wege über die Blutige Alm –
ein kleiner See in der Nähe der Gaipahöhe.**

dem Sessellift oder per pedes auf dem steilen Pfad 111. Darauf folgt der freie Gratübergang zum *Theuerlnock* (2145 m), von dem der

Steig über die *Laußnitzhöhe* (1783 m) sanft zur *Bonner Hütte* (1713 m) absinkt.

Der Weiterweg ist etwas verwinkelt, aber trotzdem nicht schwer zu finden: Zunächst folgen wir der Straße Richtung Rennweg (112) abwärts, schwenken aber bald auf die links abzweigende Forststraße 4 ab, die uns zur *Ebenwaldhütte* hinaufleitet. Auf einem Almweg geht es zur *Atzensberger Alm* und über Wiesen zum Gipfelkreuz des *Kramerbichls* (2020 m) weiter. Nun wenden wir uns nach links und wandern erst auf, dann ständig südlich unterhalb der Kammhöhe am *Schereck* (2181 m) und am *Gmeinnock* (2122 m) vorbei zum *Anderlsee* und seinen Nachbarlacken. Auch die *Gaipahöhe* (2192 m) wird südlich in den Hängen der *Blutigen Alm* umgangen. Unterhalb der Gaipahöhe zweigt rechts ein Pfad (113) nach *Innerkrems* (1500 m) ab; geradeaus geht es zur Bergstation des Blutige-Alm-Sessellifts weiter.

Nützliche Informationen

Ausgangsort: Katschberghöhe.
Zielort: Innerkrems.
Anfahrt / Rückfahrt: Bus (Linien 5132, 5136). Achtung: Für den Bus nach Innerkrems ist für Reisegruppen Anmeldung nötig (siehe Tour 32).
Gehzeiten: Katschberg – Bonner Hütte 3 Stunden, nach Innerkrems 4 Stunden.
Unterkunft unterwegs: Bonner Hütte (DAV, 29 Betten, 6 Lager, bewirtschaftet von Mitte Juni bis Mitte Oktober).
Einkehr unterwegs: Restaurant Adlerhorst auf dem Aineck, Willi's Hütte auf der Blutigen Alm (im Sommer bewirtschaftet).
Sehens- und Wissenswertes: ● Spätgotische Knappenkirche in Innerkrems. ● Ehemals kaiserliche Maut in Kremsbrücke.
Auskunft: Siehe Tour 32.
Karte: Freytag & Berndt Wanderkarte 1:50 000, WK 202 Radstädter Tauern – Katschberg – Lungau.
Wegvarianten: Von der Ebenwaldhütte führt ein Weg nach Osten über den Blareitgraben zur Laußnitzalm und zum Laußnitzsee (2001 m). Über die südlich aufragende Schwarzwand (2214 m) kommt man wieder zur vorgeschlagenen Route (Weg 4, teilweise unmarkiert, 1 Stunde länger). Vom Anderlsee kann man auch weglos über die Kameritzhöhe (2167 m) zur Gaipahöhe (2192 m) und von dort auf dem markierten Kammsteig über die Mattehanshöhe (2086 m) zur Mehrlhütte (3 Stunden) wandern.

34 Einladung auf Hausberge

Stubeck, Faschaunereck und Reitereck

Tourencharakter: Zwei 1- bis 1½-Tagetouren auf weitgehend unschwierigen Alm- und Bergsteigen (das Reitereck ist schon recht alpin – nicht bei Nebel oder Schneelage gehen).
Ausrüstung: Bergwandermontur.
Beste Jahreszeit: Juni bis Oktober.
Reine Gehzeit: Jeweils 8 bis 9 Stunden.
Markierung: Rot-weiß-rot.
Höhenunterschied: 1600 m bzw. 1900 m.

Wie eine freundliche Einladung zum Bergwandern erhebt sich das 2370 Meter hohe Stubeck über der historischen, zur Zeit Mozarts noch zu Salzburg gehörigen Stadt Gmünd. Unbeschwert von der Wegsuche, nicht behindert oder bedrängt von Fels oder Wand können Sie dort oben dahinwandern, wie und wo es Ihnen beliebt. Besonders einladend schaut der langgestreckte Südkamm des Berges herab, fast zur Hälfte baumlos, mit freier Sicht nach allen Seiten, rundum von Almen umgeben. Die nach dem legendären Gmünder Apotheker, Bergsteiger und Schriftsteller Frido-Kordon-Hütte benannte Hütte erschließt zwar die östlichsten Ausläufer der Hohen Tauern, ihr Reich ist aber viel eher mit den anschließenden Nockbergen verwandt.

Etwas rauher sind da schon die benachbarten Berge über der Maltinger Wand. Der Name – er kommt vom nahen Bergdorf Malta, früher auch Maltein geheißen – soll aus dem Illyrischen stammen und einen felsigen Ort bezeichnen. Die Menschen an ihrem Fuß lebten einst recht brummig dahin. Da kam eines Tages eine wunderschöne »Hadische Frau« von der Wand herunter, verliebte sich in einen Bauernsohn und heiratete ihn. Sie lehrte die Leute das Lachen und Singen – der Sage nach wurde damit das berühmte Kärntner Liedgut begründet. Nach einiger Zeit mußte die Hadische jedoch wieder in ihre Wand zurück, und nur ein »Schleierle« kün-

Die Frido-Kordon-Hütte am Gmeineck, dem Gmünder Hausberg.

dete noch von ihr. Der Schleier des fast 200 Meter hohen Fallbach-Wasserfalls ist noch heute in der Maltinger Wand zu sehen – er blieb nämlich als einziger von der Wasserableitung in den Maltastausee verschont.

Ein trauriges Frauenschicksal hat sich auch in der nahen Faschaun, dem almgrünen Hochtal unter dem 2790 Meter hohen Reitereck abgespielt: 1773 wurde Eva Kary, geborene Faschaunerin und wenig glücklich verheiratete Hörlbäuerin von Untermalta, in Gmünd hingerichtet. Sie hatte nach »peinlichen Verhören« gestanden, ihren Ehemann mit Arsen in Käsnudeln vergiftet zu haben.

Der Wegverlauf

a) Stubeck: Von *Gmünd* (741 m) zieht der Weg 558 an der *Burgruine* vorbei über *Treffenboden auf den Fahrenbühel* und nordwärts auf dem Waldkamm ins Almgelände um die *Frido-Kordon-Hütte* (1649 m) hinauf. In gleicher Richtung geht es über die *Ecken* (1848 m) und auf dem freien, zügig ansteigenden Südkamm (*Moosstritzen*) zum Gipfel des *Stubecks* (2370 m) weiter.

Nun steigen wir nach Nordwesten über den grasigen Kamm in die *Torscharte* (2106 m) ab, queren den sanft abfallenden Westhang des Stubecks über die *Gmeinalm* (2038 m) zur *Ecken* und zur *Kordonhütte* zurück.

b) Reitereck und Faschaunereck: Hier starten wir in *Malta* (843 m), wandern zur *Kapelle* oberhalb des Ortes und zum *Gasthaus Bergesruh* am Maltaberg hinauf. Nun folgen wir ein Stück dem Güterweg aufwärts, biegen jedoch auf ca. 1300 m links ab und wandern auf einem Steig durch den *Ballonwald* zur *Kramerhütte* (1650 m). Ab hier zieht ein Schotterweg in das Hochtal der Faschaun und zu den Hängen des Maltinger Alpls hinauf. Nach einer kleinen Hütte überwindet ein markierter Steig sanfte Wiesenstufen und den steilen Hang unter der *Lasörnscharte*. Oberhalb der Einsenkung erreichen wir den steilen Schuttkamm, der uns links auf das *Reitereck* (2790 m) weist. Der Abstieg erfolgt auf

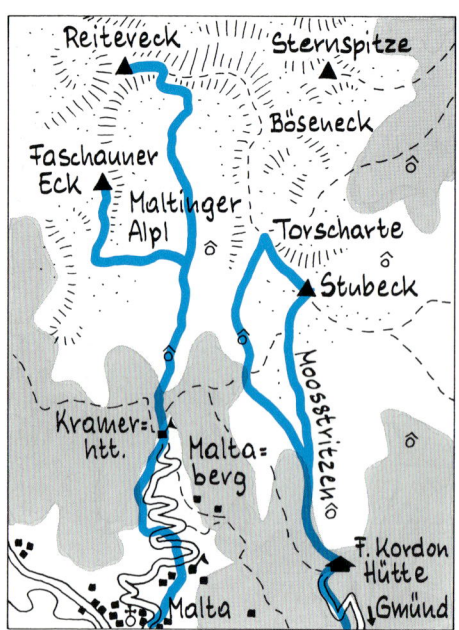

der gleichen Route. Oberhalb der markanten S-Kurve zweigt von der Faschaun-Almstraße links ein Steig ab, der durch die steiler werdende *Faschaunerleiten* und zuletzt rechts auf dem teilweise felsigen Kamm auf das *Faschaunereck* (2612 m) führt.

Nützliche Informationen

Ausgangs- und Zielorte: Gmünd bzw. Malta.
Anfahrt / Rückfahrt: Bus (Linien 5132, 5130).
Gehzeiten: a) Gmünd – Kordonhütte 3 Stunden; auf das Stubeck 2 Stunden (Abstieg 4 Stunden). b) Malta – Kramerhütte 2 Stunden; auf das Reitereck 3 Stunden (Abstieg 3½ Stunden); Kramerhütte – Faschaunereck 3 Stunden (Abstieg 2 Stunden).
Unterkunft unterwegs: Frido-Kordon-Hütte (ÖAV, 10 Betten, 15 Lager, bewirtschaftet von Anfang Mai bis Ende Oktober); Jausenstation Kramerhütte (im Sommer bewirtschaftet). Beide Hütten mit Zufahrt.
Sehens- und Wissenswertes: ● Gmünd: historische Altstadt, gotische Pfarrkirche Mariä Himmelfahrt, Karner, Pankratiuskirche, romanisch-gotische Burgruine, Barockschloß, Stadtmauer mit vier Stadttoren, Porsche-Automuseum, »zweigeteilte« Kreuz-

bichlkirche. ● Trebesing: gotische Kirchenruine, ehem. Goldbergwerk, Mineralheilbad, Reste der Römerstraße. ● Malta: spätgotische Pfarrkirche mit Fresken, Karner, Bauernmöbelmuseum in der Propstkeusche.
● Schloßruine Kronegg, Wasserschloß Dornbach und Wildpark »Diana« im Maltatal.
Auskunft: Tourismusbüro, A-9853 Gmünd, Tel. (0 47 32) 21 97 14.
Karten: Freytag & Berndt Wanderkarte 1:50 000, WK 202 Radstädter Tauern – Katschberg – Lungau, WK 221 Millstätter See – Spittal – Nockalmstraße und WK 222 Bad Kleinkirchheim – Krems i. Kärnten – Radenthein – Reichenau.
Wegvariante: Kordon- und Kramerhütte sind durch einen markierten Weg verbunden, 1½ bis 2 Stunden. Von der Torscharte führt der Mayrweg über das Böseneck (2526 m) und die Wandspitze (2620 m) auf das Reitereck, markierter Gratsteig, 2½ Stunden, nur für Geübte.
Weitere Tourenvorschläge: Bartelmann (2428 m), von Gmünd auf dem Steig 559, 5 Stunden; Gmeineck (2592 m), von Trebesing auf dem Weg 563 über die Bergfriedhütte, 6 Stunden.

35 Ins Elend

Wandern im Maltatal: Osnabrücker und Kattowitzer Hütte

Tourencharakter: Zwei 1½-Tagetouren in hochalpiner Umgebung auf unschwierigen, aber teilweise steilen Bergsteigen.
Ausrüstung: Bergwandermontur.
Beste Jahreszeit: Juli bis Oktober.
Reine Gehzeit: 7 bzw. 5 Stunden.
Markierung: Rot-weiß-rot.
Höhenunterschied: 800 m bzw. 400 m Anstieg und 1150 m Abstieg.

Der Schweizer Bergdichter Gustav Renker hatte es vor 90 Jahren noch einfach, das Maltatal zu beschreiben: Er sah die vielen Wasserfälle und nannte es »das Tal der stürzenden Wasser«. Heute wird das meiste Wasser

Arktische Impressionen über der Osnabrücker Hütte: Der Obere Schwarzhornsee mit dem Ankogel und dem Kleinelendkees.

durch Ableitungsstollen am Stürzen gehindert; dafür gibt es eine 198 Meter hohe Staumauer zu bestaunen, die allerdings weniger als technisches Wunderwerk, sondern vielmehr als gigantische Fehlplanung in die Schlagzeilen kam: Zeitweise plätscherten bis zu 420 Liter pro Sekunde an unfreiwilligem »Restwasser« aus den Rissen. Hinter der Mega-Mauer versank das »Elend«, der einst weltentlegene Talschluß des Maltatals, unter 200 Millionen Kubikmeter Wasser. Ein neues Elend hatten die Einheimischen dafür mit der Angst vor dem brüchigen Betonmonster — und die Steuerzahler, mit deren Geld praktisch eine zweite Sanierungs-Staumauer hochgezogen wurde.

Technik und Natur können »wie Feuer und Wasser« sein, bemerkt dazu die Kraftwerks-Pressestelle in ihrem Prospekt, »vor allem dort, wo der Mensch schamlos wird und der Technik nicht nur sich, sondern auch die Natur unterzuordnen versucht«. Ob diese Einsicht blanker Zynismus ist oder ob Straße, Staumauer und Hotel wirklich ein »bequemer Einstieg in den Nationalpark Hohe Tauern« sind? Darüber können Sie auf dem Weg zu den Schwarzhornseen, in denen sich die verbliebene Pracht der vergletscherten Hochalmspitze spiegelt, oder zur Kattowitzer Hütte am Hafner, einem der östlichsten Dreitausender der Alpen, selbst nachdenken.

Der Wegverlauf

a) Osnabrücker Hütte und Schwarzhornseen: Die vom *Berghotel Malta* (1931 m) dem *Kölnbrein-Stausee* entlangführende Schotterstraße (502) führt nach der Stauwurzel sanft ansteigend durch das *Großelendtal* bis zur *Osnabrücker Hütte* (2022 m). Im hin-

Hoch über dem Maltatal ist die Welt noch in Ordnung.

Von der Kattowitzer Hütte am Hafner schweift der Blick hinüber ins eisige Reich der Hochalmspitze.

teren Talbereich ist auch ein Stück des alten Hüttenweges erhalten geblieben. Von der Hütte weg kann man noch beliebig weit dem breiten *Großelendkees* entgegenwandern (Steig 552). Von der Hütte steigen wir auf dem *Tauernhöhenweg* 502 noch zum seltsam schrägen *Fallbach-Wasserfall* an, zweigen auf der Karstufe darüber rechts ab und wandern auf dem Pfad 538 – über Schuttstufen und vorbei an den beiden *Schwarzhornseen* – in die *Zwischenelendscharte* (2692 m), die direkt unter dem *Kleinelendkees* des *Ankogels* (3246 m) einen Übergang ins *Kleinelendtal* freigibt. Durch Moränen- und Almgelände steigen wir ins *Kleinelendtal* ab und kommen neben dem *Kleinelendbach* wieder zum Stausee und seiner Begleitstraße.

b) Kattowitzer Hütte: Vom *Berghotel* bei der *Kölnbreinsperre* (1931 m) führt der *Salzgittersteig* erst nach der Markierung 537, später 545, südöstlich durch die Almhänge des *Mitter-* und des *Krumpenkars* zum *Gamsleitenkopf* (2342 m) und zur nahen *Kattowitzer Hütte* (2319 m) hinauf. Autounabhängige können statt auf dem Anstiegsweg auch auf dem Steig 547 über die *Maralm* zur *Gmünder Hütte* (1186 m) absteigen.

Nützliche Informationen

Ausgangs- und Zielort: Berghotel Malta bei der Kölnbreinsperre (eventuell Gmünder Hütte).

Anfahrt / Rückfahrt: Derzeit besteht keine Busverbindung zur Kölnbreinsperre, daher sind wir auf Taxidienst oder Autostopp angewiesen.

Gehzeiten: a) Staumauer – Osnabrücker Hütte 2 Stunden, über die Zwischenelendscharte retour 5 Stunden. b) Staumauer – Kattowitzer Hütte 2½ Stunden, Abstieg zur Gmünder Hütte 2½ Stunden.

Unterkunft unterwegs: Berghotel Malta (60 Betten); Osnabrücker Hütte (DAV, 31 Betten, 34 Lager, bewirtschaftet von Anfang Juli bis Ende September); Kattowitzer Hütte (DAV, 7 Betten, 44 Lager, bewirtschaftet von Ende Juni bis Ende September); eventuell Gmünder Hütte (ÖAV, 15 Betten, 15 Lager, bewirtschaftet von Mitte Mai bis Mitte Oktober).

Sehens- und Wissenswertes: ● Die dezimierten Reste der »stürzenden Wasser« im Maltatal (Melnikfall, Hochalmfall, Blauer Tumpf, Klammfall, Hinterer Moaralmfall). ● Ausstellungen im Berghotel Malta.

Auskunft: Bergrestaurant, A-9854 Malta, Tel. (0 47 32) 2 85 10.

Karte: Freytag & Berndt Wanderkarte 1:50 000, WK 191 Gasteiner Tal – Wagrain – Großarltal.

Anschlußtouren: Panoramaweg über die Arlhöhe (2325 m), Alpenblumenweg und Panoramascheibe, 4 Stunden; Großer Hafner (3076 m), von der Kattowitzer Hütte auf dem Steig 548, 2½ Stunden, Gratkletterei nur für Geübte.

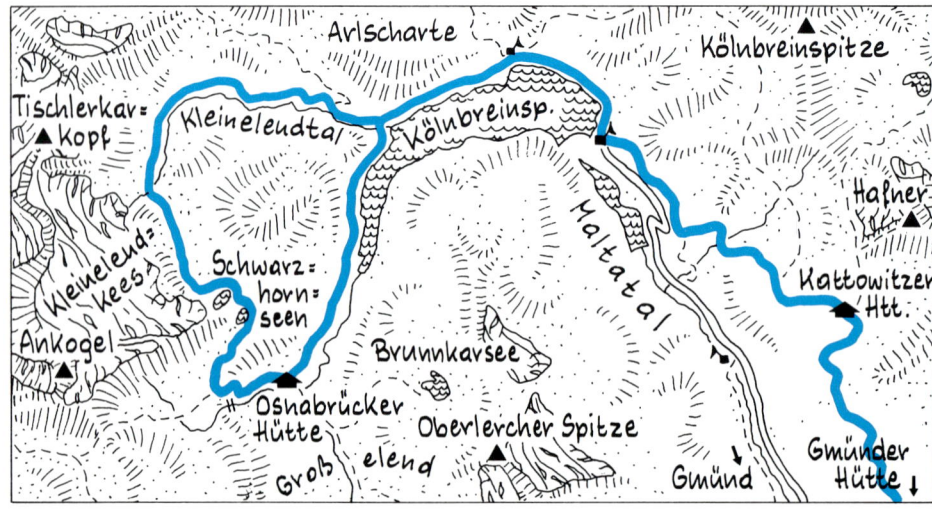

36 Mit dem Bummelzug ins Tal der 1000 Orchideen

Naturschutz und Naturnutz im Pöllatal

Tourencharakter: Tageswanderung in beliebiger Länge; Forststraße und unschwieriger, im oberen Bereich aber durchaus alpiner Steig.
Ausrüstung: Bergwandermontur.
Beste Jahreszeit: Juni bis Oktober.
Reine Gehzeit: Nach Lust und Laune zwischen 3 und 8 Stunden.
Markierung: Rot-weiß-rot.
Höhenunterschied: Bis zum dritten Lanischsee 1100 m.

Unterhalb des Katschbergpasses, nahe der Salzburger Grenze, liegt gut verborgen das Pöllatal. Es ist die Kinderstube der Lieser, die im Mittellauf durch das Katschtal fließt und dem Tal erst im Unterlauf ihren Namen gibt. Verirren wird sich hier trotzdem niemand, denn neben dem Fluß zielt die Tauernautobahn mit ihren Riesenbrücken und Hangmauern recht unübersehbar Richtung Katschbergtunnel.

Das Pöllatal hat das »wanderbare Österreich« erst spät entdeckt. Die Ingenieure der Draukraftwerke AG. waren früher da: Trotz des massiven Widerstands vieler Einheimischer haben sie die Lieser kurz nach ihrem Ursprung Richtung Maltastausee abgezapft – vielleicht, um den oft strapazierten Ausspruch von der Harmonie zwischen Natur und Technik zu unterstreichen, gleich mitten in einem Wasserfall. Unterhalb vertrocknet der langgezogene, schräg durch bräunliches Gestein gefräste Ex-Lieserfall; dann plätschert der seiner Jugendkraft beraubte Bach lustlos dahin. Immerhin zeigt die Lieser oberhalb der Ableitung noch, was Wasserwanderer wünschen: Da entspringt sie nämlich mitten in einer Felswand aus dem Liesertor; und der Torbach, ihr Zufluß von den Lanischseen, stürzt als breitgefächerter Wasserfall – tatsächlich – über reinen Marmor.

Die Berge darüber – unter ihnen der 3076

Meter hohe Hafner und der Mittlere Malteiner Sonnblick, der östlichste Dreitausender der Alpen – verleugnen ihre Zugehörigkeit zu den Hohen Tauern keineswegs: Da finden sich ruppige Felsstufen, steile Ewigschneefelder und ein Mini-Gletscher, der durchaus die Zähne respektive seine Spalten zeigt, abenteuerlich zerklüftete Grate und Felstürme von geradezu unlogischer Form, die allen Gesetzen der Schwerkraft hohnzusprechen scheinen – und ihr dann doch ab und zu als Bergsturz in die Tiefe folgen. Als Bergbaugebiet war das Tal weniger wegen edler Erze als vielmehr wegen des Arsens berühmt: Das bei der Goldschmelze als »Hittrach« (Hüttrauch) verdampfende und an den Holzdecken kristallisierende Gift war jahrhundertelang ein regelrechter »Exportschlager«. Die Bauern der Region verwendeten es in geringer Dosis gern als »Dopingmittel« für die Zugtiere; die Fürsten der Welt benötigten es mitunter in größerer Menge für die Durchsetzung politischer Ziele…

Wesentlich erfreulicher ist da die Tatsache, daß die Pölla das »Tal der 1000 Orchideen« genannt wird. In ihren Hängen und Auen gedeiht so manche botanische Kostbarkeit – man braucht nur mit Muße und offenen Augen unterwegs zu sein. Damit man sich erstere wirklich nimmt und letztere nicht dauernd vom Straßenstaub getrübt werden, müssen die Benzinkutschen draußen bleiben. Statt dessen verkehrt hier die originelle »Tschu-Tschu-Bahn« – auf Handzeichen nimmt sie sogar zwischen den Haltestellen Fahrgäste mit.

Der Wegverlauf

Wir starten am besten beim Grillplatz nahe der *Tendlalm* (1299 m). Hier beginnt ein *Naturquizpfad,* der den Weg neben dem Bach bis zur *Kochlöffelhütte* (1300 m, in der Nähe des *Pölla-Jagdhauses*) mit einem interessanten Frage-Antwort-Spiel verkürzt. Ab dort führt eine teilweise steile Forststraße – vorbei am trockengelegten *Lieserfall* – zur *Lanisch-Ochsenhütte* (1950 m) hinauf. Ab hier kann man auf dem Steig 16 nach Belieben zum *Torbachfall* und zu den drei *Lanischseen* (2226 m, 2280 m, 2402 m) hinaufwandern. Der Abstieg erfolgt auf der gleichen Route.

Ein originelles Mini-Museum erzählt im unteren Pöllatal über den jahrhundertelangen Arsenbergbau.

Achtung: Vom Übergang über die sehr gefährliche Lanischscharte ist abzuraten (nur für Geübte mit Gletscherausrüstung).

Nützliche Informationen

Ausgangs- und Zielort: Tendlalm (Grillplatz) oder Kochlöffelhütte.
Anfahrt / Rückfahrt: »Tschu-Tschu-Bahn« (Linie 5132) zwischen Rennweg und Kochlöffelhütte.
Gehzeiten: Tendlalm – Kochlöffelhütte 1¼ Stunden; zur Lanisch-Ochsenhütte 1½ Stunden; zum Unteren Lanischsee 1 Stunde; zum dritten See 45 Minuten. Abstieg bis Kochlöffelhütte 2½ Stunden.
Einkehr unterwegs: Gasthaus Schoberblick

und Kochlöffelhütte (im Sommer bewirtschaftet); Lanisch-Ochsenhütte (privat, im Sommer einige Notlager, Getränke erhältlich).
Sehens- und Wissenswertes: ● Ausstellung über den Arsenbergbau in einer kleinen Holzknechthütte beim Gasthaus Schoberblick. ● Heimatmuseum in Rennweg. ● Spätgotische Kirchen in St. Peter und St. Georgen.
Auskunft: Rennweg-Katschberg Touristik GmbH, A-9863 Rennweg, Tel. (0 47 34) 231.
Karte: Freytag & Berndt Wanderkarte 1:50 000, WK 202 Radstädter Tauern – Katschberg – Lungau.
Weiterer Tourenvorschlag: Kareck (2481 m), von Gries auf den Steigen 18, 19, 4 Stunden.

Ossiacher See, Nockregion Bad Kleinkirchheim – Turrach

37 Naturbühne und Kulturschmankerl

Der Ossiacher Tauernwanderweg

Tourencharakter: 1 Tag; unschwierige, nur am Beginn und am Ende stellenweise steile Waldwanderung.
Ausrüstung: Wanderschuhe.
Beste Jahreszeit: Außer bei Schneelage immer begehbar.
Reine Gehzeit: Insgesamt 6 Stunden.
Markierung: Rot-weiß-rot, Beschilderung.
Höhenunterschied: 450 m.

502 Meter Seehöhe, 1060 Hektar Wasserfläche, 11 Kilometer Länge, 1,6 Kilometer breit, 52 Meter tief und bis zu 28 Grad warm: das ist der Ossiacher See, Kärntens drittgrößte Badewanne. »Naturbühne« nennen die Tourismusmanager seine Umgebung. Gar kein schlechter Begriff, denn rund um den See kommen nicht nur Naturschauspiele zur Aufführung, sondern auch erlesene Schmankerl aus Kärntens Kultur: Allem voran ist der Carinthische Sommer zu nennen, ein Kunstfestival von europäischem Rang, das alljährlich in der tausendjährigen Stiftskirche von Ossiach abgehalten wird. Wenn Sie dann noch auf dem Kultur- und Erlebnisweg rund um den See wandern, können Sie den Ohrenschmaus mit einem vielfältigen Bildungserlebnis komplettieren – zum Beispiel mit dem Bildhauersymposium im Krastal, Elli Riehls liebenswert-originellen Puppen, einer versunkenen Wallfahrtskirche in Heiligengestade und einer noch bestehenden oberhalb von Bodensdorf, der klobigen Wehrkirche von Tiffen oder mit einer spektakulären Greifvogel-Flugschau auf der Burgruine Landskron.

Das waldreiche Hügelland, das sich von diesem Bollwerk beinahe bis Klagenfurt erstreckt und den See im Süden behütet, ist eigentlich ein Paradoxon: die Ossiacher Tauern. Weit abseits des eigentlichen Tauerngebirges gelegen, bestätigt es die Annahme von Sprachforschern, daß dieses vielleicht keltische oder gar noch ältere Wort soviel wie »Übergang« bedeuten könnte. Tatsächlich wurde der 926 Meter hohe Sattel zwischen dem Ossiacher und dem Wörther See schon in grauer Vorzeit den viel längeren Talverbindungen vorgezogen. Auch der alte Tauern-Meierhof (heute ein Pferdegestüt) und seine Kirche unterstreichen diese Bedeutung.

Nordseitig stürzt der Tauern steil zum Ossiacher See ab und zeigt am sagenumwobenen Jungfernsprung sogar ein paar Felsen. Nach Süden dacht er sanfter ab – dort haben sich zwischen seinen höchsten Kuppen, dem Hohen Gallin (1046 m) und dem Taubenbühel (1069 m), in sonniger Lage schöne Dörfer entwickelt. Mancher Winkel war schon zur Römerzeit besiedelt. In den ausgedehnten Wäldern träumen einige Ruinen von vergangener Ritterherrlichkeit. Hohenwart, malerisch im Wald gelegen, aber schon sehr verwachsen, war einst im Besitz der mächtigen Grafen von Cilli; besser erhalten ist die spätgotische Anlage von Eichelberg. Schließlich laden sogar ein paar versteckte Teiche und Seen zum Träumen und Schwimmen ein. Mit einem Wort: Die Ossiacher Tauern sind ein Mittelgebirge von starker Eigenart – ein guter Wanderboden für alle Jahreszeiten!

Der Wegverlauf

Unsere Wanderung beginnt bei der Busstation und Schiffsanlegestelle von *St. Andrä* (518 m). Erster Zielpunkt ist die *Burgruine Landskron* (677 m), die auf dem asphaltierten *Schloßweg* erreicht wird. Vor dem *Wallerteich* zieht der *Tauernwanderweg* 5 ostwärts über den Waldrücken empor. Nach der Ab-

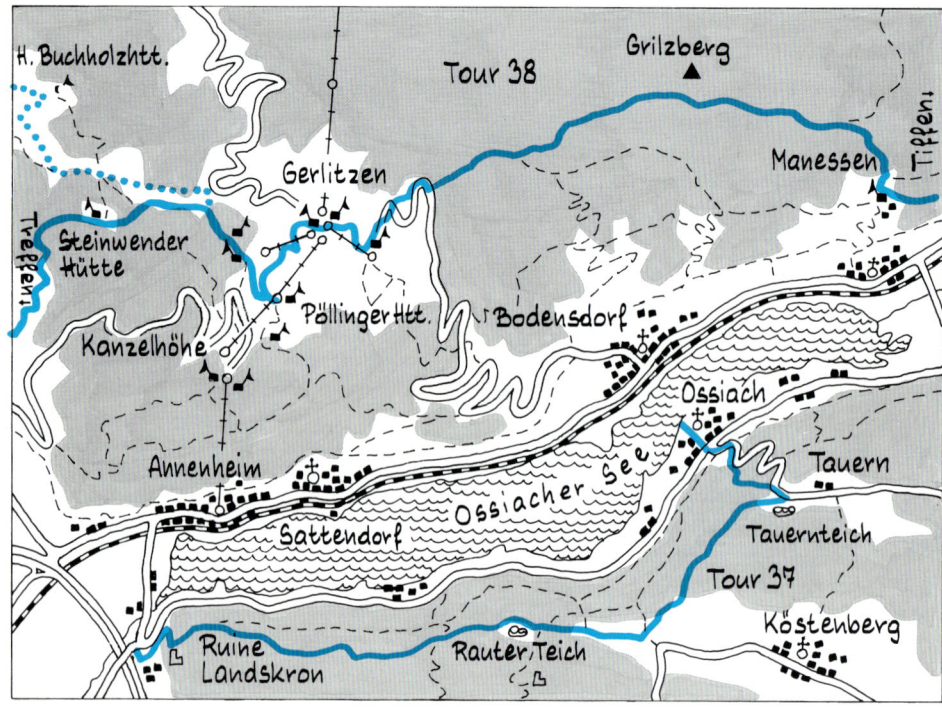

zweigung zum *Jungfernsprung* (774 m, 5 Minuten, schöner Seeblick) halten wir uns bei einer Wegteilung nach rechts und wandern unter dem *Kulmberg* vorbei zum *Rauter Teich*. Nahe der tausendjährigen Eiche empfiehlt sich der Abstecher nach Süden zur *Ruine Eichelberg* (840 m). In *Oberwinklern* schwenken wir dann nach Nordosten zum *Gasthaus Sakoparnig* (903 m) und kommen durch den *Tauernwald* zum *Tauernteich* (889 m). Da der *Tauernwanderweg* ab hier großteils auf der Straße weiterführt, steigen wir besser nach links auf dem romantischen *Schluchtweg* (erst Nr. 63, dann 63 a) nach *Rappitsch* ab. Von hier erreicht man auf dem *See-Rundwanderweg* 2 links in Kürze das *Stift Ossiach* (Schiffsstation).

Nützliche Informationen

Ausgangsort: St. Andrä am Ossiacher See.
Zielort: Ossiach.
Anfahrt / Rückfahrt: Bus (Linie) oder Schiff.
Gehzeiten: St. Andrä – Rauter Teich 2½ Stunden (Abstecher zur Ruine Eichelberg und retour 1 Stunde); weiter zum Tauernteich 1½ Stunden, Abstieg nach Ossiach 1 Stunde.

Einkehr unterwegs: Gasthäuser (Burgruine Landskron, Oberwinklern, Sakoparnig).
Sehens- und Wissenswertes: ● Ossiach (ehem. Benediktinerkloster 1028–1783, romanische, barock umgestaltete Pfeilerbasilika mit spätgotischem Flügelaltar). ● Burgruine Landskron (mit Adlerwarte). ● Schloß und Waldlehrpfad in Treffen. ● Bildhauersymposium Krastal. ● Elli-Riehl-Puppenmuseum sowie Pilz-Wald-Erlebniswelt (mit Fantasy-Wald und Kristall-Galaxie) in Winklern. ● Finsterbach-Wasserfälle und Waldlehrpfad oberhalb von Sattendorf. ● Wallfahrtskirche St. Josef auf der Tratten. ● Wasserfall bei Unterberg. ● Gotische Pfarrkirche von Steindorf. ● Frühromanische Kirchenburg Tiffen (Fresken, römische und karolingische Steine).

Auskunft: Touristikgemeinschaft Ossiacher See, A-9520 Sattendorf, Tel. (0 42 48) 20 05.
Karte: Freytag & Berndt Wanderkarte 1:50 000, WK 233 Kärntner Seen – Villach – Klagenfurt.

Stille Größe: Die ehemalige Klosterkirche von Ossiach bildet jeden Sommer den Rahmen für ein internationales Kulturfestival.

Wegvarianten: In mittlerer Höhe zieht der »Tauernhöhenweg« (Nr. 8) von Landskron bis zum Gehöft Prefelnig nahe der Ostbucht des Sees (großteils Forststraße, 5 Stunden). Die oben genannten Erlebnispunkte sind durch den Ossiacher Kultur- und Erlebnisweg miteinander verbunden (Markierung 2; mindestens 2 Tage).

38 Etwas drüber

Zu den stillen Ecken der Gerlitzen

Tourencharakter: 1½- bis 2-Tagetour, die mit Seilbahnhilfe auch in zwei Bergab-Wanderungen geteilt werden kann; unschwierige Alm- und Waldsteige auf einen prächtigen Aussichtsberg.
Ausrüstung: Bergwandermontur.
Beste Jahreszeit: Juni bis Oktober.
Reine Gehzeit: Insgesamt ca. 9 Stunden.
Markierung: Rot-weiß-rot.
Höhenunterschied: 1400 m.

Der Berg »Tevvin«, der steilfelsige Bergkegel, mit dem die Gerlitzen im Osten ausläuft, taucht um das Jahr 878 aus dem Dunkel der Zeiten ins Licht unserer Geschichtsschreibung. Auf seiner Spitze stand einst ein heidnischer Tempel, der wie die heutige Wehrkirche von Tiffen weit hinaus ins Land blickte. Man vermutet, daß der Bau noch vorromanisch ist; auch Römersteine sind eingemauert. Die Gerlitzen selbst, das 1909 Meter hohe Alm- und Waldwahrzeichen des Ossiacher Sees, galt in früheren Jahrhunderten als Hexen- und Wetterberg; von ihrem Gipfel leuchtete das Kreidfeuer. Auf heidnische Zeiten geht auch der Brauch des »Almringens« zurück, das hier – wie auch am benachbarten Wöllaner Nock – jedes Jahr zu Peter und Paul durchgeführt wird.

»Etwas drüber« ist die Gerlitzen laut Prospekt. Ziemlich »drüber« ist jedenfalls ihre technische Erschließung: Drei Mautstraßen, ein sternförmiges Geflecht von Seilbahnen, Sessel- und Schleppliften, Skipisten, Hotels, Hütten und Ferienhäuser ließen den Aussichtsgipfel zu einer Art Erlebnis-Einkaufszentrum mutieren. Ruhig ist nur die Gegend um die Steinwender Hütte geblieben – und

Um so einen Sonnenaufgang über dem Ossiacher See erleben zu können, muß man etwas früher als meist üblich aufstehen.

der Kamm zum Grilzberg, nach Manessen und zum geschichtsträchtigen »Berg Tevvin«: Das ist ein beschauliches Bergwandern über viele, viele Waldkegel und Wiesenlichtungen, durch Hochwald und Kahlschläge – viele Stunden lang in Einsamkeit, die erst an den marmornen Stufen der Tiffener Kirche oder mit einem Bad im See enden.

Der Wegverlauf

Von *Treffen* (543 m) wandern wir zunächst auf dem Weg 109 über *Pölling* zur *Steinwender Hütte* (1457 m) hinauf. Der Steig 177 führt uns zur nahen *Gerlitzenhütte* (1594 m), von wo wir nach der Markierung 32 zur *Kammerhütte* und auf dem Almweg 1761 zur *Pöllinger Hütte* (1630 m) hinüberqueren. Ab hier leitet uns die Markierungsnummer 4 – zuerst zwischen den Liften (Waldlehrpfad) zu den Gipfelhäusern auf der *Gerlitzen* (1909 m) und auf der anderen Seite wieder zum *Hotel Berger* (1764 m) hinunter (auch direkte Verbindung von der *Pöllinger Hütte* über den Höhenweg 1763/33).

Der *Gerlitzen-Höhenweg* (175 bzw. 4) kürzt nun die obersten Kehren der Bodensdorfer Gerlitzenstraße ab, folgt dann dem kuppigen Waldkamm über die *Wippenighöhe* (1544 m) und quert südlich unter dem *Grilzberg* (1564 m) vorbei nach *Manessen* (1011m). Zuletzt gehen wir auf einer Forststraße über *Fresen* zur Wehrkirche von *Tiffen* (657 m), von der wir in Kürze zur Bushaltestelle bzw. Bahnstation kommen.

Nützliche Informationen

Ausgangsort: Treffen.
Zielort: Tiffen.
Anfahrt / Rückfahrt: Bus (Linien 5177, 5150, 5152); Bahn (Linie 65).
Gehzeiten: Treffen – Steinwender Hütte 3 Stunden; auf die Gerlitzen 2 Stunden; Abstieg zum Hotel Berger 1/2 Stunde; Übergang nach Tiffen 4 Stunden.
Unterkunft und Einkehr unterwegs: Steinwender Hütte, Kammerhütte, Pöllinger Hütte, Alpengasthof Pachleiner, Gipfelhaus Stifter, Hotel Berger (alle im Sommer bewirtschaftet).
Sehens- und Wissenswertes: ● Berg- und Almmuseum Pöllinger Hütte. ● Sternwarte und Solarzentrum auf der Gerlitzen.
Auskunft: Siehe Tour 36.
Karte: Freytag & Berndt Wanderkarte 1:50 000, WK 233 Kärntner Seen – Villach – Klagenfurt.

39 Das Städtchen im Grünen

Kurz-Ausflüge rund um Feldkirchen

> **Tourencharakter:** Zwei Halbtags- und eine Tageswanderung auf unschwierigen Wegen.
> **Ausrüstung:** Bei Schönwetter ist außer Wanderschuhen nichts Besonderes nötig.
> **Beste Jahreszeit:** Außer bei Schneelage immer begehbar.
> **Reine Gehzeit:** Jeweils zwischen 1 1/2 und 3 Stunden.
> **Markierung:** Nur teilweise Rot-weiß-rot, am Goggausee blau.
> **Höhenunterschied:** Zwischen 100 und 200 m.

Am Übergang vom Klagenfurter Becken zu den sanften Nockbergen liegt die kleine Stadt Feldkirchen. Seit der Ort 888 erstmals urkundlich als »Veldchircha« benannt wurde, hat er sich über den Umweg als bambergischer Besitz zu einem Zentrum im Nahbereich der Kärntner Seen entwickelt. In der biedermeierlichen, liebevoll gepflegten Altstadt sind nicht nur alte Zunftzeichen, sondern auch etliche Handwerksmeister zu finden: Sattler, Schmied, Wagenbauer, Schuster, Schnapsbrenner – und der Vollkornbäcker fährt seine Kipferl mit dem Fahrrad aus.

Spektakulär ist das Umland von Feldkirchen sicher nicht – »lieblich« wäre das treffendste Attribut. Man muß da und dort schon zweimal hinschauen, um seine verborgenen Reize zu entdecken: Um nur ein Beispiel zu verraten: Im schattigen Körausgraben östlich der Stadt läßt sich's trefflich kneippen, auf dem nahen Krahkogel wandeln Sie auf keltischen Spuren, und über den Flatschacher

Teich dürfen Sie zwar nicht im Motorboot, dafür aber im Sautrog schippern.

Der Wegverlauf

a) Kneipp- und Wasserlehrpfad: Vom westlichen Ortsrand (556 m) – vorbei an einem *Kräutergarten* – durch den *Körausgraben* zum *Flatschacher Teich* (Fit-Parcours um den See). Rückkehr auf dem Weg 8 über *Waiern*.

b) Natur- und Waldlehrpfad: Vom Gemeindeamt in *Himmelberg* (662 m) der Tiebel entlang, vorbei an einem Venezianischen Gatter und alten Mühlen, zu den *Tiebelquellen* (ca. 1000 m).

c) Goggausee: Von *Waiern* (619 m) nördlich von Feldkirchen zieht der Weg 7 über *Powirtschach* zum *Schloß Poitschach* (601 m). Ab hier wandern wir auf Güter- und Feldwegen (15) in den Weiler *Wachsenberg* (868 m) hinauf, umrunden nach der Markierung 1721 den *Hinterwachsenberg* bis zum Gehöft *Jeinitz* und kommen bald darauf nach *Rennweg* (744 m) auf der Hochfläche von *Steuerberg* (782 m). Zuletzt führt der Wiesenweg 13 über *Niederwinklern* (kurzer Abstecher vom Gasthof Leitgeb zum *Tscheker-Wasserfall*) zum *Goggausee* (780 m) und an seinem Ostufer zur Bushaltestelle beim *Goggauwirt*.

Nützliche Informationen

Ausgangsorte: Feldkirchen bzw. Himmelberg.

Zielorte: Flatschacher Teich, Tiebelquellen, Goggausee.

Anfahrt / Rückfahrt: Bus (Linien 5230, 5212).

Gehzeiten: a) Kneipp- und Wasserlehrpfad 1½ Stunden (Rückweg 1 Stunde); b) Natur- und Waldlehrpfad 2 bis 2½ Stunden hin und retour; c) zum Goggausee 3 Stunden.

Einkehr unterwegs: Tennisstüberl »Kräuter« am Kneippweg, Jausenstation am Flatschacher Teich, Gasthaus in Oberboden bei Himmelberg, Gasthäuser in Rennweg und in der Nähe des Goggausees.

Sehens- und Wissenswertes: ● Feldkirchen: hübsche Altstadt, Stadtpfarrkirche »Maria im Dorn« mit karolingischem Chorturm, gotische Michaelikirche, Bamberger Amthof und »Bürgerstöckl«. ● Kalvarienberg in Unterrain. ● Kirche von Stocklitz (mit Eisenkette umspannt). ● Wehrkirche Rottendorf (mit Gußerker). ● Romanische Kirche von Hart

Im stillen Wanderland um das Städtchen Feldkirchen lädt nicht nur der Goggausee zu einem erfrischenden »Schwumm« ein.

…nicht mehr weit zur Walderhütte mit ihrer Speisekarte!

bei Klein St. Veit (Fresken, Schlüssel im nahen Mesnerhaus erhältlich). ● Schlösser in Gradisch, am Dietrichsteiner und am St. Urbaner See. ● Maltschacher See.
Auskunft: Touristikbüro, A-9560 Feldkirchen, Tel. (0 42 76) 25 11–77.
Karten: Freytag & Berndt Wanderkarte 1:50000, WK 222 Bad Kleinkirchheim – Krems i. Kärnten – Radenthein – Reichenau, WK 231 St. Veit – Feldkirchen – Gurktal und WK 233 Kärntner Seen – Villach – Klagenfurt.

40 Der Begrüßungsnock

Bergabtour vom Wöllaner Nock

Tourencharakter: 1 Tag, unschwierige Bergab-Wanderung von einem herrlichen Aussichtsberg.
Ausrüstung: Bergwandermontur.
Beste Jahreszeit: Juni bis Oktober.
Reine Gehzeit: 3½ bzw. 4½ Stunden.
Markierung: Rot-weiß-rot.
Höhenunterschied: 100 m Anstieg, 1400 bzw. 1200 m Abstieg.

Minimundus, die »kleine Welt am Wörther See«, werden Sie in ein paar Seiten kennenlernen. Daß es auch die große Bergwelt im »Kleinformat« gibt, zeigt uns der Wöllaner Nock zwischen Arriach und Bad Kleinkirchheim. Natürlich ist dieser Berg selbst alles andere als klein (ganz im Gegenteil, es handelt sich um ein beachtliches Massiv mit einem 2145 Meter hohen Gipfel), aber er zeigt den Charakter und die Vielfalt der sanften Nocke auf engem Raum komprimiert – mit weitausladenden Almtrabanten, pelzigen Waldhängen und einer Handvoll Bergdörfer von echtem Schrot und Korn an seinem Fuß, mit munterem Bergwasser, stillen Wollgrasböden, einem recht steinigen Gipfel und sogar ein paar weißen Marmorbrocken auf der »Kaiserburg«. Vier gemütliche Berggasthäuser, drei Mautstraßen und eine Seilbahn sorgen für Betrieb, halten jedoch – anders als auf der benachbarten Gerlitzen – zumindest einen Respektabstand zum Gipfel. Angesichts der umfassenden Aussicht von dort oben – unter anderem steht ein Großteil der Kärntner Nock-Prominenz in Reih und Glied gegenüber – kann man auf dem Wöllaner Nock eine lange Freundschaft mit diesem Gebiet begründen oder sie mit sehnsuchtsvollem Blick vertiefen. Also: Auf zum »Begrüßungsnock«!

Der Wegverlauf

Wir starten bei der *Bergstation der Kaiserburg-Seilbahn* (2055 m; zu Fuß von *Bad Kleinkirchheim*, 1087 m, auf dem Steig 1 über den *Baumboden* und die *Roßalmhütte* erreichbar). Ein kurzer, breiter Weg leitet uns südwärts auf den Gipfel des *Wöllaner Nock* (2145 m).

Ein relativ kurzer Talweg führt von hier über den freien Westkamm (167), von dem man oberhalb der *Trangonihütte* rechts durch den steilen Waldhang zur *Wegerhütte* (1520 m) und neben dem *Feldpannbach*, zuletzt kurz auf der Straße, nach *Feld am See* (751 m) absteigt.

Eine längere Bergab-Wanderung vermittelt dagegen der wunderschöne Steig 164, der südwärts über den *Vorderen Wöllaner Nock* (2090 m) in den Straßensattel oberhalb der *Geigerhütte* führt (hierher kommt man auch über die *Walderhütte*, 1960 m), dann dem weiten Alm- und Waldkamm über den *Puchskopf* (1865 m), die *Prenter Alm* (1745 m) und den *Dürrenbaumberg* (1771 m) folgt und – zuletzt auf einer kurvenreichen Forststraße – nach *Gnesau* (973 m) absinkt.

Nützliche Informationen

Ausgangsort: Bergstation der Kaiserburg-Seilbahn (Auffahrt von Bad Kleinkirchheim).
Zielorte: Feld am See oder Gnesau im Gurktal.
Anfahrt / Rückfahrt: Bus (Linien 5140, 5150, 5230).
Gehzeiten: Kaiserburg – Wöllaner Nock 1/2 Stunde; Abstieg nach Feld am See 3 Stunden; nach Gnesau 4 Stunden.
Unterkunft und Einkehr unterwegs: Kaiserburghütte bei der Bergstation; Gasthof Wegerhütte; eventuell Walder Hütte (privat, 16 Betten, ganzjährig bewirtschaftet) oder Geiger Hütte (privat, 15 Betten, 20 Lager, im Sommer bewirtschaftet).
Sehens- und Wissenswertes: ● Arriach:

größte evangelische Kirche in Kärnten, katholische Kirche aus dem 12. Jh., Toleranz-Denkmal für Kaiser Josef II.
Auskunft: Verkehrsamt, A-9543 Arriach, Tel. (0 42 47) 85 14.
Karten: Freytag & Berndt Wanderkarte 1:50 000, WK 221 Millstätter See – Spittal – Nockalmstraße und WK 222 Bad Kleinkirchheim – Krems i. Kärnten – Radenthein – Reichenau.

41 Der große Berg über den Seen

Auf Panoramapfaden über den Mirnock

Tourencharakter: 1 Tag; aussichtsreiche Höhen- und Bergabwanderung auf unschwierigen Kamm- und Waldsteigen.
Ausrüstung: Bergwandermontur.
Beste Jahreszeit: Juni bis Oktober.
Reine Gehzeit: Insgesamt 6 Stunden.
Markierung: Rot-weiß-rot.
Höhenunterschied: 500 m Anstieg, 1700 m Abstieg.

Ähnlich wie die benachbarte Millstätter Alpe ist auch der Mirnock kein Berg, sondern ein ganzes Gebirge: 25 Kilometer lang, mit fünf Zweitausendern und im Süden konstant um die 1800 Meter aufragend. Sein breites Almdach schärft sich gegen den Palnock merklich zu; an den Südhängen – etwa bei Amberg – treten sogar Felswände auf. Schließlich wird sein weißer Marmorsockel im Bildhauer-Symposium Krastal sogar künstlerisch genutzt.

Bei Schönwetter gehören drei Wasserflächen zum Tiefblick-Repertoire des Mirnocks: Feldsee und Afritzer See im »Gegendtal« – und, in besonderer Pracht vor den Tauernbergen gelegen, der Millstätter See. Im Abstieg nach Döbriach scheint man direkt in diese Traumkulisse hineinzulaufen!

Zuvor hält das Massiv noch zwei weitere Tourentrümpfe bereit: Die Auffahrt mit dem dreiteiligen Sessellift, der südlich von Afritz startet und Sie ohne einen vergossenen

Schweißtropfen in 1831 Meter Höhe entläßt; und die Panoramawanderung über das gesamte Rückgrat des Mirnocks. Wer auf dieser endlosen Brücke zwischen Himmel und Erde nicht bergsüchtig wird, wird's wohl nie: So ein unbeschwertes Dahinwandern zwischen urweltlichen Wetterbäumen und moorigen Almlacken, über würziges Berggras und ein paar harmlose Felsbrocken, stets das frische Gratlüfterl im Gesicht und fast die ganze Oberkärntner Gipfelwelt im Visier – das gibt's auf so gefahrlose Weise kein zweites Mal!

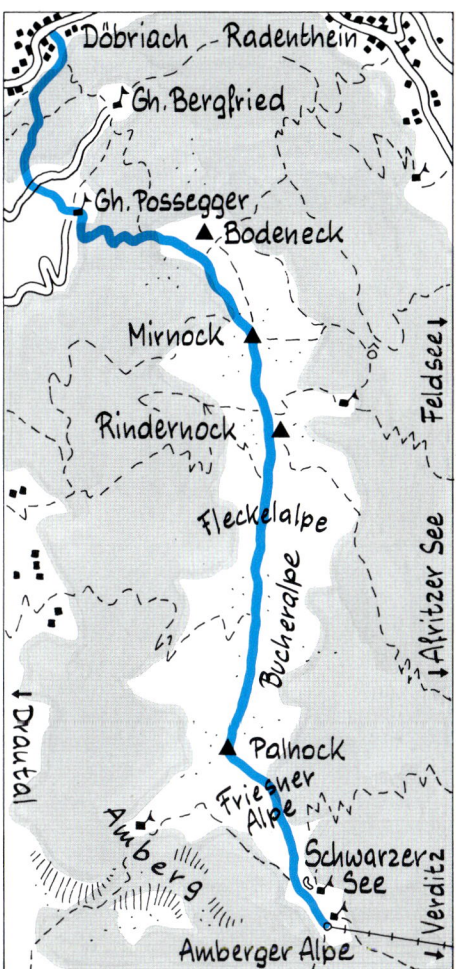

Der Wegverlauf

Von der *Kulnighütte* neben der Bergstation des Sessellifts auf der *Amberger Alm* (1831 m; zu Fuß von *Afritz*, 710 m, auf dem Weg 180 erreichbar) spazieren wir auf dem Panoramaweg 29/180 zwischen Kampfbäumen zum nahen *Schwarzen See* (1791 m) mit der *Schwarzseehütte*. Nun steigen wir über den Rücken der *Friesneralm* (1828 m) zum *Palnock* (1901 m) an. Von hier aus überblickt man bereits den Weiterweg zum *Mirnock* (2110 m), der in stetem Auf und Ab auf dem teilweise breiten, teilweise zugeschärften Graskamm über die *Bucheralpe* (1865 m), den *Lahnernock* (1861 m) und den *Rindernock* (2024 m) dahinführt.

Vom *Mirnock-Gipfel* folgen wir zunächst dem Steig 187 bis zu den Lacken am *Bodeneck* (2008 m). Unter der Gipfelkuppe biegen wir links ab und wandern auf dem Steig 188 erst durch Almwiesen, dann durch Wald zum *Gasthaus Possegger* (1222 m) und über das Gehöft *Engelmaier* (990 m) – zuletzt auf dem *Waldlehrpfad* – nach *Döbriach* (620 m).

Nützliche Informationen

Ausgangsort: Afritz.
Zielort: Döbriach am Millstätter See.
Anfahrt / Rückfahrt: Bus (Linien 5140, 5150).
Gehzeiten: Amberger Alm – Mirnock 3 Stunden, Abstieg nach Döbriach 3 Stunden.
Einkehr unterwegs: Kulnighütte und Schwarzseehütte (von Anfang Juni bis Ende September bewirtschaftet); Gasthof Possegger.

Sehens- und Wissenswertes: ● Die längste Sommerrodelbahn Kärntens; Zugang von der Talstation des 2. Sessellifts, 15 Minuten. ● Wasserfall bei Döbriach.
Auskunft: Bergbahnen Verditz, A-9542 Afritz, Tel. (0 42 42) 2 42 26.
Karte: Freytag & Berndt Wanderkarte 1:50 000, WK 221 Millstätter See – Spittal – Nockalmstraße.
Wegvariante: Vom Rindernock führt der Steig 183 über die Kohlweißhütte, vom Mirnock der Weg 184 über die Gruberhütte nach Feld am See hinunter (2 Stunden).
Weiterer Tourenvorschlag: Der gemütliche Rudolf-Greinz-Weg (1) und der anschließende Weg 2, am Westufer des Afritzer Sees verbindet Feld am See mit Afritz (2 Stunden).

Am Fuß des Mirnocks glänzt der Afritzer See.

42 Rund ums Römerbad

Durch die Kleinkirchheimer Nocke zum Falkertsee

Tourencharakter: Zwei aussichtsreiche Tagestouren auf unschwierigen Alm- und Gratsteigen (nur der Übergang vom Mallnock zum Klomnock erfordert Trittsicherheit). Bei Nebel teilweise schwierige Orientierung!
Ausrüstung: Bergwandermontur.
Beste Jahreszeit: Juni bis Oktober.
Reine Gehzeit: 5 bis 6½ Stunden und 6½ bis 8½ Stunden.
Markierung: Rot-weiß-rot.
Höhenunterschied: Mit Seilbahnhilfe 400 m bzw. 600 Anstieg und 1500 m Abstieg.

Wie eine Tatze strecken die großen Nocke – Rosennock (2440 m), Mallnock (2226 m), Klomnock (2331 m), Falkertspitze (2308 m) und Moschelitzen (2310 m) – ihre Ausläufer gegen Bad Kleinkirchheim hinab. Zwischen ihren gespreizten Krallen ziehen lange Gräben. Am weitesten gegen Tal und Seen vorgeschoben ist der Priedröf, den ein weiches Fell aus Wald und Gras überzieht – daher gibt es hier auch so anziehende Flurnamen wie »In der Wiesen«. Woher der sonderbare Bergname selbst kommt, ist schwer zu sagen. Früher nannte man den Buckel auch »Priedriefnock«; heute ist der ganze Kamm bis zur Brunnachhöhe hinüber auch als »Nockalm« bekannt. Obwohl der Priedröf die Zweitausenderwürde knapp verfehlt und an etlichen Stellen für Lift- und Pistentrassen geschoren wurde, ist er samt dem anschließenden Nockalm-Rundwanderweg uneingeschränkt zu empfehlen – als beschaulicher »Einstieg« zu seinen höheren und rauheren Nachbarn.

Über deren Gipfel und Grate reicht seit jeher das Weidegebiet der Kleinkirchheimer Bauern: Auf der Grundalm im obersten Leobengraben besaß einst jeder von ihnen eine eigene Hütte. Als die Jesuiten 1598 die Herrschaft Millstatt übernommen hatten, erklärten sie auch diese Almen zu ihrem Besitz, und da sie viel Geld für ihre Universität in Graz brauchten, begannen sie, für das aufgetriebene Vieh Zins zu kassieren: einen Gulden pro Pferd, 20 Kreuzer für eine Kuh, ein Schwein schlug mit sechs Kreuzern zu Buche. Einmal legten die Patres die jährliche Almmiete für 37 Pferde, 385 Kühe und 75 Kälber auch mit stattlichen 956 Pfund Schmalz fest.

Schmalz in den Wadeln braucht man auch für die Ersteigung der Kleinkirchheimer Nockberge, die sich dafür mit besonderer Blumenpracht, ein paar felsigen Einlagen und herrlichen Ausblicken bedanken. Müde Muskeln kann man ja vorher im Tepidarium und Vitarium, in Sauna oder Dampfbad der Kleinkirchheimer Thermen stärken. Gegen Muskelkater hilft mitunter schon ein bißchen Wassertreten in den Bächen – oder im Falkertsee, der, am einen Ufer naturbelassen zwischen Felsen und Almrausch, am anderen mit Hütten und Hotels verbaut, ins Revier des oberen Gurktals überleitet.

Der Wegverlauf

a) Priedröf und Nockalm-Rundweg: Von der Bergstation der *Nockalm-Seilbahn* bei der *Nockalmhütte* (1870 m, zu Fuß von *St. Oswald*, 1319 m, nach der Markierung R und 4) ist der *Priedröf-Gipfel* (1963 m) leicht über den Lifthang erreichbar. Die »Höhenroute« des *Nockalm-Rundweges* (1) führt von der Hütte nordwärts durch schütteren Almwald bzw. über Lifthänge auf den *Wiesernock* (1974 m), zum *Spitzegg* (1913 m) und zur nahen Bergstation des *Brunnach-Sessellifts* (1902 m). Dann steigt der Weg sanft über die *Brunnachhöhe* an, wo man auf etwa 2000 Meter eine *Unterstandshütte* erreicht. Ab hier quert man links durch den Westhang des Mallnocks zum *Oswalder Bocksattel* (1958 m), wendet sich dort scharf nach links und wandert auf der »Hangroute« des *Nockalm-Rundweges* (2) durch die bewaldete Westseite des ganzen Kammes zur Seilbahn-Bergstation zurück. Von hier – aber auch an mehreren anderen Stellen bis zur Brunnachhöhe hinüber – kann man auf markierten Pfaden nach *St. Oswald* (1319 m) absteigen.

b) Über die Kleinkirchheimer Nockberge: Hier starten Sie am besten bei der Sesselliftstation auf der *Brunnachhöhe* (1902 m). Von der erwähnten *Unterstandshütte* am *Nock-alm-Höhenweg* folgen wir immer der Markierung 1: Zunächst steigen wir dem *Mallnock* (2226 m) aufs Haupt, überschreiten den teilweise schmalen und felsigen Grat zum *Klomnock* (2331 m; herrlicher Tiefblick zur Nockalmstraße und zum Windebensee) und steigen über die Kuppe der *Steinhöhe* in die *Flache Scharte* (2144 m) ab.

Nun queren wir südlich unter dem *Steinnock* (2197 m) und dem *Falkertköpfl* (2197 m) in die *Hundsfeldscharte*, aus der wir die *Falkertspitze* (2308 m) auf dem grasigen Nordkamm ersteigen. Auf der anderen Seite wandern wir in die nahe *Falkertscharte*, von der man auf dem Steig 160 die *Moschelitzen* (2310 m) ersteigt. Der östlich darunter eingebettete *Falkertsee* (1872 m) ist von diesem Gipfel, aber auch schon von der *Hundsfeldscharte*, von der *Falkertspitze* oder aus der *Falkertscharte* auf markierten Almsteigen erreichbar.

Unser Weg 1 führt jedoch von der *Falkertscharte* rechts in den Westhang der *Moschelitzen*, zieht – vorbei an einer *Unterstandshütte* – über den freien Almrucken der *Iotelitzen* (2059 m bzw. 1990 m) abwärts, er-

reicht unterhalb der Waldgrenze eine weitere *Unterstandshütte* und leitet uns schließlich über den *Aignerberg* (1508 m) und das *Gasthaus Ploninger* nach *Bad Kleinkirchheim* (1087 m) hinunter. Unterwegs zweigen mehrere Abstiegswege zum *Falkerthaus* (1552 m) bzw. nach *St. Oswald* ab.

Nützliche Informationen

Ausgangsort: St. Oswald bei Bad Kleinkirchheim.
Zielort: St. Oswald bzw. Bad Kleinkirchheim.
Anfahrt / Rückfahrt: Bus (Linie 5140).
Gehzeiten: Nockalmhütte – Priedröf und retour 1 Stunde; »Höhenroute« zur Oswalder Bockscharte 2½ Stunden; »Hangroute« retour 2½ Stunden (Abstieg vom Kamm nach St. Oswald 1½ Stunden). Bergstation Brunnachhöhe – Klomnock 2 Stunden, zur Falkertscharte 2 Stunden (auf die Moschelitzen und zurück 1 Stunde; Rundtour über den Falkertsee 2 Stunden), Abstieg nach Bad Kleinkirchheim 2½ Stunden.
Unterkunft und Einkehr unterwegs: Nockalmhütte (im Sommer bewirtschaftet); offene

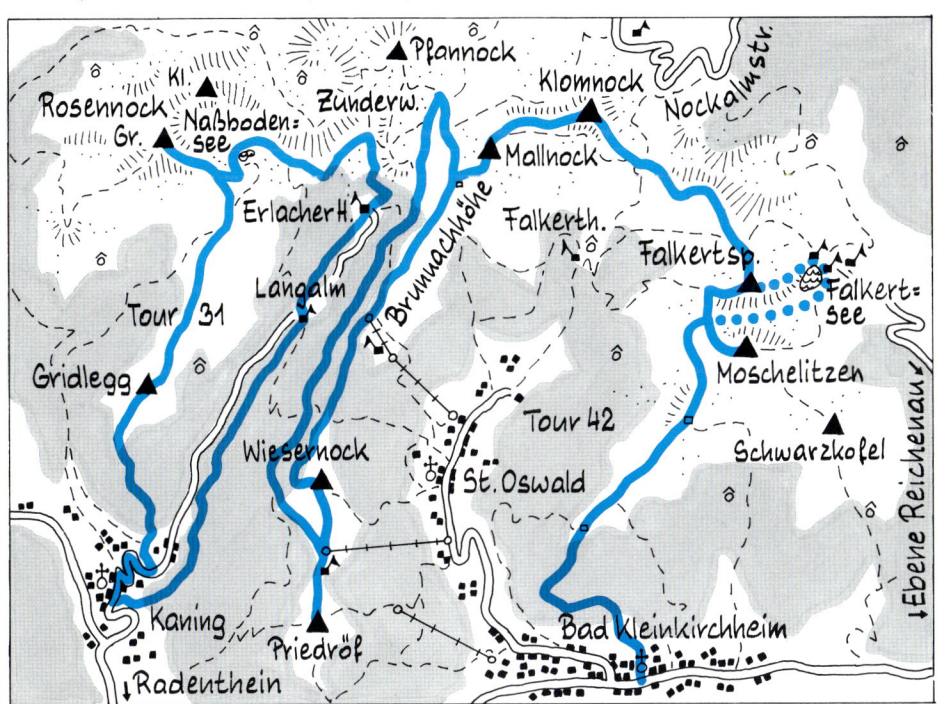

Das Zauberreich der Nockberge – unterwegs über Bad Kleinkirchheim.

◁ *Im östlichen Auslauf der Bad Kleinkirchheimer Nockberge bietet sich der Falkertsee für einen Abstecher an.*

Unterstandshütten am Weg; eventuell Falkertschutzhaus (privat, 15 Betten, 20 Lager, im Sommer bewirtschaftet) oder Falkertseehütte (privat, Nächtigung möglich, im Sommer bewirtschaftet, in der Nähe weitere Gasthöfe und Hotels).

Sehens- und Wissenswertes: ● Bad Kleinkirchheim: spätgotische Kirche über den Heilquellen, Thermalbäder. ● St. Oswald: gotische Pfarrkirche, ursprüngliche Ringhöfe, alte Schmiede mit Werksmuseum, Alpengarten und Naturlehrpfad.

Auskunft: Siehe Tour 41.

Karte: Freytag & Berndt Wanderkarte 1:50000, WK 222 Bad Kleinkirchheim – Krems i. Kärnten – Radenthein – Reichenau.

Wegvariante: Rundtour vom Falkerthaus über Oswaldeck – Mallnock – Klomnock – Falkertspitze – Tanzboden (5 bis 6 Stunden).

43 Wucht und Weite

Drei Möglichkeiten, von der Turracher Höhe nach Ebene Reichenau zu kommen

Tourencharakter: Eine einfache Halbtags-Bergabwanderung und zwei unterschiedlich lange, aber gleich aussichtsreiche Bergtouren.

Ausrüstung: Für die Wanderung über Grünsee – Saureggen genügen Wanderschuhe; ansonsten Bergwandermontur.

Beste Jahreszeit: Juni bis Oktober.

Reine Gehzeit: Jeweils zwischen 2 und 6 Stunden.

Markierung: Rot-weiß-rot.

Höhenunterschied: 700 m Abstieg; 150 m Anstieg und 1200 m Abstieg bzw. 700 m Anstieg und 1500 m Abstieg.

Die Gegend um die Turracher Höhe hat der liebe Gott mit ganz besonderer Schönheit beschenkt. Eine selbstbewußte Sage erzählt, daß der Schöpfer, nachdem er die Nockberge geformt hatte, über dieses gelungene Werk drei Freudentränen fallen lassen habe – aus ihnen sollen die drei Seen auf der Turrach entstanden sein. Bei heutiger Betrachtung werden dem Herrgott jedoch eher Zornestränen in den Augen stehen, denn die Menschen verschandelten sein Landschaftsgeschenk mit Straßen, Liften und Sendern, stellten stillose Wochenendhäuser in den Wald und krönten das Ganze mit einem Hochhaus-Hotel am Turracher See. Nach Erzen herumgegraben, Holz verkohlt, vielerlei Güter hin- und hertransportiert, Grenzen bewacht und so manche Ladung geschmuggelt haben sie hier ja schon lange: Die erste urkundliche Erwähnung des 1783 Meter hohen Passes stammt aus dem Jahr 1382.

Rundum ist die Landschaft aber so schön wie am ersten Tag. Unter duftigen Zirben- und Lärchenhainen verbergen sich hier sogar zwei Superlative: St. Lorenzen (1477 m) mit seiner wehrhaften Kirche ist das »oberste« Pfarrdorf Kärntens, und die Bauernhöfe am Saureggen gelten als die höchstgelegenen im Land. Über den Almen zeigen wahre Prachtexemplare von Nockbergen Wucht und Weite – wandern Sie nur einmal zum Schwarzensee hinauf und schauen Sie über seinen Spiegel zum Wintertaler Nock hinüber. Prächtig ist der Blick natürlich auch von oben – sei es vom mächtigen Rinsennock ins Herz der sanften Berge oder vom Großen Speikkofel, von dem man – über grüne Trabanten hinweg – bis Klagenfurt sieht. Trotz der nahen Übererschließung sind die Berge um die Turrach recht unberührt geblieben; nicht einmal Schutzhütten gibt es. So kann es im Dahinwandern über die behäbigen Almhöhen und braungescheckten Steingrate schon vorkommen, daß ein alter chinesischer Spruch Wirklichkeit wird: »Jede Stunde Bergeseinsamkeit ist Ewigkeit.«

Der Wegverlauf

a) Turracher Höhe – Grünsee – Saureggen: Knapp südlich der *Turracher Höhe* (1783 m) zweigt von der Paßstraße eine Forststraße (8)

nach Osten ab, die zu einigen Ferienhäusern ansteigt und dann durch ein unverbautes Waldtal zum *Grünsee* hinunterführt. Vom Gatter am Südende des Sees (hierher kommt man auch von den Hotels am Südufer des *Turracher Sees* auf einem Forstweg mit der Markierung 127 durch eine kurios zusammengewürfelte Wochenendhaus-Siedlung) leitet uns das Sträßchen sanft durch die Waldhänge der *Gruft* zu den Gehöften *Saureggen* hinab. Zuletzt queren wir auf dem Wiesenweg 150 das *Gartental* und gelangen mit der Wegnummer 12 durch den Waldhang oberhalb von *Winkl* zur Turracher Straße, auf der wir die letzten 500 m nach *Ebene Reichenau* (1062 m) gehen.

b) Über den Rinsennock: Hier starten wir beim *Hotel Seewirt* (1775 m) am Nordufer des *Turracher Sees*. Ein Sessellift erspart die Aufstiegsmühen zum *Kornock* (2193 m; zu Fuß von der *Turracher Höhe* auf dem Steig 149 erreichbar). Auf dem felsigen Verbindungskamm erreicht man bald den Gipfel des *Rinsennocks* (2334 m). Im Abstieg folgen wir nun dem schnurgerade abfallenden Südkamm (Steig 149), vorbei an einem Kreuz, bis zur Waldgrenze am *Eggenriegel*. Dort schwenkt der Steig rechts in den Waldhang, durch den wir zu den Gehöften von *Winkl-Reichenau* (1379 m) kommen. Von dort leitet uns ein Wiesenweg zum *Gasthaus Moser* und zur nahen Bushaltestelle bei der Abzweigung der *Nockalmstraße* von der *Turracher Straße* hinab (1140 m, ca. 2 km nördlich von *Ebene Reichenau*).

c) Brett Höhe und Großer Speikkofel: Vom *Hotel Schoberriegel* am Südufer des *Turracher Sees* (1783 m) spazieren wir auf einer kleinen Straße ostwärts zum nahen *Schwarzsee* (1841 m). Knapp davor zweigt rechts der Steig 153 ab. Er führt zuerst auf einer Lifttrasse, dann über den felsigen Grat auf den *Schoberriegel* (2208 m) und über einen kleinen Sattel auf die seltsam gespaltene Gipfelwiese der *Gruft* (2232 m; Abstieg nach *Saureggen* möglich). Nun wenden wir uns nach Osten und überschreiten den langen, kuppigen und teilweise recht rauhen Kamm über den *Weitentalsattel*, die *Kaserhöhe* (2318 m) und die *Hoazhöhe* (2319 m) bis zur *Brett Höhe* (auch Beretthöhe, 2320 m). Hier biegen wir wieder nach Süden ab und wandern nach der Markierung 155 über die *Torerhöhe* (2205 m) zum *Großen Speikkofel* (2270 m). Zuletzt steigen wir über den *Kleinen Speikkofel* (2109 m), seinen freien Südkamm, vorbei am Kreuz beim sagenumwobenen *Lorenzer Brunnen* und durch lichten Wald nach *St. Lorenzen* (1477 m) ab, von wo uns der alte Kirchenweg (154) durch die Wiesen des *Lorenzenberges* zur *Gurk* und nach *Ebene Reichenau* weist.

Nützliche Informationen

Ausgangsort: Turracher Höhe.
Zielort: Ebene Reichenau bzw. Winkl-Reichenau.
Anfahrt / Rückfahrt: Bus (Linie 5140, 5230).
Gehzeiten: a) Turracher Höhe – Saureggen – Ebene Reichenau 2 bis 2½ Stunden;

b) Kornock – Rinsennock – Winkl 3 bis 3½ Stunden (Anstieg Kornock 1 Stunde);
c) Turracher Höhe – Brett Höhe – Speikkofel – St. Lorenzen – Ebene Reichenau 6 Stunden.

Unterkunft und Einkehr unterwegs: Nur in den Gasthöfen und Hotels auf der Turracher Höhe bzw. in den Talorten.
Sehens- und Wissenswertes: ● Turracher Höhe: Mineralienmuseum im Zirbenhof, Gletschermühlen und Sommerrodelbahn. ● St. Lorenzen: gotische Pfarrkirche mit romanischen Elementen, Filialkirche St. Anna mit interessanten Votivbildern.
Auskunft: Tourismusverein, A-8864 Turracher Höhe, Tel. (0 42 75) 82 16.
Karte: Freytag & Berndt Wanderkarte 1:50 000, WK 222 Bad Kleinkirchheim – Krems i. Kärnten – Radenthein – Reichenau.

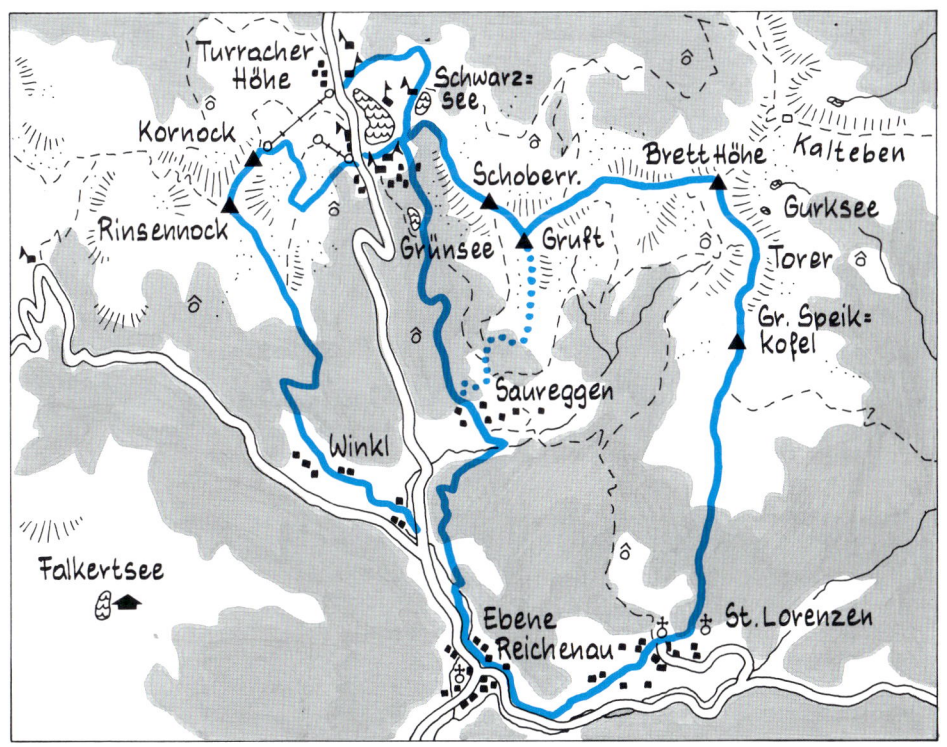

44 Ein Kranz von grünen Höhen

Rund um die Hochrindl – und ein langer Weg ins Tal

Tourencharakter: Eine Halbtags- und eine Tagestour auf unschwierigen Alm- und Waldsteigen.
Ausrüstung: Bergwandermontur.
Beste Jahreszeit: Juni bis Oktober.
Reine Gehzeit: 2 Stunden bzw. 4 bis 5 Stunden.
Markierung: Rundweg orange; Abstieg nach Sirnitz rot-weiß-rot (ab Ruine Alt-Albeck gelb).
Höhenunterschied: Rundweg 200 m; nach Sirnitz 300 m Anstieg und 1000 m Abstieg.

Die junge Gurk hat sich, eigenwilligen tektonischen Gegebenheiten folgend, ein recht »unlogisches« Tal gegraben: Nach ihrem Ursprung in einem weltvergessenen See gluckert sie über moorige Karböden, zwischen Almwiesen und durch eine Mini-Klamm westwärts in die Ebene Reichenau, strömt an Patergassen und Gnesau vorbei nach Süden und biegt nur wenige Meter unterhalb der Prekowahöhe, die eigentlich der naturgegebene Übergang ins Unterland wäre, unvermittelt nach Osten ab. Die folgende, neun Kilometer lange Durchbruchsschlucht hat sich der Fluß erst nach der letzten Eiszeit geschaffen. Erst ab Sirnitz benützt die Gurk wieder ein »richtiges« Tal und mäandriert brav am Gurker Dom vorbei – allerdings nur, um im Unterlauf wieder seltsame Kapriolen zu veranstalten.

Über der Kinderstube der Gurk lösen sich die Nockberge mehr und mehr in einzelne Alm- und Waldhöhen auf, die nur noch selten über 2000 Meter aufragen. So erreicht auch die Hochrindl, die sich mit ihren Nachbarmugeln von der höheren Kalteben zur Gurk vorschiebt, nicht mehr diese Höhenmarke. Die Almen »In den Kogeln«, wie das wellige Gebiet auch genannt wurde, wurden schon im Mittelalter von Wallfahrern frequentiert, die von Sirnitz zur Annakapelle bei St. Lorenzen hinüberzogen. Über den Lattersteig, der die Hochrindl über die 2264 Meter hohe Lattersteighöhe mit der Turrach verbindet, wurde viel Salz, Zucker und Tabak gehandelt – und natürlich auch kräftig geschmuggelt.

Heute werden die beiden zentralen Kuppen – der Hochrindl-Kegel (1745 m) und die Kruckenspitze (1886 m) – allwinterlich von Pistenflitzern und Langläufer genutzt; in der warmen Jahreszeit trägt eine Sommerrodelbahn zur Auslastung der örtlichen Gastronomie bei. Ein paar Schritte abseits umfängt uns jedoch nach wie vor touristisches Niemandsland – in den urigen Zirbenwäldern der Hochlagen genauso wie im völlig vergessenen »Bauernbadl« St. Leonhard, beim »Tatermann«, der geschnitzten Türkenfigur zur Erinnerung an das 15. Jahrhundert, als die Türken bis Sirnitz kamen, oder beim Tiefblick in die bis heute unzugängliche Gurkschlucht.

Der Wegverlauf

*a) **Rund um die Hochrindl:*** Bei der Liftstation für die Sommerrodelbahn (Bushaltestelle beim nahen *Alpengasthof Hochrindl*) biegen wir links auf die Almstraße zur *Stoicharthütte* ab. Von dort wandern wir teils auf Almwegen, teils auf Forststraßen in 1500 bis 1700 m Höhe um den *Hochrindl-Kegel* (1745 m) herum – durch herrliche Wälder, über die Wiese der *Hiaslalm* und schließlich oberhalb der *Windischbaueralm* vorbei zum *Gasthof Jägerhütt'n*. Auf der Hochrindl-Straße erreichen wir – unter Schleppliftseilen hindurch – in Kürze wieder den Ausgangspunkt.

*b) **Abstieg nach Sirnitz:*** Vom *Gasthof Jägerhütt'n* folgen wir der Straße Richtung Ebene Reichenau kurz bis zum *Hochrindl-Alpl* (1529 m; hierher auch von der Bushaltestelle beim etwas unterhalb gelegenen *Gasthaus Hochrindl-Tatermann*). Auf einer ansteigen-

Wucht und Weite: Der Eisenhut über dem Turracher Schwarzsee.

Von den Abhängen der Hochrindl geht der Blick hinüber zur Lattersteighöhe, über die einst kräftig geschmuggelt wurde.

den Almstraße (158) geht es nun nach Süden zur *Surtmannhütte* (1544 m) und auf einem Steig zum *Zmolnigboden* (1672 m), den man auch über die *Kruckenspitze* (1886 m; Steig 14) erreicht. Nun steigen wir auf einer Forststraße in den Sattel des *Mösls* (1500 m) ab und überschreiten – meist auf gutem Pfad – den gesamten Waldrücken des *Steinbühels* (1569 m), vorbei an der *Lanzenbrunn*-Quelle und über die freie *Leonhardshöhe* (1592 m) bis zum Straßensattel (1200 m) zwischen der *Prekowahöhe* und *St. Leonhard im Bade*, das man links unten sieht. Oberhalb der Gurkschlucht führt der Waldweg nun nach Nordosten zum Kreuz im *Gurker Thörl*, wo eine lange, aber fast ebene Forststraße – vorbei an der schon sehr verfallenen *Ruine Alt-Albeck* und am *Schloß Albeck* – nach *Sirnitz* (837 m) anschließt.

Nützliche Informationen

Ausgangsort: Bushaltestelle Hochrindl.
Zielort: Sirnitz.
Anfahrt / Rückfahrt: Bus (5208).
Gehzeiten: a) Hochrindl-Rundweg 2 Stunden; b) Abstieg nach Sirnitz 4 bis 5 Stunden.
Einkehr unterwegs: Gasthöfe auf der Hochrindl.
Sehens- und Wissenswertes: ● Sirnitz: gotische Pfarrkirche mit schöner Barockeinrichtung, Karner, Ausstellungen, Veranstaltungen und Seminare im Schloß Albeck. ● Deutsch-Griffen: romanisch-gotische Wehrkirche mit Fresken und gedeckter Stiege, achteckiger Karner, Kneipp-Wanderweg. ● Sommerrodelbahn am Hochrindl.
Auskunft: Fremdenverkehrsamt, A-9571 Sirnitz, Tel. (0 42 79) 240.
Karte: Freytag & Berndt Wanderkarte 1:50 000, WK 222 Bad Kleinkirchheim – Krems i. Kärnten – Radenthein – Reichenau.

45 Entdeckungen im Zwischenreich

Von der Flattnitz auf den Wintertaler Nock

Tourencharakter: 1 Tag; einsame Bergtour auf guten, aber teilweise ausgesetzten Gratsteigen.
Ausrüstung: Bergwandermontur.
Beste Jahreszeit: Juni bis Oktober.
Reine Gehzeit: Insgesamt 6 bis 7 Stunden.
Markierung: Rot-weiß-rot.
Höhenunterschied: Mit Lifthilfe 1000 m Anstieg und 1400 m Abstieg

Das auf 1400 Meter gelegene Hochtal der Flattnitz ist in mancher Hinsicht ein »Zwischenreich«: Ein Paßübergang zwischen dem Gurk-, Metnitz- und Murtal, ein idyllischer Almboden zwischen dem zünftigen Westen und dem zahmen Osten der Nockberge, eine hotel- und liftbestückte Freizeitenklave zwischen einsamen Gipfeln und eifersüchtig gehegtem Jagdgebiet. Wahrscheinlich war sie schon den Kelten bekannt. Auf den Spuren jenes Saumweges, den die Römer von Virunum ins Murtal hinübergebaut haben, können Sie heute noch wandern.

Schon um das Jahr 1000 wurde auf der Flattnitz ein Hospiz für Pilger und Händler errichtet. 1173 ließen die Gurker Bischöfe eine Kapelle dazubauen und weihten sie Johannes dem Täufer – sie hätten sie genausogut dem heiligen Hubertus weihen können, denn die Flattnitz war nicht nur ihre Sommerfrische, sondern auch ihr bevorzugtes Jagdgebiet. Um 1330 entstand nicht nur das heutige Wahrzeichen der Flattnitz, die steinplattengedeckte Rundkirche mit ihrem klobigen Sakristeiturm, sondern auch ihr makaberstes Ausstattungsstück: Eine Holzschüssel mit plastisch geschnitztem Johanneskopf, der gegen Kopfweh helfen soll. Köstlich – im wahrsten Sinn – war auch der Brauch, am Oswaldtag (6. August) am Altar Speckstücke zu opfern. Dann traten arme Leute vor, sprachen mit frommem Augenaufschlag: »Oswaldi, magst den Speck eh nit – i schon!« und packten, soviel ging, davon ein.

Ein Schmuckstück im sanften Ostauslauf der Nockberge: Die seltsame Wallfahrtskirche mit dem ehemaligen Hospiz auf der Flattnitz.

Als alpines Wahrzeichen fungiert dagegen der 1000 Meter höhere Wintertaler Nock, der »siamesische Zwilling« des höchsten aller Nockberge, des Eisenhuts (2441 m). Nobel residiert der Wetter- und Sagenberg (in seinen Wänden soll Gold verborgen sein!) hinter seinem bewaldeten Hofstaat. Wer ihn erreichen möchte, sollte gut zu Fuß sein, Tiefblick aushalten – und im Zweifelsfall die Wetterzeichen richtig deuten!

Der Wegverlauf

Von der *Flattnitzer Kirche* (1400 m) spazieren wir auf einer Almstraße am kleinen See vorbei zur *Spitzeralm* und zur Talstation des Sessellifts. Mit seiner Hilfe gelangen wir auf den *Hirnkopf* (1840 m), von wo ein guter Steig südwärts in den Sattel unter der *Kalteben* leitet (hierher auch zu Fuß von der *Spitzeralm* nach der Markierung 157 über die *Haidner Höhe*). Nun wandern wir auf dem Steig 157 im Rechtsbogen auf die freie Anhöhe der *Kalteben* (2140 m) und folgen ihrem weitgestreckten Kamm, der nach der Einmündung des breiten Weges vom *Weißen Kreuz* felsig und steiler wird, bis zur *Unterstandshütte* auf der *Lattersteighöhe* (2264 m). Nach kurzem Abstieg wenden wir uns nach Norden, queren links durch den Hang des *Spielriegels*, bleiben auch bei der nächsten Steigteilung rechts und erreichen den *Rapitzsattel* (2088 m). Zuletzt leitet uns der Steig 156 durch die steinige Südflanke auf den Westgipfel des *Wintertaler Nocks* (2404 m).

Nun queren wir auf dem Steig 151 zum Kreuz am *Ostgipfel* (2394 m) hinüber und steigen über den Ostkamm des Berges, auf dem unterhalb der Waldgrenze die *Steringer Alm* liegt, zur *Fürstenalm* (1456 m) am *Rapitzbach* ab. Zuletzt schwingen wir uns mit 100 m Gegenanstieg über einen Waldsattel wieder zur *Flattnitz* hinüber.

Nützliche Informationen

Ausgangs- und Zielort: Flattnitz.
Anfahrt / Rückfahrt: Bus (Linie 5208).
Gehzeiten: Hirnkopf – Lattersteighöhe 2½ Stunden (Aufstieg von der Flattnitz zusätzlich 1½ Stunden), Übergang zum Wintertaler Nock 1½ bis 2 Stunden; Abstieg 2½ bis 3 Stunden.
Unterkunft und Einkehr unterwegs: Nur das Gasthaus am Hirnkopf und die offene Unterstandshütte auf der Lattersteighöhe.
Sehens- und Wissenswertes: ● Kirche und Römersteig auf der Flattnitz. ● Wehrkirche aus dem 14. Jh. in Glödnitz.
Auskunft: Fremdenverkehrsamt, A-9346 Glödnitz, Tel. (0 42 65) 82 22.
Karte: Freytag & Berndt Wanderkarte 1:50000, WK 222 Bad Kleinkirchheim – Krems i. Kärnten – Radenthein – Reichenau.
Anschlußtouren: Von der Lattersteighöhe zur Brett Höhe (2320 m), Steig 153; ½ Stunde, oder vom Wintertaler Nock auf den Eisenhut (2441 m), Gratsteig 129; 1 Stunde. Sehr lohnend ist auch der Abstieg von der Flattnitz oder vom Hirnkopf über die Haidner Höhe (1799 m) und den Waldrücken des Schleichkogels (1502 m) nach Deutsch-Griffen (847 m) bzw. Glödnitz (748 m), Markierung 157, 6 und 4; 3 Stunden.

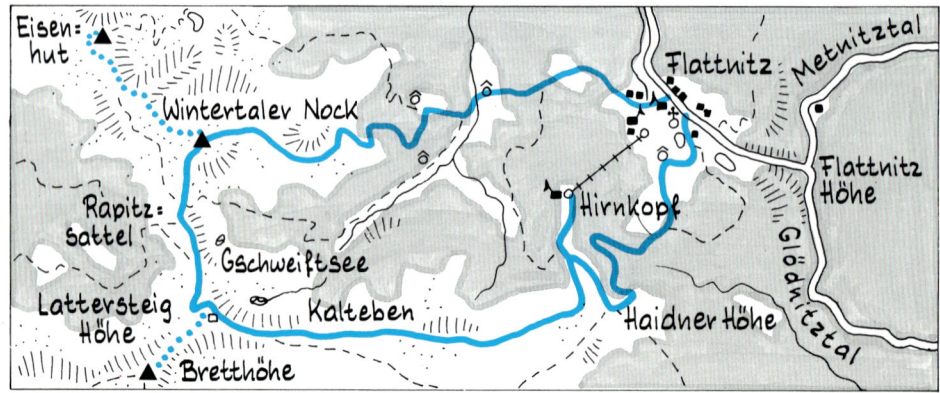

Villach und Faaker See, Ferienpark Wörther See und Seental Keutschach

46 »Leilei!«

Wandernswertes zwischen Villach und Faaker See

Tourencharakter: Drei ausgefüllte Halbtagswanderungen auf unschwierigen, aber zum Teil steilen Wegen und Steigen.
Ausrüstung: Wanderschuhe.
Beste Jahreszeit: Mai bis November.
Reine Gehzeit: Jeweils ca. 3 Stunden.
Markierung: Rot-weiß-rot.
Höhenunterschied: Zwischen 200 und 400 m.

»Leilei!« – das ist das Kärntner Pendant zu »Helau!«. Der Narrengruß des Villacher Faschings mag auch ein wenig Ausdruck für das geschäftige, aber doch schon südländisch-heitere Flair der zweitgrößten Stadt Kärntens sein. Villach ist der zentrale Verkehrsknotenpunkt des Landes. Nicht nur im Fasching wird die Entstehung der Stadt gern so erklärt: Als Kärnten besiedelt wurde, kamen die Einwanderer zu einem Schild, auf dem »Villach« stand. Diejenigen, die lesen

In der »Schütt« am Fuß der Villacher Alpe wartet nicht nur eine gewaltige Bergsturzlandschaft, sondern auch das Wasser der Gail auf Entdecker und Entdeckerinnen.

konnten, blieben hier; die anderen zogen weiter – und gründeten Klagenfurt.

Die wahre Geschichte – sie spannt einen Bogen von einer prähistorischen Siedlung über die römische Station Santicum bis zum Bistum Bamberg, dem die Stadt von 979 bis 1759 gehörte – war nicht immer so lustig: Villach wurde immer wieder in Schutt und Asche gelegt – durch das verheerende Erdbeben vom 25. Jänner 1348, das über 5000 Menschen den Tod brachte, durch Feuer und Überschwemmungen und durch die Bomben im Zweiten Weltkrieg. Die Türken, die 1478 über Tarvis ins Drautal einbrachen, errichteten zwischen Villach und dem Faaker See sogar ein Heerlager, um von dort aus halb Kärnten und Osttirol auszuplündern – die Gegend heißt heute noch »Türkei«. Trotzdem blieben aus allen Epochen bemerkenswerte Spuren und Sehenswürdigkeiten erhalten – von der weithin sichtbaren Stadtpfarrkirche St. Jakob bis zum prachtvollen gotischen Flügelaltar in der Wallfahrtskirche Maria Gail, vom Römerweg oberhalb der Napoleonwiese bis zum riesigen Frachtenbahnhof im Süden der Stadt.

Villach liegt inmitten einer wunderbaren, trotz der enormen Verkehrserschließung zum Teil noch erstaunlich naturbelassenen Landschaft. Warme Quellen auf der Ostseite der Villacher Alpe verhelfen der Stadt sogar zu einem vielbesuchten Kurbad. Im warmen »Maibachl« kann man auch ohne Arztüberweisung kuren – sofern die periodische Karstquelle halt sprudelt. Der Sockel der Villacher Alpe, deren weitgespannte Waldhänge bis zum Stadtrand reichen, ist überhaupt reich an Karsterscheinungen wie Höhlen und Schächten. Dazu haben die Eiszeitgletscher ein paar Mini-Berge abgeschliffen und mehrere »Toteislöcher« hinterlassen, die heute kleine »Stadtseen« bilden. Schließlich liegen auch die größeren Badeparadiese, allen voran der Ossiacher und der Faaker See, nicht weit von Villach entfernt.

Der Wegverlauf

a) *Oswaldiberg:* Den 963 m hohen Villacher Haus- und Aussichtsberg erreicht man am besten vom *Hauptbahnhof* (501 m) auf der Brücke über die Bahnanlagen, durch die *Rennsteiner-* und die *Vassacherstraße* (unter der Autobahn durch) über *Groß-Vassach* (hierher auch per Bus). Beim Gasthof *Gasser* hinter der Kirche beginnt der Waldweg 13, der zum Gipfel mit Kirche, Gasthaus und Aussichtsturm hinaufführt. Auf zwei Steigvarianten mit der Nr. 23 kann man auf der Nordseite nach *Töbring* (530 m) absteigen.

b) *Warmbad Villach – Federaun:* Vom *Bahnhof Warmbad Villach* (570 m) gehen wir zu den *Kuranlagen,* wo der Weg 17 beginnt. Immer wieder sind Fahrrinnen des Römerweges zu erkennen. Vorbei an der *Studencaquelle* erreichen wir *Oberfederaun* (611 m) mit seiner Ruine und *Unterfederaun* (516 m; Bushaltestelle), ebenfalls mit einer Ruine. Im Rückweg umrunden wir auf dem Weg 15 die *Graschlitzen* (701 m) und marschieren zuletzt auf der alten Bundesstraße zum Ausgangspunkt zurück. Eine Variante bietet auch der *Doktorweg* (16) von *Oberfederaun* zur *Napoleonwiese* südlich der Kuranlagen.

c) *Villach – Faaker See:* Vom *Villacher Westbahnhof* aus steuern wir den Ortsteil *Waltersdorf* an, überqueren die Gail nach *Turdanitsch* (492 m; bis hierher auch Bus) und gehen unter der Autobahn durch zum *Jägerwirt.* Hier beginnt ein markierter Weg, der im Wald nach Osten umbiegt und am *Josefikreuz* vorbei – zuletzt als *Fitness-Parcours* – nach *Drobollach* (576 m) und zum nahen Bad am *Faaker See* (554 m) führt. Auf der Seestraße wandern wir nun nach *Egg* hinüber. Bei der *Kinderspielwiese* zweigt ein steiler, aber markierter Steig ab, der uns zum Gasthof und zur *Aussichtswarte* auf dem höhlenreichen, während der Türkeneinfälle als Fluchtburg genutzen *Tabor* (725 m) weist. Rückkehr von *Egg* per Bus.

Nützliche Informationen

Ausgangsort: Villach.
Zielorte: Töbring, Unterfederaun, Egg am Faaker See.
Anfahrt / Rückfahrt: Bahn (Linien 22, 6), Drauschiffahrt zwischen Kraftwerk Rennstein und St. Niklas nördlich des Faaker Sees, Bus (Stadtverkehr; Linien 5194, 5196).
Gehzeiten: a) Villach Hauptbahnhof – Oswaldiberg 1¾ Stunden; Abstieg 1¼ Stunden.
b) Warmbad Villach – Unterfederaun

1½ Stunden, retour 1½ Stunden. c) Villach-Westbahnhof – Egg am Faaker See 2 Stunden; auf den Tabor ¾ Stunden (Abstieg ½ Stunde).

Einkehr unterwegs: Gasthöfe am Weg.

Sehens- und Wissenswertes: ● Villach: gotische Stadtpfarrkirche mit 95 m hohem Turm, schönen Grabmalplastiken und Fresken, Hauptplatz mit Dreifaltigkeitssäule, Paracelsus-Hof, spätbarocke Zentralkuppelkirche Hl. Kreuz, Stadtmuseum, 182 m² großes Relief von Kärnten, Pilzlehrschau, Villacher Fahrzeugmuseum, Renn- und Sportwagenmuseum in Landskron, Erlebnistherme Warmbad Villach, Naturschutzgebiet Turnermoos und Grünsee, Magdalena-, Leonharder- und Vassacher See. ● Wallfahrtskirche Maria Gail (eine der Urpfarren Kärntens) mit gotischem Flügelaltar. ● Modell-Eisenbahnanlage in Faak am See. ● Burgruine Finkenstein (Konzerte in der Burgarena).

Auskunft: Fremdenverkehrsbüro, A- 9500 Villach, Tel. (0 42 42) 2 44 44–0.

Karte: Freytag & Berndt Wanderkarte 1 : 50 000, WK 224 Faaker See – Villach – Unteres Gailtal.

Weiterer Tourenvorschlag: Klettergarten, Waldlehrpfad und Kneippweg am Kanzianiberg (774 m), am Gipfel spätgotische Kirche; von Finkenstein 40 Minuten, Rundgang 1½ Stunden.

47 Guter Berg, böser Berg

Der Dobratsch

Tourencharakter: ½ Tag; unschwierige Bergwanderung auf einen prächtigen, wenn auch verbauten Aussichtsgipfel.
Ausrüstung: Bergwandermontur.
Beste Jahreszeit: Juni bis November.
Reine Gehzeit: 2½ Stunden.
Markierung: Rot-weiß-rot.
Höhenunterschied: 500 m.

Die Villacher Alpe, die mit ihrem höchsten Gipfel, dem Dobratsch, über 2000 Meter aufragt, ist ein gewaltiges Gebirgsmassiv. »Dobratsch« bedeutet im Slawischen soviel wie »der Gute«. Zeitweise hat sich der Berg allerdings alles andere als gut benommen: Während des großen Erdbebens von 1348 zerriß der Südabsturz der Villacher Alpe förmlich: Eine ganze Felswand zerbarst im Tal, verschüttete die Gail und verursachte damit auch noch eine gewaltige Überschwemmung. Zahlreiche Dörfer, Kirchen und Schlösser sollen dabei von den Schuttmassen begraben worden sein – mag sein, daß die Nachricht von den Verwüstungen ein bißchen ausgeschmückt wurde, denn historisch

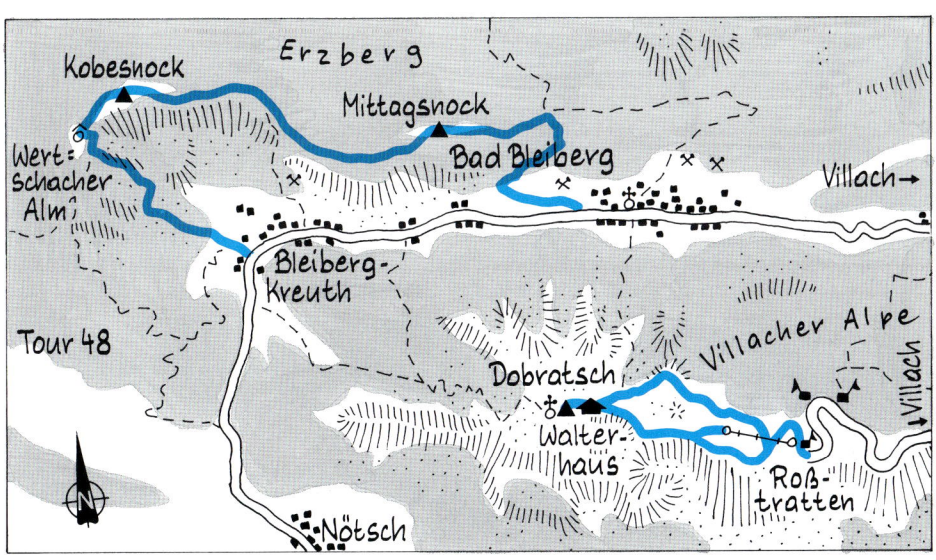

nachweisbar ist nur eine einzige zerstörte Kirche. Die Abbruchstelle an der »Roten Wand« ist jedoch heute noch gut zu sehen. Die haushohen, chaotisch durcheinandergewürfelten und mittlerweile zum romantischen Dschungel verwachsenen Trümmer liegen übrigens auf einem viel älteren und noch gewaltigeren Bergsturz, den der Dobratsch nach dem Abschmelzen der Eiszeitgletscher ins Tal schickte.

Gefürchtet wurde der Berg aber auch auf der Nordseite – dort verschüttete 1879 eine Riesenlawine aus dem Almlahnerkar fast ganz Bleiberg, wobei es 36 Todesopfer gab. Kein Wunder also, daß die Menschen Hilfe von oben erflehten und nicht weniger als drei Wallfahrtskapellen auf den Gipfel bauten. Erbauung bietet der Dobratsch heutzutage in ganz anderer Form: mittels eines 164 Meter hohen, von den Einheimischen hämisch »Fernsehspargel« getauften Sendeturms, mit dem Skiliftareal auf seiner Ostseite und mit einer 17 Kilometer langen Ausflugsstraße. Auf gut halber Strecke präsentiert ein liebevoll angelegter Alpengarten über 5000 seltene Pflanzen – den 1000-Meter-Tiefblick in die »Schütt«, ins Bergsturzgelände am Wandfuß, inklusive. Auch dort unten sind botanische Besonderheiten wie zum Beispiel die Illyrische Gladiole, die Feuerlilie oder die Schachblume zu entdecken – was die Straßenstrategen allerdings nicht daran hinderte, die Südautobahn mittendurch zu bauen.

Der Wegverlauf

Vom Ende der Villacher Alpenstraße (*Roßtratten*, 1700 m) gehen wir zur Talstation des *Höhenrain-Sessellifts* und folgen der Schotterstraße bis zur ersten Kehre. Dort zweigt links der Steig 294 ab, der durch Wiesenhänge, oft am Rand der Südabstürze (schöne Tiefblicke) und zuletzt wieder auf der Straße am Fernsehturm vorbei zum *Ludwig-Walter-Haus* bzw. auf den nahen *Dobratsch-Gipfel* (2166 m) führt. Man kann auch mit dem Sessellift auf den *Höhenrain* (1957 m) fahren und von dort in Kürze zum Steig 294 hinüberwandern. Im Gipfelbereich stehen die *Deutsche* und die *Windische Kirche* sowie eine verfallene Kapelle.

Der Abstieg erfolgt auf der Anstiegsroute

oder auf der Versorgungsstraße, die – vorbei an großen Schneeschutzbauten – am Nordrand der Almhochfläche zur Roßtratten hinabführt.

Nützliche Informationen

Ausgangs- und Zielort: Parkplatz Roßtratten am Ende der Villacher Alpenstraße.
Anfahrt / Rückfahrt: Bus von Villach (Linie 5164).
Gehzeiten: Roßtratten – Dobratsch 1½ Stun-

Sonnenuntergang vom Feinsten:
Das Gipfelkreuz auf dem Dobratsch.

den (mit Lifthilfe ¾ Stunden); Abstieg 1 Stunde.
Unterkunft und Einkehr unterwegs: Knappenhütte und Aichinger Hütte auf der Roßtratten (ganzjährig bewirtschaftet); Ludwig-Walter-Haus (ÖAV, 22 Betten, 20 Lager, bewirtschaftet von Pfingsten bis Mitte Oktober).
Sehens- und Wissenswertes: ● Alpengarten beim Parkplatz 6 (Pracht-Aussicht).
Auskunft: Villacher Alpenstraßen-Fremdenverkehrs GmbH, A-9020 Klagenfurt, Tel. (0 46 3) 51 48 66-12.

Karte: Freytag & Berndt Wanderkarte 1:50 000, WK 224 Faaker See – Villach – Unteres Gailtal.
Wegvarianten: Abstieg vom Dobratsch nach Bad Bleiberg (892 m) – entweder auf dem sehr steilen Almlahnersteig 295 (2 Stunden) oder durch den Lärchgraben und über das Tor, Markierung 296, 297; 3 Stunden.

48 Auf zum Krautberg!

Tschekelnock und Kobesnock im »Kleinen Nockgebiet«

Tourencharakter: Zwei Tagestouren auf unschwierigen, aber teilweise steilen Wald- und Gratsteigen.
Ausrüstung: Bergwandermontur.
Beste Jahreszeit: Juni bis November.
Reine Gehzeit: Jeweils ca. 6 Stunden.
Markierung: Rot-weiß-rot.
Höhenunterschied: Jeweils 1100 m.

Das sogenannte »Kleine Nockgebiet« zwischen Dobratsch, Goldeck und Weißensee gehört zu den weißen Flecken auf der touristischen Karte Kärntens. Aber Vorsicht: Die Bergnockerl, die hier weitab ihrer höheren und viel bekannteren Gurktaler Namensvetter stehen, sind alles andere als freundliche Wiesenhügel. Das ist ein verwinkeltes, dicht bewaldetes Gewoge mit steinigen Kämmen und schrofigen Steilhängen, mit tief eingerissenen Gräben und versteckten Almen – ein Gebiet voller Geheimnisse. Die »Hundskirchen«, eine Kalkwand nahe des klobigen Schlosses Kreuzen, ist beispielsweise über und über mit rätselhaften Gravuren übersät – unter anderem sind eine Schnecke und eine Schlange, aber auch der ungelenke Schriftzug »Also gehts in der Welt« zu erkennen. Vielleicht stammen sie von Bergleuten, die auf den kleinen Nocken nach Gold, Silber und Bleierz gruben und zumeist Anhänger der Lehre Luthers waren, ihre Zusammenkünfte meist heimlich abhielten und zuletzt während der Gegenreformation nach Deutschland auswandern mußten.

Die wechselvolle Geschichte des Bergsegens können Sie heute im Bad Bleiberger Schaubergwerk »Terra Mystica« auf spannende Weise erleben – 250 Meter unter Tag, wo ein unterirdischer Zug durch alle Stationen der Erdgeschichte und natürlich auch durch das Reich der Berggeister fährt. Alte Stollen, Ruinen von Aufbereitungsanlagen und verwachsene Erzpfade sind auch auf den größten der Kleinen Nocke – dem Tschekelnock und dem Kobesnock – zu finden. Ob-

wohl beide Gipfel nur zwischen 1800 und 1900 Meter hoch sind, lohnt sich der Anmarsch schon allein wegen der Aussicht, deren Glanzpunkt die nahen Julischen Alpen sind. Das wußten schon die alten Slawen, die den westlichen Wächter über der Windischen Höhe eine »Čekalo«, eine Aussichtswarte nannten. Unter »Kobes« (oder »Kowes«) verstehen die Einheimischen dagegen einen Krautkopf. Der höchste Punkt des Bleiberger Erzberges, der schon anno 1060 als »Pleyberg« in den Urkunden auftaucht, ist also nichts anderes als ein Krautberg!

Der Wegverlauf

a) Tschekelnock: Von *Kerschdorf* (772 m) führt ein markierter Weg über das Gehöft Kramer *zur Windischen Höhe* (1100 m) hinauf. Dort beginnt die Route 250, die zuerst westwärts die Kehren einer Forststraße abkürzt, ihr kurz folgt und dann oberhalb felsiger Südabstürze eine Wegteilung in einem Waldsattel (1505 m) ansteuert. Rechts abbiegend erreichen wir – an einer Quelle vorbei – die *Hadersdorfer Alm* (1717 m). Ab hier läßt sich eine Rundtour über den felsigen Gipfelgrat des *Tschekelnocks* (1893 m) und den nördlich darunter gelegenen Bergbau durchführen.

Beim Rückweg kann man vom *Waldsattel* (1505 m) auch auf dem Steig 250 westwärts mit kleinen Gegenanstiegen über den *Geiß-*

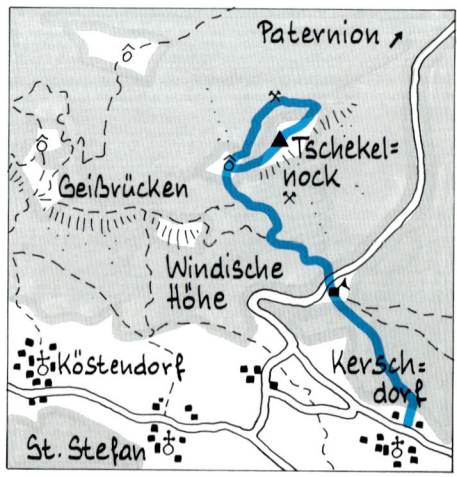

rücken Richtung *Köstendorfer Alm* wandern und dann links (56) über *St. Steben* (1003 m) nach *Förolach* (619 m) absteigen.

b) Kobesnock: Von *Bleiberg-Kreuth* (828 m) wandern wir zunächst auf der Straße in den *Erlachgraben*, wo wir bald rechts auf eine Forststraße mit der Markierung 298 abbiegen. Nach mehreren Kehren zweigt links ein Steig ab, der durch den steilen Waldhang neben dem felsigen *Schneidergraben* zum Sattel der *Windischen* oder *Wertschacher Alm* (1557 m) hinaufzieht. Nun geht es rechts (288) über die Gratschneide auf den *Kobesnock* (1819 m), den ein uriges, fast unbehauenes Holzkreuz krönt.

Wir folgen dem Steig 288 weiter nach Osten über den Kamm des *Bleiberger Erzberges* – über den *Zebernock* (1559 m), den *Sattlernock* (1583 m) und den *Mittagsnock* (1558 m) bis in den kreuzgeschmückten Waldsattel vor dem *Hachelnock* (1442 m). Ab hier steigen wir auf der Route 289 nach Süden, durch das ehemalige Bergbaugebiet nach *Bad Bleiberg* (892 m) ab.

Nützliche Informationen

Ausgangsorte: Kerschdorf bzw. Bleiberg-Kreuth.
Zielorte: Förolach bzw. Bad Bleiberg.
Anfahrt / Rückfahrt: Gailtalbahn (Linie 67), Bus (Linien 8570, 8571).
Gehzeiten: a) Kerschdorf – Windische Höhe 1 Stunde, auf den Tschekelnock 2½ Stunden, Abstieg je nach Wegwahl 2½ bis 3 Stunden. b) Bleiberg-Kreuth – Kobesnock 3 Stunden, Abstieg nach Bad Bleiberg 3 Stunden.
Unterkunft und Einkehr unterwegs: Außer dem Gasthaus auf der Windischen Höhe keine.
Sehens- und Wissenswertes: ● Bad Bleiberg: Schaubergwerk »Terra Mystica« und heilkräftiges Thermalbad. ● Schloß Wasserleonburg in Nötsch. ● Schloß Kreuzen, Kalvarienberg und gotische Kirche auf der Eben. ● Farchtner See. ● Stockenboier Wasserfall. ● Feistritz an der Drau: spätgotische Pfarrkirche, Kapelle Maria am Bichl mit schönen Chorfresken, Ausgrabungen von Befestigungen der keltischen »Stadt Görz« sowie einer gotischen Fliehburg und einer frühchristlichen Basilika auf dem Duel-Hügel.

● Pfarrkirche St. Leonhard in Weißenstein (12. Jh.). ● Gotische Pfarrkirche und Schloß in Kellerberg. ● St. Kanzian-Kirche in Saak (Fresko).
Auskunft: Fremdenverkehrsbüro, A-9530 Bad Bleiberg, Tel. (0 42 44) 28 93; Gemeindeamt, A-9711 Paternion, Tel. (0 42 45) 28 88.
Karte: Freytag & Berndt Wanderkarte 1:50000, WK 224 Faaker See – Villach – Unteres Gailtal.

49 Mit besten Aussichten

Das Dreiländereck auf dem Ofen

> **Tourencharakter:** 1 Tag; leichte Wald- und Almwanderung mit prächtiger Aussicht.
> **Ausrüstung:** Bergwandermontur.
> **Beste Jahreszeit:** Juni bis November.
> **Reine Gehzeit:** Mit Lift 3, ohne Lift 5 Stunden.
> **Markierung:** Anfangs rot-gelb-rot, dann rot-weiß-rot.
> **Höhenunterschied:** Ohne Lifthilfe 1000 m.

Der westlichste Ausläufer des Karawankenzugs ist ein Dreiländerberg: Zwischen den vielbefahrenen Alpentransversalen von Thörl-Maglern und dem Wurzenpaß grenzen auf dem 1509 Meter hohen Ofen (Peč) Österreich, Italien und der junge Staat Slowenien aneinander. Dementsprechend international ist natürlich auch die Aussicht – im Norden zum allmächtigen Dobratsch mit seinen Wandabstürzen, im Westen zu den Karnischen Almbergen, im Osten zu den Karawanken und im Süden zu den Julischen Felsbastionen.

Der Ofen ist von Arnoldstein her mit Sessellift und Skiliften erschlossen, aber auch von Süden leicht erreichbar. So setzt einmal im Jahr, Mitte September, die »grenzenlose« Sternwanderung »Tour 3« mit gemeinsamem Tanz und Folklorefest ein sichtbares Zeichen der Völkerverständigung.

Der Wegverlauf

Wir starten bei der Pfarrkirche von *Arnold-stein* (579 m) und wandern nach der rot-gelb-roten Markierung südwärts dem Bach ent-lang in einen romantischen Graben. Wo die-ser nach ca. 20 Minuten rechts zu einem Wasserfall abbiegt, steigen wir links in steilen Kehren zu einer Wegtafel an. Rechts geht es nun durch den Wald zur Talstation des *Drei-länder-Sessellifts*. Nach der Auffahrt zur Bergstation (1423 m) steigen wir auf dem Weitwanderweg 603 kurz zur *Dreiländerhüt-te* ab und wandern – neben einem Schlepp-

Die Touristen nützen die Lücke zwischen den Karawanken und den Karnischen Alpen, um zur Adria zu kommen, die mächtigen Julischen Alpen, um nach Kärnten herüberzulugen.

terhalb der Alm am *Homič* (*Monte Comizza*, 1301 m) rechts in den bewaldeten Nordhang ab. Dort erreicht man eine Forststraße, die westwärts durch den Waldhang zum Gehöft *Maurer* führt. Zuletzt gehen wir auf dem Steig 4 (693) unter der Autobahn hindurch, übersetzen die *Gailitz* und steigen zum *Bahnhof Thörl-Maglern* (634 m) an.

Nützliche Informationen

Ausgangsort: Arnoldstein.
Zielort: Thörl-Maglern.
Anfahrt / Rückfahrt: Bahn (Linie 6) oder Bus (Linie 8572).
Gehzeiten: Arnoldstein – Talstation des Sessellifts 40 Minuten (Aufstieg zur Bergstation 2 Stunden), Bergstation – Ofen 20 Minuten, Abstieg 2 Stunden.
Einkehr unterwegs: Dreiländerhütte (privat, ganzjährig bewirtschaftet).
Wichtig: Reisepaß mitnehmen!
Sehens- und Wissenswertes: ● Arnoldstein: Ruine der 1107 gegründeten Benediktinerabtei auf einem Felsen, gotische Pfarrkirche, Heimatmuseum; die Kreuzkapelle wird von einem Bach durchflossen. ● Wallfahrtskirche Maria Siebenbrünn. ● Gotische Kirchen in Fürnitz und St. Job. ● Spätgotische Pfarrkirche St. Andreas in Thörl (großartige Fresken des Meisters Thomas von Villach von 1470).
Auskunft: Bergbahnen Dreiländereck, A-9601 Arnoldstein, Tel. (0 42 55) 25 85.
Karte: Freytag & Berndt Wanderkarte 1:50000, WK 224 Faaker See – Villach – Unteres Gailtal.
Weiterer Tourenvorschlag: Steinberg (Kamnati Vrh, 1656 m), Markierung 609, 688 vom Bahnhof Fürnitz über Korpitsch, 4 Stunden.

lift – auf den *Ofen* (1509 m; Grenze). Man kann aber auch von der *Talstation* nach *Seltschach* (704 m) weitergehen und von dort auf dem Waldweg 692 in weiten Serpentinen heraufmarschieren.

Im Abstieg folgen wir dem Grenzkamm auf dem Steig 603 nach Westen und steigen un-

50 Kärntner Kalenderkogel

Vom Faaker See auf den Mittagskogel

Tourencharakter: 2 Tage; anspruchsvolle Bergtour auf einen beherrschenden Aussichtsgipfel (Trittsicherheit nötig, bei Schneelage gefährlich).
Ausrüstung: Bergwandermontur.
Beste Jahreszeit: Juni bis Oktober.
Reine Gehzeit: Insgesamt ca. 9 Stunden.
Markierung: Rot-weiß-rot.
Höhenunterschied: 1600 m.

Der Bildstock von Egg, dahinter der Faaker See und der Mittagskogel – ohne dieses Motiv wäre ein Bildband, ein Landschaftskalender über Kärnten schlicht unvollständig. Neben dem Klagenfurter Lindwurm, dem Großglockner und der Burg Hochosterwitz steht es als Synonym für dieses Land – für die perfekte Harmonie von Kultur, Wasser und Berg.

Der 2143 Meter hohe Gipfel, der mit seiner breit aufgebauten Nordwestwand und seiner Nachbarin, der Ferlacher Spitze, diese vielfotografierte Kulisse bildet, schaut nicht nur aus der Ferne so schroff aus. Allein der steile Osthang gibt einen Durchschlupf zum

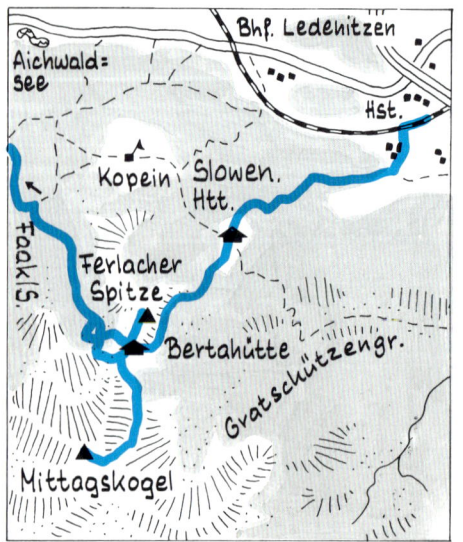

höchsten Punkt frei. Davor haben die Götter Schweißvergießen in steilen Waldhängen und sonnenglühenden Schrofen gesetzt, das durch die Einkehr in der Bertahütte nur kurz gemildert wird. Man wird aber reich belohnt: Der österreichische Tiefblick zum Faaker See und die slowenische Schau zur drei Kilometer breiten und 1200 Meter hohen Triglav-Nordwand sind zu Recht berühmt.

Der Wegverlauf

Unser Weg beginnt beim *Bahnhof Faak am See* (554 m), von wo eine Straße südwärts am Fuß des *Weinbergs entlang* nach *Latschach* (639 m; Bushaltestelle) führt. Vor der Kirche

weist die Markierung 681 nach *Untergreuth* (791 m). Beim *Gasthof Martinihof* treffen wir auf den Südalpen-Weitwanderweg 603, der links ins Tal des *Worounitzbaches* und südwärts über *Ilitsch-Rauth* zur *Bertahütte* (1567 m) hinaufführt.

Vom etwas unterhalb gelegenen *Ferlacher Sattel* (1533 m) zieht der Gipfelsteig 680 durch den schrofigen Osthang und steigt dann, nach rechts umbiegend, sehr steil zum breiten Gipfelgrat (Grenze) und auf diesem zum *Mittagskogel* (2143 m) an. Der Abstieg zur Bertahütte erfolgt auf der gleichen Route. Von der *Bertahütte* ist auch die nördlich vorgelagerte *Ferlacher Spitze* (1739 m) auf zwei kurzen, markierten Steigen erreichbar.

Kein Kärnten-Kalender ohne dieses Bild: Der Mittagskogel über dem Faaker See.

Vom *Ferlacher Sattel* steigen wir auf dem Steig 603 zuerst durch die felsige Ostflanke der *Ferlacher Spitze* an und wandern dann zur Hütte des *Slowenischen Bergsteigerverbandes* (1079 m) hinab. Die Richtung beibehaltend, erreichen wir dann auf dem Steig 603 die *Narzissenwiese* und eine Straße, der wir nach links folgen, bis uns der Weg 14 zur *Bahnhaltestelle Winkl im Rosental* (650 m) leitet. Achtung: Der Weg durch den *Gratschützengraben* zum *Bahnhof Rosenbach* war 1993 wegen Unwetterschäden unpassierbar!

Nützliche Informationen

Ausgangsort: Bahnhof Faak am See.
Zielort: Bahnstation Winkl im Rosental.
Anfahrt / Rückfahrt: Karawankenbahn (Linie 22).
Gehzeiten: Bahnhof Faak – Untergreuth 1 Stunde, zur Bertahütte 1½ bis 2 Stunden (Ferlacher Spitze und retour 1 Stunde); auf den Mittagskogel 2 Stunden; Abstieg zur Bertahütte 1½ Stunden, zur Haltestelle Winkl 2 Stunden.
Unterkunft und Einkehr unterwegs: Gasthöfe in den Orten; Bertahütte (ÖAV, 40 Lager, bewirtschaftet von Anfang Juni bis Ende September).
Sehens- und Wissenswertes: ● Aichwaldsee bei Latschach.
Wichtig: Reisepaß mitnehmen!
Auskunft: Fremdenverkehrsamt, A-9583 Faak am See, Tel. (0 42 54) 21 10.
Karte: Freytag & Berndt Wanderkarte 1:50 000, WK 233 Kärntner Seen – Villach – Klagenfurt.
Weiterer Tourenvorschlag: Mitzl-Moitzl-Hütte (1639 m), privat, im Sommer bewirtschaftet, von Latschach über die Ruine Finkenstein, Steig 683, 3 Stunden; Mallestiger Mittagskogel (1818 m), Steig 684 von Finkenstein über Ilitschhöhe, 4 Stunden.

51 Abseits von Rummel und Roulette

Ein halbes Dutzend Ausflugsziele im Ferienpark Wörther See

Tourencharakter: Halbtagswanderungen auf unschwierigen Waldwegen im Nahbereich des Wörther Sees.
Ausrüstung: Wanderschuhe.
Beste Jahreszeit: Außer bei Schneelage immer begehbar.
Reine Gehzeit: Jeweils zwischen 2 und 4 Stunden.
Markierung: Unterschiedlich, die Ziele sind aber aber leicht zu finden.
Höhenunterschied: Zwischen 200 und 400 m.

Kaum zu glauben: Ein paar hundert Meter vom Wörther See entfernt scheinen Jubel und Trubel wie vom Erdboden verschluckt zu sein. Unversehens steht man in verwinkelten Gräben, in denen der Wald überm Hohlweg zusammenschlägt, spaziert zwischen fruchtbaren Feldern an uralten Kirchen und Ruinen vorbei. Schon der karolingische König Karlmann (oder einer seiner Vorgänger) hat im 9. Jahrhundert in Moosburg eine Pfalz erbaut. Was ist das verbaute Ufer des Wörther Sees schon gegen einen exklusiven »Schwumm« in einem richtigen Schloßteich vor solch geschichtsträchtiger Kulisse! Einige weitere, meist moorige Seen und Teiche laden bei Velden, Krumpendorf und Viktring zum Baden, Träumen oder Vogelbetrachten ein. Die beste Sicht auf dieses geheimnisvolle Wanderrevier genießen Sie von der Plattform des 54 Meter hohen Aussichtsturms auf dem Pyramidenkogel.

Prachtvoll liegt Ihnen dort natürlich auch der größte und bekannteste aller Kärntner Seen zu Füßen. Die bei ihrem Höchststand immerhin 1000 Meter dicken Eiszeitgletscher haben seine Wanne ausgeschoben, die sanften Hügel rundum modelliert und als Draufgabe einen sehenswerten Gletschertopf bei Krumpendorf hinterlassen. Mit dem Bau der Südbahn entdeckte die K. u. k.-Prominenz den sommerlichen Reiz dieser Landschaft. Heute teilt sich die High-Society den Wörther See mit schier babylonisch vielsprachigen Urlauber-Heerscharen. Laut und lustig ist es hier anscheinend schon viel früher zugegangen, denn der Sage nach hat das Wörther-See-Mandl mit den Wassermassen einst eine große Stadt ertränkt – zur Strafe für das sittlich nicht ganz einwandfreie Leben ihrer Bewohner.

Mit ganz anderen Problemen mußte sich die heutige Landesmetropole herumschlagen: Ihr Wahrzeichen ist ein furchterregender Lindwurm aus den Sümpfen östlich des Sees, der keinesfalls beleidigt werden darf. Nach dem Niedergang der weiter nördlich gelegenen keltisch-römischen Stadt Virunum hat sich die Siedlung an der Furt über den Glanfluß nur recht ärmlich entwickelt. Erst nach dem verheerenden Brand von 1514 schenkte Kaiser Maximilian Klagenfurt den Kärntner Landständen, die es im 900 Meter

Auf der ruhigeren Seite des Wörther Sees liegt die Wallfahrtskirche Maria Wörth auf ihrer Halbinsel.

langen Geviert als Festungs- und Hauptstadt ausbauten – aus politischem Kalkül gegen die Vormachtstellung von St. Veit an der Glan. Trotzdem gab es immer wieder ungebetenen Besuch – von den Türken und Ungarn über Napoleon, der die Stadtbefestigung wieder niederreißen ließ, bis zu den serbischen Truppen während des Freiheitskampfes von 1919. Erst heute ist die ganze Welt friedlich in Klagenfurt vereint – in Minimundus, wo über 150 Modelle berühmter Bauten im Maßstab 1 : 25 zu sehen sind. Die Stadt selbst präsentiert sich mittlerweile als geschäftige, doch gleichzeitig freundlich-grüne Wirtschafts-, Messe-, Universitäts- und Kulturmetropole – und als guter Ausgangspunkt für Ausflüge ins stille Land um den Wörther See.

Der Wegverlauf

a) Saisser See und Römerschlucht: Vom *Bahnhof* in *Velden* (450 m) gehen wir durch die Birkenallee nach Westen, auf dem Weg 2 durch den Teufelsgraben und nach der Markierung 10 rechts zur Straße, die unter der Bahn und der Autobahn durch in die Ortschaft *Kranzlhofen* (541 m) führt. Bei der Straßenteilung oberhalb der Kirche zweigt ein blau markierter Weg zum *Saissersee* (593 m; Gasthaus) ab. Wir umrunden den See im Norden auf dem Weg 12, der nach einer Straßenquerung (Bushaltestelle) nach Osten in die romantische *Römerschlucht* führt. Durch diese kommen wir auf dem Weg 1 nach *Unterwinklern*, von wo wir zum Ausgangspunkt zurückkehren.

b) Forstsee: Von *Bahnhof Velden* (450 m) zieht ein Fußweg unter der Bahn hindurch nach *Unterwinklern*. Hier beginnt der Wanderweg 1, der unter der Autobahn hindurch in die malerische *Römerschlucht*, dann rechts auf die Anhöhe von *Göriach* (660 m) und zuletzt ziemlich eben zum aufgestauten *Forstsee* führt. Nach der Markierung 21 umrunden wir den See im Süden und wandern auf dem gelb markierten Weg 16 (links Abstecher zum prächtigen Aussichtspunkt beim *Hohen Kreuz)* in die *Römerschlucht* zurück.

c) Pörtschach – Moosburg: Vom *Pörtschacher Ortszentrum* (458 m) wandern wir nach der Markierung 14 nordwärts unter der Autobahn hindurch und über die *Pörtschacher Alm* nach *Rennweg*. Wir folgen der Route 14 noch bis zur nächsten Wegteilung. Hier biegen wir auf die Forststraße Nr. 3 ab, die links zum *Damnigteich* führt. Vorbei am *Mitterteich* erreichen wir schließlich *Moosburg* (503 m). Für den Rückweg zur *Pörtschacher Alm* bzw. nach *Pörtschach* wählen wir am besten die Wanderwege 13 und 7.

d) Naturpark Kreuzbergl und Zillhöhe: Vom *Klagenfurter Stadtzentrum* (446 m) kommt man auf der *Radetzkystraße* zur *Kreuzbergkirche* und ihrem Kreuzweg. Wir gehen weiter zum *Restaurant Schweizerberg* und kommen – rechts haltend – an einem Teich vorbei auf das *Kreuzbergl* (516 m; Aussichtswarte; hierher auch auf dem Waldlehrpfad über den obersten Kreuzberglteich). Nun spazieren wir nach der Markierung 1 westwärts durch den Wald zu einer kleiner Baumschule und steigen entlang des Fitness-Parcours wieder an, bis links der Weg 3 einmündet. Im leichten Auf und Ab geht es nördlich um den Kalvarienberg herum zur Taferleiche und – leicht abfallend – zur Einmündung des Weges 7. Auf diesem erreicht man, links abbiegend, bald die felsige und aussichtsreiche *Zillhöhe*, von der man steiler zum *Christlweg* absteigt und – unter der Autobahn hindurch – das *Hotel Wörthersee* erreicht.

e) Pyramidenkogel: Vom *Hotel Ebner* in *Maria Wörth* (458 m) gehen wir über die Wörther-See-Süduferstraße und folgen dem bald stärker ansteigenden Wanderweg 1 nach Westen zum *Bärenkreuz* (Bildstock) und gleich darauf zum *Teixelkreuz*. Hier biegt der Weg 5 links ab und führt durch den *Gidlwald* zum Aussichtsturm auf dem *Pyramidenkogel* (850 m). Im Abstieg folgen wir der Bergstraße ca. 10 Minuten abwärts, bis links der Steig 6 abzweigt. Auf diesem erreicht man einen Bildstock (kurzer Abstecher nach rechts – herrlicher Karawankenblick!) und kurz darauf eine Wegteilung: Links geht es nach *Maria Wörth* zurück, geradeaus zur *St.-Anna-Kirche* und nach *Reifnitz* am Wörther See.

f) Trattnigteich: Vom *Bärenkreuz* führt der Weg 1 weiter zum *Trattnigteich*. Beim Gasthaus zweigt rechts ein Weg ab, der uns mit der Markierung 2 zum *Golfplatz* und weiter als Nr. 7 nach *Unterdellach* am Wörther See leitet.

Nützliche Informationen

Ausgangs- und Zielorte: Velden, Pörtschach, Krumpendorf, Klagenfurt, Maria Wörth.
Anfahrt / Rückfahrt: Bahn (Linien 6, 22), Bus (Linien 5179, 5230, 5310, 5314, Stadtverkehr Klagenfurt. Auch der Pyramidenkogel ist per Bus erreichbar, Linie 5214); Wörther-See-Schiffahrt.
Gehzeiten: a) Saissersee 3 Stunden; b) Forstsee 3 Stunden; c) Pörtschach – Moosburg und retour 3 bis 4 Stunden; d) Kreuzbergl – Zillhöhe 2 Stunden; e) Pyramidenkogel 3 Stunden; f) Trattnigteich 1½ bis 2 Stunden.

Einkehr unterwegs: Gasthöfe in den Orten bzw. am Weg.
Sehens- und Wissenswertes: ● Schloßhotel und Spielcasino in Velden. ● Renaissanceschloß und Burgruine Leonstein in Pörtschach. ● Moosburg: romanischer Turm der Pfalz Mosapurch, Schloß aus dem 16. Jh., Karolingermuseum. ● Pfarrkirche, Karner, Schloß und Strußnigteich in Tigring.
● Krumpendorf: Schloß, Gletschertöpfe, Schalenstein und Tabakpfeifen-Sammlung in der Trafik Seebacher. ● Schloß Drasing und Hallegger Teiche. ● Klagenfurt: schöne Altstadt mit zum Teil zugänglichen Innenhöfen, Lindwurm-Brunnen am Neuen Platz, Rathaus, Domkirche St. Peter und Paul mit ersteigbarem Turm, barocke Stadt-Marienkirche, gotische Heiligen-Geist-Kirche, zweitürmiges Landhaus (16. Jh.) mit Arkadenhof und Wappensaal, Landesmuseum für Kärnten, Landesgalerie, Bergbaumuseum, Diözesanmuseum, Koschatmuseum, Robert Musil- und Ingeborg Bachmann-Museum, Botanischer Garten, Naturlehrweg und Sternwarte am Kreuzbergl, Kärntner Landwirtschaftsmuseum im Schloß Ehrental, Raumflug-Planetarium, Minimundus, Reptilienzoo Happ, Museums-Tramway Klagenfurt – Wörther See, Klagenfurter Messen, mehrere Schlösser rund um die Stadt. ● Höflein-Moor (Naturschutzgebiet) und Wasserfall bei Ebenthal. ● Viktring: ehemaliges Zisterzienserstift, ursprünglich spätromanische Pfeilerbasilika mit wertvollen Glasfenstern aus dem 14. Jh., dem größten Altar Kärntens und schönem Arkadenhof, Musikforum im Sommer, Komponierhäuschen Gustav Mahlers am Wörther See. ● Spintikteiche. ● Maria Wörth: romanische Pfarrkirche mit spätgotischer Muttergottes, gedecktem Aufgang und Rundkarner, Liebfrauen- oder Winterkirche mit romanischen Fresken, Burgruine Reifnitz, heidnischer Opferstein. ● Burgruine, Wildpark und ökologischer Lehrpfad in Rosegg bei Velden.
Auskunft: Fremdenverkehrsamt, A-9020 Klagenfurt, Tel. (0 46 3) 537-223 oder 293.
Karte: Freytag & Berndt Wanderkarte 1:50000, WK 233 Kärntner Seen – Villach – Klagenfurt.
Wegvarianten: Zahlreiche markierte Wanderwege verbinden die genannten Touren.

52 Geheimnisvoller Turiawald

Auf verschwiegenen Pfaden vom Keutschacher Seental in die Sattnitz

Tourencharakter: 1 Tag; leichte Waldwanderung (bei Nebel können jedoch Orientierungsprobleme entstehen).
Ausrüstung: Wanderschuhe.
Beste Jahreszeit: Außer bei Schneelage immer begehbar.
Reine Gehzeit: Ca. 4 Stunden
Markierung: Rot-weiß-rot, teilweise auch grün.
Höhenunterschied: 500 m.

Der Keutschacher See schmückt mit seinen Nachbargewässern, dem Hafnersee, dem Rauschelesee und dem wegen seiner achterförmigen Uferform so genannten Baßgeigensee, ein ganzes Seental. Pfahlbaureste am Grund des Keutschacher Sees, prähistorische Höhlenfunde, ein bronzezeitliches Gräberfeld bei Frög und keltisch-römische Ausgrabungen vom nahen Kathreinberg belegen, daß die Gegend schon sehr früh besiedelt gewesen sein muß. Im Norden wie im Süden von ausgedehnten Waldhügeln umfaßt, blieb das Tal durch die Jahrhunderte jedoch eher isoliert, wodurch es sich bis heute eine gewisse Ursprünglichkeit bewahrt hat.

Die teils von den Eiszeitgletschern abgeschliffenen, teils von Flußschottern der Drau aufgeschütteten Höhen der Sattnitz, die das Keutschacher Seental und das Klagenfurter Becken vom Drautal trennen, sind von dichten, stellenweise menschenleeren Wäldern bedeckt und weisen sogar ein paar respektable Konglomeratwände auf. Besonders der Turiawald war den Leuten früher nicht geheuer und wurde mit dem Teufel, mit Hexenspuk oder den Saligen Frauen in Verbindung gebracht. Er bildet bis heute eine zwar forstlich genutzte, aber doch irgendwie geheimnisvolle Urwelt, in der selbst alpengeeichte Wanderer die Wegmarkierer loben. So verbirgt sich hier ein kaum bekanntes Tourenrevier, aus dem Leute mit guter Nase und scharfen Augen vielleicht sogar mit einem Körbchen voller Pilze zurückkehren werden.

Sonnenuntergang am Keutschacher See –
links die Sattnitz-Abhänge.

Der Wegverlauf

Vom Ostufer des *Hafner Sees* (510 m) wandern wir auf dem Weg 28 südwärts zum nahen *Penkensee*. Nach der Markierung 20 geht es zum *Pleier* weiter, von wo der Weg 37 nach Süden durch das wellige Gelände des *Turiawaldes* zur *Teufelskanzel* und zu einer Wiese oberhalb des Weilers *Rupertiberg* (720 m, schöner Karawankenblick) zieht. Knapp davor zweigt rechts (nach Westen) ein markierter Steig ab; er führt durch das *Rupertitor*, einen engen Durchlaß zwischen Konglomeratfelsen, zum *St. Egyder Tor.* Hier wenden wir uns auf dem Weg 38 nach Westen und kommen über *Roach* zum *Kreuzwirt* am Fuß des *Kathreinkogels.* Man kann nun den mit einer schönen Kirche gekrönten Berg (772 m) zur *Waldschenke* hinüber überschreiten oder östlich an seinem Fuß dorthin gelangen. Zuletzt geht es auf dem Weg 38 nach Norden durch den *Schieflinger Wald* zum *Gasthaus Schütz* (Bushaltestelle) westlich von *Schiefling am See* (575 m).

Nützliche Informationen

Ausgangsort: Hafner See westlich von Keutschach.
Zielort: Schiefling am See.
Anfahrt / Rückfahrt: Bus (Linie 5316).
Gehzeiten: Hafner See – Rupertitor 1½ bis 2 Stunden, weiter zum Kathreinkogel 1 Stunde, über den Berg nach Schiefling 1½ Stunden (unten herum ½ Stunde kürzer).
Einkehr unterwegs: Gasthöfe um den Kathreinberg.
Sehens- und Wissenswertes: ● Spätromani-

sche Pfarrkirche und Barockschloß in Keutschach am See. ● Römische Ausgrabungen auf dem Kathreinkogel.
Auskunft: Kurverwaltung, A-9220 Velden am Wörther See, Tel. (0 42 74) 21 03.
Karte: Freytag & Berndt Wanderkarte 1:50 000, WK 233 Kärntner Seen – Villach – Klagenfurt.
Wegvarianten: Die Sattnitz ist von zahlreichen markierten Waldwegen durchzogen. Besonders lohnend ist der aussichtsreiche Plöschenberg (784 m), 1½ Stunden vom Rauchelesee.

Burgen- und Schlösserregion, Norische Region, Lavanttal

53 Von Anfang an

Maria Saal – Magdalensberg –
Hochosterwitz

Tourencharakter: Stramme Tagestour im
Hügelland, die man wegen der vielen
Sehenswürdigkeiten am Weg unbedingt
in zwei oder drei Etappen teilen sollte;
einfache Wald- und Feldwege.
Ausrüstung: Wanderschuhe.
Beste Jahreszeit: Außer bei Schneelage
immer begehbar.
Reine Gehzeit: Insgesamt 8 Stunden.
Markierung: Rot-weiß-rot.
Höhenunterschied: Insgesamt 1000 m.

Angenommen, Sie wollen Kärnten kennen-
lernen und haben nur einen Tag zur Verfü-
gung: Die hier vorgeschlagene Wanderung
erfüllt Ihren Anspruch zumindest in histori-
scher Hinsicht. Genaugenommen beginnt
die Geschichte mit dem altpaläozoischen
Gestein einstiger Vulkane, aus dem sich
Magdalensberg, Ulrichsberg, Veitsberg und
Laurenziberg aufbauen. Die vier mythischen
Berge Kärntens werden noch jedes Jahr (am
zweiten Freitag nach Ostern) von Hunderten
Wallfahrern überschritten – und zwar, dem
Lauf der Sonne folgend, in weniger als 24
Stunden. Dieser gut 40 Kilometer lange
»Vierbergelauf«, mehr archaiisches Bergren-
nen denn feierliche Prozession, geht vermut-
lich auf die Kelten zurück. Schon lange vor
Christi Geburt hatten acht Stämme von ihnen
das erste Staatsgebilde im Gebiet des heuti-
gen Österreich gegründet, und auf dem Magdalensberg stand ihre Hauptstadt. Unter der

Die Burg aller Burgen: Hochosterwitz.

unblutigen römischen Besatzung entwickelte sie sich zu einem bedeutenden Handelszentrum, von dem etliche Tempel, Versammlungsräume, Magazine, Werkstätten und ein gut erhaltenes Bad ausgegraben wurden — besonders bekannt wurde der bronzene »Jüngling vom Magdalensberg«.

Ihr Niedergang begann erst, als die Römer um das Jahr 45 n. Chr. auf dem nahen Zollfeld mit dem Bau von Virunum begannen. Die neue Hauptstadt der Provinz Noricum dürfte bis zu 50000 Einwohner gezählt haben — unter anderem konnten Tempel für die römischen Hauptgottheiten Jupiter, Juno und

Minerva, ein prächtiges Forum und ein Bühnentheater nachgewiesen werden. 341 trat das Christentum an die Stelle heidnischer Religionen – per kaiserlichem Dekret und vermutlich mit einem fanatischen Bildersturm auf die antiken Götterstatuen. Um das Jahr 600 ging Virunum in den langen und heftigen Kämpfen zwischen Awaren, Slawen, Baiern und Langobarden unter. Mehr Schutz und Trutz boten nun zwei höher gelegene Stützpunkte, die zum Teil aus den Trümmern der römischen Stadt erbaut wurden: Der Bischofssitz Maria Saal und die spätere karolingische Pfalz Karnburg. Hier stand ein »Fürstenstein«, bei dem später die Einsetzungszeremonie für die Kärntner Herzöge begann – sie ging mit Messe und Mahl in Maria Saal weiter und endete auf dem steinernen Herzogstuhl am Zollfeld mit der Huldigung durch die Adeligen. Hier verteilte der Herzog auch selbständig Lehen und hielt Gericht. Im 10. Jahrhundert ging der Name Karnburgs und des Karnbergs (= Ulrichsberg) auf das ganze Land über. Karantanien war geboren.

Mit dem Wahrzeichen Kärntens, der Burg Hochosterwitz, beschließen wir unsere »Zeitreise«. 860 wurde sie erstmals urkundlich erwähnt, und seit 1586 hat sie sich praktisch nicht mehr verändert: Wie eine märchenhafte Gralsburg thront sie auf ihrem Felsen, der recht unvermittelt aus der Ebene schießt. Um ihre zahlreichen Kunstschätze besichtigen zu können, muß man auch heute noch 150 Höhenmeter und gezählte 14 Tore überwinden. Ihre größte Rarität wird man trotzdem kaum zu Gesicht bekommen: den (harmlosen) Karpathenskorpion, der sich – weitum isoliert – im wehrhaften Gemäuer der Burg wohl fühlt…

Der Wegverlauf

Vom Klagenfurter Ortsteil *Annabichl* (Bahn- und Bushaltestelle) gehen wir am *Zentralfriedhof* vorbei nach *Terndorf*. Hier beginnt der Weitwanderweg 106, auf dem wir nach Norden über den bewaldeten *Maria Saaler Berg* (611 m) nach *Maria Saal* (460 m) wandern.

Nun könnte man der Markierung 106 über *Winklern* und *Gammersdorf* nach *Ottmanach* (611 m) folgen. Interessanter ist es je-

doch, auf unmarkierten Straßen und Feldwegen über *Arndorf* und durch das Gebiet von *Virunum* zum *Prunnerkreuz* (zahlreiche eingemauerte Römer- und Keltensteine) zu wandern. Auf einem markierten Weg geht es dann weiter nach *Techmannsdorf* und vorbei am *Schloß Meiselberg* zur Abzweigung der Magdalensbergstraße (Bushaltestelle) westlich von *Ottmanach*.

Wir folgen dieser nun bis zur ersten Linkskurve (hierher auch direkter Weg von *Ottmanach*), verlassen sie hier nach rechts und wandern auf einer Forststraße nach *Untergöriach* hinauf. Gleich darauf queren wir die Straße, gelangen durch steilen Wald zum Gehöft *Oberpfandler* und auf dem von St. Donat heraufziehenden Weg 160 rechts zur Kirche auf dem *Magdalensberg* (1059 m). Wer die Ausgrabungsstätte besuchen möchte, kommt ab *Untergöriach* auf der Straße dorthin (auch Busverbindung von *Ottmanach*).

Beim Abstieg folgen wir dem Anstiegsweg ca. 5 Minuten lang, gehen bei der Wegteilung jedoch geradeaus weiter. Bald erreicht man einen Übersteig, hinter dem der Weg 171 links abwärts führt. Vorbei an einem Stall (schöner Blick auf *Hochosterwitz*) und am Gehöft *Kobesser* erreicht man *St. Sebastian* (590 m). Nun führt ein unmarkierter Fußweg direkt zur *Burg Hochosterwitz* (687 m). Nach der Besichtigung marschieren wir auf der Straße zur *Bushaltestelle Hochosterwitz* oder zum etwas weiter entfernten *Bahnhof Launsdorf-Hochosterwitz* (537 m).

Nützliche Informationen

Ausgangsort: Klagenfurt-Annabichl.
Zielort: Burg Hochosterwitz.
Anfahrt / Rückfahrt: Bahn (Stadtverkehr Klagenfurt, Linie 6) oder Bus (Linie 5373).
Gehzeiten: Klagenfurt-Annabichl – Maria Saal 2 Stunden; nach Ottmanach 2½ Stunden; auf den Magdalensberg 1½ Stunden; über Hochosterwitz zum Bahnhof Launsdorf-Hochosterwitz 2 Stunden.
Unterkunft und Einkehr unterwegs: Gasthäuser am Weg.
Sehens- und Wissenswertes: ● Relief einer Keltin und Wildpark in Lendorf. ● Maria Saal: zweitürmige und befestigte gotische

Der berühmte Römerstein mit der Reisekutsche ist in die Kirchenburg von Maria Saal eingemauert.

Überraschung im Wald: Die Ruine Niederkraig über ihrem Teich.

Wallfahrtskirche mit Steinplattendach, eingemauerte keltische und römische Reliefsteine,
Deckenfresko mit Stammbaum Christi, gotischer Flügelaltar, Rundkarner, spätgotische
Lichtsäule, Bauernmöbelmuseum in der
Probstei; Freilichtmuseum mit Bauernhöfen
aus ganz Kärnten, Hausschmiede, Mühlen,
Krämerladen usw. ● Herzogstuhl am Zollfeld. ● Karnburg: Pfarrkirche aus dem 9. Jh.
mit zahlreichen Kelten- und Römersteinen,
karolingische Befestigungen. ● Magdalens-
berg: keltisch-römische Ausgrabungen, Frei-
licht- und Grabungsmuseum. ● Burg Hoch-
osterwitz (Burgmuseum). ● Pfarrkirche in
Launsdorf (Fresken und Kassettendecke).
Auskunft: Fremdenverkehrsamt, A-9063
Maria Saal, Tel. (0 42 23) 2214.
Karten: Freytag & Berndt Wanderkarte
1:50000, WK 231 St. Veit – Feldkirchen –
Gurktal, WK 232 Völkermarkt – Klopeiner
See – Turner See und WK 233 Kärntner Seen
– Villach – Klagenfurt.
Wegvariante: Vom Magdalens- zum Chri-
stofberg (904 m), markierter Weg, 1½ Stunden, Abstieg nach St. Filippen an der Gurk,
1 Stunde.
Weitere Tourenvorschläge: Von Karnburg
(509 m) auf den Ulrichsberg (1022 m, Kir-
chenruine und heidnischer Kultstein, markierter Weg, 2¼ Stunden).

54 Wimitzer Waldeinsamkeit

Überraschungen zwischen Gurk und
St. Veit an der Glan

Tourencharakter: ½ Tag; einfache und
sehr romantische Waldwanderung.
Ausrüstung: Wanderschuhe.
Beste Jahreszeit: Außer bei Schneelage
immer begehbar.
Reine Gehzeit: 3 bis 3½ Stunden.
Markierung: Blau, rot-weiß-rot.
Höhenunterschied: 200 m Anstieg,
400 m Abstieg.

Wimitzer Berge – nie gehört? Keine Angst,
Sie sind nicht die/der einzige: In diesem verwinkelten, gerade über 1000 Meter hohen
Waldgebirge zwischen Gurk und Glan könnte das Märchen vom Dornröschen entstanden sein: Versteckte Burgen gibt es hier genug, an schönen Prinzessinnen mangelt es sicher auch nicht. Schließlich sind die hundert
Jahre Dornröschenschlaf geradezu ein Au-
genzwinkern gegen die Ewigkeit, die über
dieser zauberhaften Landschaft zu liegen
scheint.

Schon ihre »Eingangstore« zeichnen sich
durch unaufdringlichen Charme aus: Dem
liebenswert-geschäftigen St. Veit an der Glan
sieht man seine einstige Bedeutung als Kärntner Haupt- und Herzogstadt erst auf den
zweiten Blick an. Um die nahe Kirche von
Kraig muß man auch erst einige Schritte her-
umgehen, um zu entdecken, daß ihr wuchti-
ger Turm wie ein Campanile abseits des Got-
teshauses steht. An Althofen fahren die meisten vorbei, ohne der baulichen Schätze seiner beiden Marktplätze gewahr zu werden –
dabei liegt der Ort wie ein italienisches Berg-
städtchen hoch über dem Krappfeld. Auch
die alte Bischofsburg über der Miniaturstadt
Straßburg und die Kirche von Altenmarkt, in
der ein zerstreuter Kirchenherr gleich zweimal den falschen Patron an die Wand pinseln
ließ, würden mehr Besucher verdienen. Und
selbst der bedeutendste Kirchenbau Kärntens
versteckt sich beinahe unter den stillen
Waldbergen: Der Dom von Gurk. Im 12.
Jahrhundert erbaut und mit wertvollsten
Kunstschätzen ausgestattet, erinnert er mit
seinen hellen Kalkquadern und venetiani-
schen Ornamenten, der hundertsäuligen
Krypta und zwei monumentalen Türmen auf
seltsame Art an südliche Gefilde.

In den einsamen Wimitzer Bergen bringt
ein Blick hinter die Kulissen ebenfalls Er-
staunliches ans Tageslicht: Im Wald verbergen sich uralte Stollen und Bergwerksruinen,
seerosengeschmückte Teiche und zerborste-
ne Ruinen. Auf Hoch- und Niederkraig resi-
dierten die frühesten Ministerialen Kärntens,
die seit dem 13. Jahrhundert Truchsessen, also Vorsteher der Hofhaltung und Küchen-
meister auf der nahen Herzogburg von
St. Veit waren. Und als wäre die Szenerie
nicht schon poetisch genug, überspannt die
Waldschlucht zwischen den Burghügeln
noch ein mittelalterliches Aquädukt. Da wer-

den Sie sich zuletzt auch über das »Märchen-
schloß« Frauenstein nicht mehr wundern;
nicht über den Wimitzbach, der vom Goggausee etliche Kilometer weit durch ein völlig unbewohntes Tal fließt (die typischen Ost-
kärntner Ringhöfe kleben alle weiter oben in
den Hängen) und auch nicht über Kärntens
einzige Holzkirche »Zur Hl. Dreifaltigkeit«
am Gray. Nehmen Sie bloß Karte, Wanderschuhe oder das Radl und spielen Sie Robin-
son – hier ist das Land dafür!

Der Wegverlauf

Von *Kraig* (630 m) wandern wir auf einem
Güterweg nach Südwesten ins Tal westlich
des *Kulmberges* (873 m). Beim *Einödhof* beginnt ein breiter Waldweg, der links oberhalb
des Baches – vorbei an einem alten Stollen –
zu einer vom *Kraiger See* herüberführenden
Forststraße zieht. Auf dieser kommen wir
bald zum ersten Waldteich mit Blick auf die
Ruine Niederkraig. Hier biegen wir rechts ab
und wandern in den Waldsattel mit dem
Aquädukt zwischen *Hoch-* und *Niederkraig*.
Hierher kommt man auch, wenn man beim
ersten Teich geradeaus weitergeht und vor
dem zweiten rechts an einem alten Bauern-
hof vorbei ansteigt. Bei der nächsten Wegteilung (schöner Rückblick zur *Ruine Hoch-
kraig*) geht es geradeaus weiter. Vorbei an
drei weiteren Waldteichen kommen wir zum
Tor des Schlosses *Frauenstein*, dessen Vorhof
durchquert wird. Von der Zufahrtstraße

zweigen wir bald links ab, wandern nach der
Markierung 7 zur *Jausenstation Grassen*. Von
hier geht es nach der Nr. 7 östlich am *Freiberg* (803 m) mit seiner Ruine vorbei nach
Kleeweiß und über Wiesen nach *St. Veit an
der Glan* (482 m). Achtung: Die Ruinen sind
zwar auf Steigen erreichbar, aber nicht gesichert (Absturz- und Steinschlaggefahr).

Nützliche Informationen

Ausgangsort: Kraig oder Kraiger See.
Zielort: St. Veit an der Glan.
Anfahrt / Rückfahrt: Bus (Linien 8578,
8590).
Gehzeiten: Kraig – Grassen 2 Stunden, Abstieg nach St. Veit 1 Stunde.
Einkehr unterwegs: Jausenstation Grassen.
Sehens- und Wissenswertes: ● St. Veit an
der Glan: gut erhaltene Altstadt mit gotischen
Bürgerhäusern , Stadtpfarrkirche aus dem
13. Jh., romanischer Karner, gotisches Bür-
gerspital, Heimatmuseum im Burgturm, Ver-
kehrsmuseum, Trabantenmuseum mit Pup-
pensammlung von Helga Riedel. In der Umgebung zahlreiche Schlösser, Burgen und
Ruinen, u. a. die Ruine Karlsberg. ● Romanische Kirche in Hart ob Glanegg. ● Zmul-
ner See, Hörzendorfer See und Haidensee.
● Spätgotische Wehrkirche in Kraig. ● Läng-
see: ehemaliges Benediktinerkloster St. Georgen, um 1000 gegründet; Moorweg. ● Althofen: Schloß mit romanischem Bergfried,
sgraffitogeschmuckte Bürgerhäuser, frühgotische Pfarrkirche, spätromanische Filialkirche
St. Cäcilia mit Fresko, Gurktal-Museums-
bahn. ● Brauerei und Eisenmuseum in Hirt.
● Straßburg Stadt: spätgotische Pfarrkirche,
Stadtmauer, Burg mit volkskundlicher Samm-
lung, Pfarrkirche Lieding mit Einrichtung von
der Romanik bis Rokoko. ● Gurk: zweitür-
miger romanischer Dom mit prachtvollen
Portalen, Reliefs, Fresken, Altären, Krypta
und Fastentuch; Zwergenpark mit über 1000
Gartenzwergen, Gartenschau, Liliputbahn
und Streichelzoo. ● Weitensfeld: Kranzel-
reiten zu Pfingsten, kleines Brauchtumsmuseum, spätgotische Pfarrkirche mit Schutz-
mantelmadonna in Altenmarkt.
Auskunft: Fremdenverkehrsamt, A-9300
St. Veit/Glan, Tel. (0 42 12) 55 55–13; Touri-
stikverband Naturpark Gurktal, A-9342

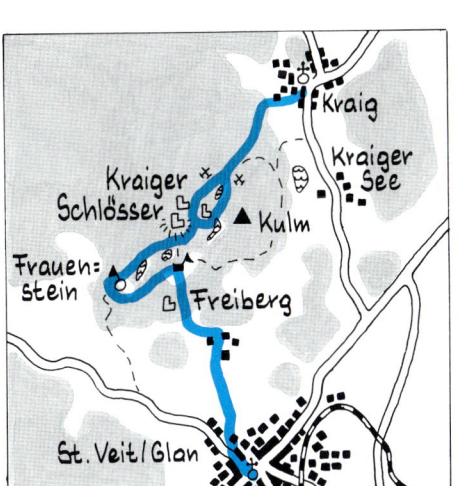

Gurk, Tel. (0 42 66) 85 20.
Karte: Freytag & Berndt Wanderkarte
1:50 000, WK 231 St. Veit – Feldkirchen –
Gurktal.
Weiterer Tourenvorschlag: Auf den Lauren-
ziberg (971 m), gotisches Bergkirchlein, von
St. Veit auf dem Weg 8, Rundtour über den
Tatschnigteich, 3 Stunden.

55 Von der Liebe zu leisen Landschaften

Aus dem Metnitztal in den Naturpark Grebenzen

> **Tourencharakter:** 2 Tage; naturkundlich
> interessante Bergwanderung auf
> unschwierigen, aber teilweise steilen
> Wald- und Almsteigen.
> **Ausrüstung:** Bergwandermontur.
> **Beste Jahreszeit:** Juni bis November.
> **Reine Gehzeit:** Insgesamt 6 bis
> 7 Stunden.
> **Markierung:** Rot-weiß-rot.
> **Höhenunterschied:** 1300 m Anstieg,
> 900 m Abstieg.

Schwer zu sagen, welche Jahreszeit im Metnitztal am schönsten ist: Der Mai, wenn die
wilden Kirschbäume wie Brautsträuße blühen, oder der Oktober, wenn die Wiesen
schon vom Herbst versengt sind und vom röt-
lichen Gold der Lärchen überstrahlt werden?
Aufgrund seines milden Klimas ist die Sonn-
seite des Tals seit alters her bis in große Höhen besiedelt. Schon die Römer betätigten
sich hier als Straßeningenieure. Eine ihrer
Routen bauten sie aus dem Gurktal über Pre-
kowa nach Grades und über den gut 1300
Meter hohen Sattel, in dem heute das Priewaldkreuz steht, nach Kärntnerisch- und
Steirisch-Laßnitz, wo die Landesgrenze, nach
viel Streit im Mittelalter, kuriose Zacken
zieht. Die Zeiten haben aber auch in den Orten ihre Spuren hinterlassen – etwa mit der
Kirchenburg von Grades oder mit der be-

*Die märchenhafte Kirchen- und Burgenstadt
Friesach bildet den Auftakt zur Grebenzen-Tour.*

rühmten Totentanz-Darstellung am Metnitzer Karner. Viel auf dem Buckel hat auch die älteste Stadt Kärntens, die nicht nur den Eingang ins Metnitztal bewacht, sondern auch die historische Route von Wien nach Venedig: Friesach.

Jahrhundertelang übten die Bischöfe von Gurk und Salzburg alles andere als christliche Nächstenliebe und lieferten sich erbitterte Kämpfe um die Stadt; dazwischen brannte sie oft ab. Es mutet wie ein Wunder an, daß trotzdem nicht nur die gesamte Stadtmauer samt Wassergraben erhalten blieb, sondern eine geradezu atemberaubende Fülle historischer Bauten, die majestätisch von der Petersburg mit ihrem 38 Meter hohen Bergfried überragt werden.

Um sehr viele Meter mehr überragt die Grebenzen die Stadt im Norden. Der mit Straße, Hütten und Skilift erschlossene, aber im Süden recht ruppig abbrechende Kalkstock fällt ganz aus dem Rahmen seiner sanften Urgesteins- und Schieferumgebung. In seinen Felsen gähnen mehrere Höhlen; im Dolinentrichter des »Wildes Lochs« fand man viele Tierskelette. Am Fuß der Grebenzen entspringen Karstquellen und der 26 Grad warme, radioaktive Säuerling von Wildbad Einöd. An seinem westlichen Fuß blaut der winzige Auerlingsee, im Osten breitet sich um den Neumarkter Sattel ein Naturpark mit liebenswerten Ortschaften, Bauernhöfen und wuchtigen Kirchen, Teichen, einem Moor samt Aussichtsturm und der romantischen Graggerschlucht aus. Da wie dort sind es Landschaften zum Verlieben – keine solchen, die einem lauthals ans Herz fliegen, eher solche, die sich leise ins Leben schleichen, um dann immer ein bißchen Sehnsucht zu schüren ...

Der Wegverlauf

Von *St. Salvator* (675 m) gehen wir in die nördlich benachbarte Ortschaft *St. Johann* und auf einem Güterweg (137) zum *Moserhof* (900 m) hinauf. Hier schwenken wir scharf nach links, biegen aber gleich darauf rechts zu einem Landhaus ab. Ab hier zieht ein teilweise sehr steiler, aber abwechslungsreicher und im oberen Teil sogar aufgemauerter Waldsteig zur *Gunzenbergalm*

(1820 m) hinauf. Östlich der höchsten Erhebung (1892 m) geht es über flache, schütter bewaldete Almböden zur *Dreiwiesen- oder Minihütte* (1870 m) und auf den nahen Gipfel (1870 m). Zuletzt steigen wir neben dem Skilift zur *Grebenzenhütte* (1648 m) ab.

Nun wandern wir auf dem Steig 1 nach Nordosten – gleich zu Beginn die Zufahrtstraße zweimal querend – zum Gasthaus bei der Kapelle *Maria Schönanger* (1335 m) und rechts auf einer Forststraße (138) nach *Zeutschach* (1042 m). Ab hier sind die naturkundlichen Ausflugsziele im Naturpark (Karstquelle, Graslupteiche, Graggerschlucht, Gletschermühlen bei der Kirche in St. Marein, Muhrteich und Dürnberger Moor, Furtnerteich) bzw. *Neumarkt in Steiermark* (1002 m) auf mehreren markierten Routen leicht erreichbar.

Nützliche Informationen

Ausgangsort: St. Salvator bei Friesach.
Zielort: Neumarkt in Steiermark oder St. Marein.
Anfahrt / Rückfahrt: Südbahn (Linie 6), Bus (Linie 5390).
Gehzeiten: St. Salvator – Gunzenbergalm 2½ Stunden, weiter zur Dreiwiesenhütte ½ Stunde; zum Grebenzenhaus 45 Minuten; Abstieg nach Zeutschach 1¼ Stunden, nach Neumarkt je nach Wegwahl 1 bis 2 Stunden.
Unterkunft unterwegs: Grebenzenhaus (TK, Nächtigung möglich, außer vom 15. September bis 15. Oktober ganzjährig bewirtschaftet).
Einkehr unterwegs: Gunzenbergalm und Dreiwiesenhütte (im Sommer bewirtschaftet); Gasthäuser in den Orten.
Sehens- und Wissenswertes: ● Friesach: herrliche Altstadt mit Befestigung, schöne Bürgerhäuser, zweitürmige romanische Stadtpfarrkirche St. Bartholomäus, Dominikanerkirche mit romanischem Kruzifix, Heiligenblutkirche, Deutschordenskirche mit zwei gotischen Flügelaltären, Geyersburg, Burganlage und karolingische Kirche auf dem Petersberg, Stadtmuseum im romanischen Bergfried, Ruinen Virgilienberg, Rotturm und Lavant, Fürstenhof mit Getreidespeicher, Stadtbrunnen am Hauptplatz, Friesacher Kultursommer, Burghofspiele, Mär-

Am Ende einer langen Wanderung über die Grebenzen wartet der Furtner Teich bei Neumarkt.

chen-Sonntage. ● Grades: Bischofsburg aus dem 13. Jh., gotische Pfarrkirche und spätgotische Hallenkirche St. Wolfgang mit Flügelaltar, gotische Wallfahrtskirche Maria Höfl mit 17 Glasgemälden. ● Metnitz: Befestigte Pfarrkirche, gotischer Karner mit »Metnitzer Totentanz«. ● Auenmoos (Latschenhochmoor) bei Laßnitz.

Auskunft: Tourismusbüro, A-9360 Friesach, Tel. (0 42 68) 43 00.

Karten: Österreichische Karte 1 : 50000, Blätter 159 Murau, 160 Neumarkt in Steiermark und 186 Sankt Veit an der Glan.

Weitere Tourenvorschläge: Hübsche Wanderung auf dem Friesacher Waldlehrpfad und durch den Bürgerspitalwald nach St. Salvator, blau markiert, ca. 1½ Stunden. Von Micheldorf auf den »Rigi« (998 m), Weg 1, 1 Stunde; für Gäste des dortigen Gesundheitshotels steht auch ein FKK-Wanderweg zur Verfügung. Metnitz – Toner Höhe – Priewaldkreuz, markiert, 2½ Stunden.

56 Erz und Erdkraft

Der Norisch-Geomantische Erlebnispfad von Eberstein

Tourencharakter: Ausgefüllte Halbtags- oder gemütliche Tageswanderung auf Straßen und einfachen Steigen.
Ausrüstung: Wanderschuhe.
Beste Jahreszeit: Außer bei Schneelage immer begehbar.
Reine Gehzeit: 4 bis 5 Stunden.
Markierung: Grüne Schilder und kleine, farbige Tafeln.
Höhenunterschied: Insgesamt 700 m.

Schon die griechischen und römischen Gelehrten berichteten von den geheimnisvollen Kelten. Ob ihre Hauptstadt Noreia tatsächlich am Abhang des Zirbitzkogels lag und ob die Römer 113 v. Chr. ihre legendäre Niederlage gegen die Cimbern und Teutonen wirklich hier einstecken mußten, beschäftigt die Historiker bis heute. Einstimmig überliefert ist dagegen die hervorragende Qualität des Norischen Eisens: Caesars Schwert war daraus geschmiedet, vielleicht auch der Dolch des Brutus. Die findigen Kelten stellten aus dem »ferrum noricum« alle möglichen Gerätschaften und sogar schon medizinische Instrumente her.

Das Erz dafür stammte aus der Gegend von Hüttenberg. Zahllose Funde – Werkzeuge, Schlacken und sogar komplette keltische Eisenschmelzöfen – erzählen von diesem antiken »Industriegebiet«. Nach der Herrschaft der Römer geriet das Gebiet ein wenig in Vergessenheit, und nur Ortsnamen wie zum Beispiel »Selesen« (= Eisen) lassen vermuten, daß auch die nachfolgenden Slawen vom Bergsegen an der Görtschitz (= Kleine Gurk) wußten. Seit dem Mittelalter wurden die Zeugnisse für intensiven Bergbau, technische Neuerungen im Hüttenwesen und weite Handelsverbindungen wieder zahlreicher. In Knappenberg bei Hüttenberg wurde – mit Unterbrechungen – bis 1978 Erz abgebaut. In vielen Orten rundum erinnern noch Stollen, Hochofenruinen oder Gewerkenschlösser an die eiserne Vergangenheit.

Die Prägung der Landschaft durch Knappen und Bauern, die Erinnerung an Jahrtausende und die geheimnisvolle Kultur der Kelten – all das wird in der Norischen Region auch in Form von Freizeitprogrammen und Lehrpfaden lebendig. So können Sie sich zum Beispiel auf einem »Geomantischen Erlebnispfad« in die Geheimnisse der Erde vertiefen – mit dem Wissen um positive und ne-

gative Erdstrahlen, Wasseradern oder mit dem keltischen Baumhoroskop sehen Sie die Welt vielleicht mit anderen Augen. Sollten Sie nicht dran glauben, weist er Sie auf jeden Fall zu einem gewaltigem, freistehenden Felsentor, das man hier mitten im Wald nie erwarten würde, zu einer Vollwertjause in einer »Bio-Arche« und zuletzt in ein kleines Bergdorf, von dem Sie einen Prachtblick übers Hügelland genießen.

Der Wegverlauf

Die 24 Stationen dieses Weges sind beiderseits des Tals vom Felsentor bis St. Oswald numeriert. Wir beginnen beim *Bahnhof Eberstein* (600 m; er trägt die Nr. 3) und folgen kurz dem asphaltierten Güterweg nach Süden, bis rechts ein Ziehweg zu den zwei Säulen des *Galgens* abzweigt. Anschließend wandern wir über eine Weide und zuletzt auf einem schmalen Waldsteig zum *Felsentor* (ca. 800 m). Unter dem Steinbogen durch

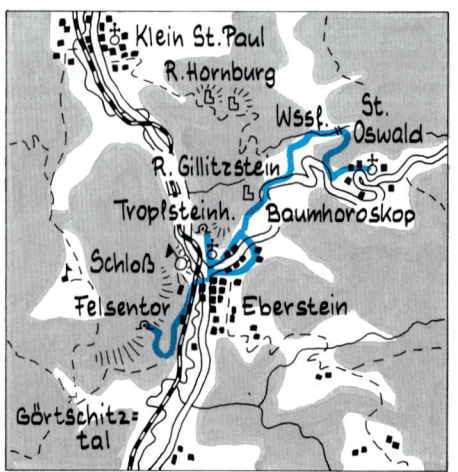

kann man steil zu seinem südlichen Ansatz aufsteigen (schöne Aussicht). Der Rückweg erfolgt auf der gleichen Route.

Wieder beim *Bahnhof* angelangt, gehen wir nordwärts am *Dolomitwerk* vorbei und kommen rechts über die Brücke ins *Ortszentrum von Eberstein.* Hier gibt es mehrere Erlebnispunkte; kurze Abstecher führen zur *Tropfsteinhöhle* und zum *Heiligen Loch.* Vorbei an den Resten einer *Rollbahn* kommen wir zum ehemaligen *Hochofen.* Nun geht es nördlich des *Dieseckerbaches* zum *Heilkräutergarten* mit dem *Keltischen Baumhoroskop,* dann vorbei an der *Ruine Gillitzstein,* an einem *Wasserfall* und am *Biolandhaus Arche* nach *St. Oswald* (1017 m) hinauf. Der Rückweg erfolgt wieder auf der gleichen Route.

Nützliche Informationen

Ausgangs- und Zielort: Eberstein im Görtschitztal.

Dieses Felstor soll durch eine besonders günstige Konstellation positiver Erdstrahlen entstanden sein. Der Geomantische Lehrpfad von Eberstein gibt über dieses und andere Wunder Auskunft.

Anfahrt / Rückfahrt: Bahn (Linie 64); Bus (Linie 5396).

Gehzeiten: Bahnhof – Felsentor und zurück 1½ Stunden; Bahnhof – St. Oswald und retour 2½ bis 3 Stunden.

Einkehr unterwegs: Gasthöfe in den Orten.

Sehens- und Wissenswertes: ● Tudorschloß Eberstein: Märchenspiele, Ausstellungen. ● Laurentiuskirche (Urpfarre) und Römerstein in Brückl. ● Großartige gotische Wehrkirche Hochfeistritz. ● Keltische Frauenstatue (ohne Kopf) in Wieting. ● Zwillingsruine Hornburg, Talmuseum Lachitzhof und geologischer Lehrpfad in Klein St. Paul. ● Kappel am Krappfeld: frühchristlicher Kulturpfad, Pfarrkirche Kappel mit gotischen Altären, in der Umgebung einige der ältesten Kirchen Kärntens, Fossilien- und Blumenfreundepfad,

Norischer Biopfad. ● Guttaring: romanische Pfarrkirche, Versteinerungen am »Feld der steinernen Linsen«, barocke Wallfahrtskirche Maria Hilf, Erzröste und ältester erhaltener Hochofen in Urtl. ● Die prachtvoll gelegene spätgotische Wallfahrtskirche Maria Waitschach (periodische Wallfahrt von Judenburg in der Steiermark). ● Kirche in Deinsberg (= Berg des Dionysos). ● Hüttenberg: spätgotische Kirche, Schaubergwerk mit Bergbaumuseum und Mineralienschau, Geozentrum, Freilichtmuseum beim Eisenhüttenwerk Heft, Montanlehrpfade, Heinrich-Harrer-Museum, Puppenschau von Helga Riedel, Hüttenberger Reiftanz alle drei Jahre zu Pfingsten. ● Schmiede- und Schlossereimuseum in Lölling. ● Mühlen in der Steiermark: Frühgeschichtemuseum Noreia, bäuerliches Gebrauchsgut-Museum, Schaumühle, Naturschutzgebiet Hörfeld-Moor.
Auskunft: Regionalbüro Norische Region, A-9372 Eberstein, Tel. (0 42 64) 82 55.
Karte: Freytag & Berndt Wanderkarte 1:50 000, WK 231 St. Veit – Feldkirchen – Gurktal.
Weitere Tourenvorschläge: Aus dem Görtschitztal führen mehrere markierte Routen auf die Saualpe (2079 m); je nach Wegwahl 4 bis 5 Stunden; Pressneralpe (1876 m), von Heft über Schloß Hohenheft, St. Johann am Pressen und die St. Martiner Hütte, Weg 312 und 308, 4 Stunden.

57 Ein Wal im Meer der Berge

Über die Saualpe

Tourencharakter: 1 bis 2 Tage; einfache und aussichtsreiche Bergwanderung in ursprünglichem Almgelände (nicht bei Nebel oder Gewitter gehen).
Ausrüstung: Bergwandermontur.
Beste Jahreszeit: Mai bis Oktober.
Reine Gehzeit: 8 Stunden (Rundtour allein 4 Stunden).
Markierung: Rot-weiß-rot.
Höhenunterschied: 500 m Anstieg, 1000 m Abstieg.

Die Saualpe liegt wie ein gestrandeter Wal im Meer der Kärntner Berge, hat Wilfried Gallin einmal gesagt. Tatsächlich wälzt sich dieses Gebirge wie ein riesenhafter Leib zwischen dem Görtschitz- und dem Lavanttal – 30 Kilometer lang, bis zu 25 Kilometer breit und damit rund ein Zwanzigstel der Fläche Kärntens einnehmend. Wie die Nockberge ist auch die Saualpe noch ein Teil jenes Berglandes, das sich schon vor dem Perm-Zeitalter an der Stelle der heutigen Alpen erhob. Wie Relikte aus diesen Urzeiten erscheinen auch ihre typischen »Öfen« – niedrige, aber oft wild aufgeschichtete Gruppen harter Steinblöcke, die der Verwitterung widerstanden. Besonders die Kinder schätzen sie als Abwechslung auf den Wiesenböden – die beiden Sauöfen, den Wirtsofen oder den Kaiserofen, um nur ein paar zu nennen. Oberhalb des Klippitztörls hat ein erzürnter Berggeist sogar einen ganzen Hochzeitszug versteinert: Wer die Braut findet und küßt, erlöst sie – ob damit weitere Verpflichtungen verbunden sind, ist allerdings nicht überliefert. Gefunden wurden auf der Saualpe immerhin schon Gold, Silber, Eisen oder Kupfer, eine Schwefelquelle sowie ein Sauerbrunnen – und jede Menge edler Mineralien: Der seltsame Name Gertrusk – das ist der felsigste ihrer neun Zweitausender – wird von Steinklopfern und Strahlern so ausgesprochen, als läge dort das Gelobte Land.

Die Ost- und Südhänge der Saualpe genießen ein besonders mildes Klima, das die Siedler schon um das Jahr 900 herum hoch hinauflockte. Viele der Kirchen, die auf den Kämmen oder in den Hängen der Saualpe stehen, wurden im 15. Jahrhundert burgartig befestigt, um der Bevölkerung samt Vieh und Vorräten Schutz vor den einbrechenden Türken zu bieten. Später kämpften die ausgebeuteten Bauern hier mitunter auch gegen den Adel. Das imposanteste Zeugnis dieser Zeiten ist sicher die doppeltürmige Wehrkirche im sonnigen Diex, von deren Friedhofsmauer eine makabre Mär erzählt wird: Sie soll die Sonnenstrahlen so sehr abhalten, daß die Toten im kalten Boden langsamer verwesen als anderswo. Aber auch die Mauern, Wehrgänge und Schießscharten an den Kirchen von Hochfeistritz, St. Leonhard oder Lading sprechen eine beredte Sprache.

Als felsiges Zwischenstück schwingt sich der Gertrusk-Gipfel über dem Almrücken der Saualpe auf. Die Felsen zählen zu den ältesten der Alpen.

Oberhalb des dichten Waldmantels, der die Saualpe umgibt, breiten sich weite, blumengeschmückte Almhänge aus, auf denen nicht weniger als 33 Hütten und Jausenstationen zur Rast einladen. Aber man soll sich nicht täuschen: Auf den freien Höhen tobt manchmal der »Blasius«, einsetzender Nebel stellt das Orientierungsvermögen auf eine harte Probe – und die Gewitter ziehen oft in Minutenschnelle auf. Einige Almleute und Wanderer sollen buchstäblich aus noch heiterem Himmel vom Blitz erschlagen worden sein. Trotzdem: Die Saualpe gehört zum Allerschönsten, was Kärntens Landschaft bietet. Der Bus bringt Sie hoch hinauf, und beim vorgeschlagenen Abstieg wandern Sie geradewegs auf die Karawanken und die Steiner Alpen zu!

Der Wegverlauf

Nach der Busauffahrt von *Wolfsberg* über *Lading* spazieren wir von der Endstation zur nahen Jausenstation *Ofnerhütte* (1668 m). Auf einem markierten Weg durchqueren wir den *Ladinger Graben*, steigen über einen Almrücken an, wandern oberhalb der *Ladinger Alm* um den *Sandkogel* (2011 m) herum ins Kar mit den beiden *Meeraugen* und erreichen beim *Kaiserofen* (2037 m) den Hauptkamm der Saualpe. Den kurzen Abstecher auf den felsigen *Gertrusk* (2044 m) sollten Sie keinesfalls auslassen. Vom *Kaiserofen* steigen wir nach Süden auf den *Ladinger Spitz* (2079 m; wenn keine Sicht herrscht, kann man ihn durch den Westhang umgehen). Zuletzt zieht der Weg 338 (308) über den breiten Südrücken und durch sanfte Almhänge zur *Wolfsberger Hütte* (1827 m), von der man auf dem Weg 334 zur *Ofnerhütte* zurückwandern kann.

Für den Übergang nach *Diex* sind die ersten Zielpunkte nach der Markierung 308 der Sattel westlich der Hütte (1872 m) und der *Speikkogel* (1901 m), von dem der Kamm zum *Kleinen Sauofen* (1830 m) absinkt. Unterhalb der *Windischen Wiesen* kommen wir in den Wald. Bei der nächsten Lichtung (*Karawankenblick*) zweigen wir links auf einen Ziehweg ab, der uns um den *Schwaigkogel* herum zur *Wolftratten* (1387 m) leitet. Ab hier wandern wir auf Waldwegen erst östlich

gebiet Edlinger Teich in ehemaligem Berg-baugebiet. ● Spätgotische Pfarrkirche in St. Marein. ● St. Andrä/Lavanttal: Barocke Wallfahrtskirche Maria Loretto mit »schwarzer Madonna«, Stadtpfarrkirche St. Andreas, Stadtmauer mit Tor. ● Wehrkirchen in Lading, Greutschach, Pustritz, Wölfnitz, Tschrietes, Forst, Preims, Gretschitz und St. Leonhard an der Saualpe. ● Diex: doppeltürmige Wehrkirchenanlage, Hexenstein, Nadelwald-Duftwanderungen, Waldsterbens-Lehrpfad. ● Auf den isoliert aufragenden Waldhügeln um Trixen stehen einige der ältesten Burgen und Ruinen Kärntens.
Auskunft: Tourismusverband Lavanttal, A-9400 Wolfsberg, Tel. (0 43 52) 28 78.
Karten: Österreichische Karte 1 : 50 000, Blatt 187 Bad Sankt Leonhard im Lavanttal und 204 Völkermarkt.
Anschlußtour: Diex – Völkermarkt, Weg 308, 4 Stunden.
Weitere Tourenvorschläge: Der Kamm der Saualpe kann auch von den ebenfalls per Bus erreichbaren Orten Preims, Witra, dem Gasthaus Lippauer, Pölling und Greutschach auf teilweise markierten Wegen erstiegen werden (jeweils zwischen 3 bis 5 Stunden).

unter dem *Breitriegel* (1553 m) und um den *Spitzstein* (1533 m) herum, dann auf dem Waldkamm zum felsigen *Sapotnigofen* (1437 m) und schließlich zum *Gasthaus Jauntalblick* (Bushaltestelle) östlich von *Diex* (1152 m) hinunter. Von der *Diexer Alm* vor dem *Sapotnigofen* führt rechts auch ein direkter Weg nach Diex.

Nützliche Informationen

Ausgangsort: Bushaltestelle bei der Ofner-hütte.
Zielort: Gasthaus Jauntalblick oder Diex.
Anfahrt / Rückfahrt: Bus (Linien 5456, 5368, 5430); Bahn (Linie 62).
Gehzeiten: Bushaltestelle Ofnerhütte – Gertrusk – Ladinger Spitz – Wolfsberger Hütte 3 bis 3½ Stunden (Abstieg zur Bushaltestelle 40 Minuten); Übergang nach Diex 4 Stunden.
Unterkunft und Einkehr unterwegs: Jausenstation Ofnerhütte (im Sommer bewirtschaftet); Wolfsberger Hütte (ÖAV, 8 Betten, 30 Lager, bewirtschaftet von Mitte Mai bis Ende Oktober).
Sehens- und Wissenswertes: ● Wolfsberg: Stadtpfarrkirche St. Markus, gotische Annakapelle mit Flügelaltar, Schloß und Mausoleum, Bezirks-Heimatmuseum, Vogelschutz-

58 Geheimkammer in Kärntens Bergland

Die Hirschegger Alpe

Tourencharakter: 1½ Tage, einfache Bergwanderung durch einsames und weitläufiges Almgebiet (nicht bei Nebel gehen).
Ausrüstung: Bergwandermontur.
Beste Jahreszeit: Juni bis Oktober.
Reine Gehzeit: Insgesamt 6 bis 7 Stunden.
Markierung: Rot-weiß-rot.
Höhenunterschied: 850 m Anstieg, 1100 m Abstieg.

Es gibt mehrere Geheimtips in den Kärntner Bergen. Einer ihrer allergeheimsten dürfte die Hirschegger Alpe in der nordöstlichen Ecke des Landes sein. Weitab der touristischen Zentren gelegen, ohne Zweitausender und nicht einmal mit einem ausgeprägten Einzelgipfel versehen ist ihr behäbiger, ruhig stimmender Höhenzug selbst im »Lofndol« (Lavanttal) eine Randerscheinung. Im übrigen Kärnten kennt sie wahrscheinlich kaum jemand. Gott sei Dank – denn so blieb uns zwischen der Pack und dem Obdacher Sattel ein stilles, urprüngliches Alm- und Waldgebirge erhalten. Abgesehen von Anwärtern auf die Nord-Süd-Weitwandernadel (der beliebte »05-er« zieht über ihre Höhe) werden Sie hier wohl nicht vielen Gleichgesinnten begegnen.

Einst spendete der Berg Segen in Form von Eisenerz; am Erzberg von Loben wurde aber auch nach Gold und Silber geschürft. 1876 war es damit zu Ende, und nur noch Flurnamen oder alte Knappenhäuser erinnern an die »große Zeit« der Hirschegger Alpe. Dafür nutzt man in der 650 Jahre alten Stadt St. Leonhard heute eine heilsame Schwefelquelle, die am Fuß des Berges entspringt.

Der Wegverlauf

Vom *Packsattel* (1169 m) führt eine Forststraße (505) nach Nordwesten zum *Barbarahaus* (1309 m) auf dem *Ochsenkogel* und mit geringerer Steigung zur *Knödelhütte* (1416 m). Hier verlassen wir die Straße nach rechts und wandern über Almwiesen und durch Wald um den *Lahnofen* herum zur *Bernsteinalm* mit ihrer Hütte (1559 m). Hier beginnt der sanfte und freie Kamm der *Hirschegger Alpe*, über den wir – vorbei an den Felsen der *Kullmitzöfen* – bis zur Abzweigung zur *Bartholomä-Alpe* ansteigen. Hier gehen wir geradeaus weiter, umrunden den felsigen Gipfel der *Leonharder Alpe* (1935 m) im Norden und erreichen bald den Sattel der *Peterer Alpe* (1830 m), von wo wir in Kürze weglos auf den *Peterer Riegel* (1962 m) steigen können. Ansonsten zweigen wir links auf den Steig 3 ab und wandern zur *Peterer Hütte* (1590 m) hinunter. Zuletzt steigen wir auf der Forststraße und auf Almwegen zu den Wiesen von *St. Peter*, zum frei zugänglichen *Kölzer-Sauerbrunn* und unter der Bahn durch zur Bundesstraße beim Markt *Reichenfels* (809 m) ab.

Nützliche Informationen

Ausgangsort: Packsattel (Bushaltestelle).
Zielort: Reichenfels im oberen Lavanttal.
Anfahrt / Rückfahrt: Bus (Linien 5480, 6120, 6931); Bahn (Linie 62).
Gehzeiten: Packsattel – Barbarahaus 20 Minuten, weiter zur Bernsteinhütte 1½ Stunden, Übergang zur Peterer Hütte 2½ Stunden (auf den Peterer Riegel und zurück zusätzlich 1 Stunde); Abstieg nach Reichenfels 3 Stunden.
Unterkunft unterwegs: Barbarahaus (TVN, 28 Betten, ganzjährig bewirtschaftet); Peterer Hütte (privat, 6 Betten, bewirtschaftet von Anfang Juni bis Ende September).
Einkehr unterwegs: Bernsteinhütte (privat, im Sommer an Wochenenden bewirtschaftet); eventuell Saureishütte östlich unterhalb der St. Leonharder Alm (im Sommer bewirtschaftet).
Sehens- und Wissenswertes: ● Knappenkirche in Reichenfels. ● Gotische Kirche und Karner in St. Peter. ● Bad St. Leonhard: prachtvolle frühgotische Pfarrkirche mit herrlichen Glasgemälden; Ruine Lichtengraben, spätgotische Kirche mit Kielbogenportal in Schiefling.
Auskunft: Siehe Tour 57.
Karten: Österreichische Karte 1: 50000, Blätter 161 Köflach, 162 Knittelfeld und 188 Wolfsberg.
Weitere Tourenvorschläge: Weinebene (1668 m, Busverbindung von Wolfsberg) – Handalpe (1853 m) – Stoffhütte – Hebalm – Packsattel (1169 m), Weg 505, 5 bis 6 Stunden.

Der Poms-Wasserfall auf der Koralpe – ein kleines Naturwunder am großen Berg.

Gleich der benachbarten Saualpe beherrscht auch die Koralpe das Lavanttal wie ein grünes Urzeittier.

59 Wind und Wunder über dem Lavanttal

Über die Koralpe – und vielleicht weiter nach Lavamünd

Tourencharakter: 1 bzw. 2 Tage; prächtige Rundtour und sehr lange Bergab-Wanderung durch Alm- und Waldgelände; gute Steige und Wege (im Gipfelbereich nicht bei Nebel oder Gewitter gehen).
Ausrüstung: Bergwandermontur.
Beste Jahreszeit: Juni bis Oktober.
Reine Gehzeit: Insgesamt 10 bis 12 Stunden.
Markierung: Rot-weiß-rot.
Höhenunterschied: 500 m Anstieg und 1800 m Abstieg.

Die Koralpe überragt das Lavanttal um 1700 und das Deutschlandsberger Becken um stolze 1800 Meter – kein Wunder, daß man ihre Höhenzüge dort »Steirische Westalpen« nennt. An klaren Tagen erfreut man sich auf dem 2140 Meter hohen Speikkogel eines Panoramas vom Dachstein bis zum Triglav und vom Glockner bis zum Plattensee. Allerdings ist dort oben auch im Hochsommer die Windstille seltener als ein Wintereinbruch. Die häufigen Höhenstürme sollen sogar der Grund für den mysteriösen Rundbau der Grillitschhütte sein. Ihre Spitzbogenfenster und das Kuppeldach lassen jedoch eher auf eine einstige Kapelle schließen – eine Almhütte hätte man nie so aufwendig gebaut.

Obwohl auf der Koralpe viel zerstört wurde (die höchsten Regionen verschandeln Sender und futuristische Militär-Radaranlagen, Straßen durchpflügen die Hänge, auf

der Weineebene und am Steinschneider surren im Winter Skilifte), blieb viel stilles, ja sogar recht rauhes Bergland erhalten. An manchen Stellen tritt dunkler Fels zutage; da und dort leuchtet auch heller Quarz, dem drüben im Steirischen einige Glashütten ihr Dasein verdankten. Im namensgebenden, unter Naturschutz stehenden »Großen Kar«, in dem der Wind manchmal ein seltsames »G'läut« orgeln soll, mäandriert frisches Bergwasser durchs saftige Gras, bevor es mit einem hübschen Wasserfall aus seiner Umklammerung springt. Die steilen, stark gefalteten Westhänge bergen weitere, stellenweise fast wüste Waldschluchten.

Leichter begehbar sind da die weiten, sanft gewellten Almhänge der Koralpe – und ihr südliches Vorland, wo sie als weltabgeschiedenes Waldgebirge gegen die Soboth und das schwermütige slowenische Waldland zu verebbt. Es sind wahre Traumwege hier: lang, aber ohne Hindernisse – durch duftige Lärchenwälder und weite Lichtungen mit weichem Gras, zu uralten Bauernhöfen und dahindämmernden Mühlen, bis wir auf 340 Meter Seehöhe am tiefsten Punkt Kärntens ankommen.

Der Wegverlauf

Etwas unterhalb der *Hipfelhütte* (1627 m; Buszufahrt ab Wolfsberg) zweigt der Steig 591 (592) von der Straße ab und führt durch den nördlichen Waldhang zu einer Forststraße, die jedoch bald wieder verlassen wird. Auf dem Steig wandern wir in den Talgrund der *Rasing*. Neben dem *Rasingbach* steigen wir steil zur *Pomseben* (1671 m; unterwegs kleiner Steig zum *Poms-Wasserfall)* und links über Almhänge in einen Sattel mit dem *Schäferkreuz* an. Ab hier führt ein breiter Almweg zur nahen *Grillitschhütte* (1745 m). Vom Sattel zieht der Almweg nach Süden ins *Große Kar*, aus dem wir auf einem Steig im weiten Rechtsbogen auf den steilen *Steinschneider* (2070 m; Sender) ansteigen. 100 m darunter liegt auf dem Südhang das *Koralpen-Schutzhaus* (1966 m). Der Abstieg zur Hipfelhütte erfolgt auf der Straße (teilweise Abkürzungssteig).

Will man vom Koralpenhaus nach Lavamünd absteigen, lohnt sich bei sichtigem

Wetter zuvor die Überschreitung des *Großen Speikkogels* (2140 m; Steig 05). Ansonsten kann man – leicht ansteigend – direkt in den *Scheibstatt-Sattel* (2041 m) zwischen *Großem Speikkogel* und *Krakaberg* queren. Hier zweigt der Nord-Süd-Weitwanderweg nach Osten ab; wir halten uns dagegen auf dem Steig 597 nach Süden und wandern über den breiten Hang der *Pontniger Alm*, unter einer Hochspannungsleitung durch und auf dem *Jauk*(-Rücken) – vorbei am »*Luckerten Stein*« (Felstor) – in den *Jauksattel* (1611 m). Auf dem sanft abfallenden *Heuzieherweg* kommen wir dann westlich unter der *Kleinalpe* herum zur *Brandlhütte* (1400 m). Teils auf Wegen, teils auf der Forststraße geht es nun durch die Wälder des *Fligelbergs* (1359 m) zur *Soboth-Straße*, die wir an ihrem höchsten Punkt beim *Koglereck* (1350 m) erreichen. Es folgt ein kurzer Anstieg zur *Roßhütte* (1443 m), die in der Nähe des Dreiländerecks Kärnten–Steiermark–Slowenien liegt. Hier biegen wir nach rechts (Südosten) um und marschieren über die Kammhöhe des *Jankitzkogels* (unterhalb Quelle), die Ortschaft *St. Lorenzen* (927 m), den *Lorenzenberg* und durch den *Multerergraben* mit seinen verfallenen Bauernhöfen zur Drautal-Bundesstraße (ca. 1,5 km südöstlich von *Lavamünd*; Bushaltestelle *Multerermühle*).

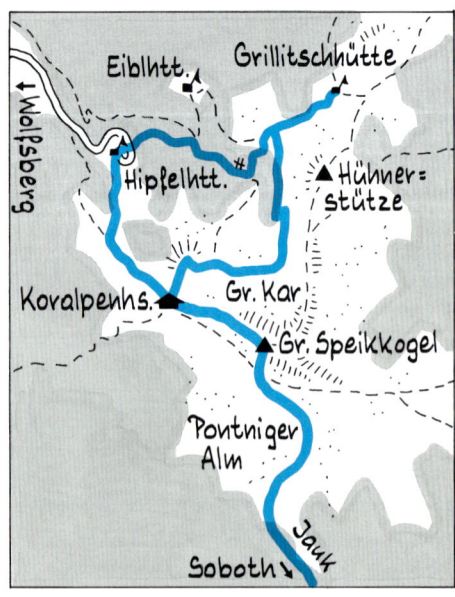

Nützliche Informationen

Ausgangs- und Zielort: Hipfelhütte (bzw. Lavamünd).

Anfahrt / Rückfahrt: Bus (Linien 5468, 5471); Bahn (Linie 62).

Gehzeiten: Hipfelhütte – Grillitschhütte 2 Stunden; zum Koralpen-Schutzhaus 1½ Stunden; zur Hipfelhütte 50 Minuten; Abstieg vom Koralpenhaus nach St. Lorenzen 5 bis 6 Stunden; ins Drautal 1½ Stunden.

Unterkunft und Einkehr unterwegs: Gasthaus Hipfelhütte (25 Betten, ganzjährig bewirtschaftet); Grillitschhütte (privat, 20 Betten, von Mitte Mai bis Anfang Oktober bewirtschaftet); Koralpen-Schutzhaus (ÖAV, 75 Betten, von Mitte Mai bis Ende Oktober bewirtschaftet); Gasthaus Strohmeier in St. Lorenzen.

Sehens- und Wissenswertes: ● Renaissanceschloß Waldenstein mit romanischem Bergfried. ● Lavanttaler Heimathaus Deiser in St. Ulrich/Koralpe, Voranmeldung notwendig, Tel. (0 43 55) 20 96. ● Paier-Peter-Mühle in Rieding (jeden Donnerstag von 10 bis 19 Uhr zu besichtigen). ● Lavamund: Dreifaltigkeitskirche, geologischer Lehrpfad westlich des Ortes.

Auskunft: Siehe Tour 57.

Karten: Österreichische Karte 1 : 50 000, Blätter 188 Wolfsberg und 205 Sankt Paul im Lavanttal.

Wegvariante: Weinebene (Busverbindung von Wolfsberg) – Grillitschhütte, markiert, 1¼ Stunden. Von dort gelangt man auch über den Hauptkamm der Koralpe (Hühnerstützen und Großer Speikkogel) zum Koralpen-Schutzhaus, Steig 505, 2 Stunden. Von Wolfsberg oder St. Andrä ziehen markierte Steige zur Koralpe, jeweils ca. 5 Stunden.

60 Ins Kärntner Paradies

Über die sieben Berge von Griffen nach St. Paul

Tourencharakter: 1 bis 2 Tage, einfache, aber lange Wanderung auf guten Wald- und Feldwegen.
Ausrüstung: Bergwandermontur.
Beste Jahreszeit: Außer bei Schneelage immer begehbar.
Reine Gehzeit: Ca. 8 Stunden.
Markierung: Rot-weiß-rot.
Höhenunterschied: 600 m.

Das Kärntner Paradies wird das untere Lavanttal manchmal genannt. Kein Wunder, denn es präsentiert sich stellenweise wirklich wie ein einziger Blumen- und Obstgarten, in dem uralte Kirchen, Schlösser und Ruinen stehen. Ehrlicherweise muß man auch die lärmende Südautobahn dazunennen und den Smog der Kohlekraftwerke. Trotzdem hat, wie Humbert Fink einmal schrieb, die Fruchtbarkeit hier zur Zeit der Blüte etwas Berauschendes. Und: Die Obstgärten sind wie von einem tänzerischen Rhythmus bewegt. Das mit dem Berauschenden ist übrigens eine doppelte Wahrheit: Einst wurde hier sogar Wein angebaut. Und die Äpfel und Birnen werden nicht nur zu Apfelstrudel und Kompott verarbeitet, sondern auch zu Most vergoren. Wenn Sie die traditionelle »Landessäure« erstmals verkosten wollen, tun Sie's hier in einer der zahlreichen Buschenschanken – von allen Mostgegenden Österreichs hat das Lavanttal das südlichste Klima, und das schmeckt man durchaus.

Mitten in diesem Paradies liegt die »Schatzkammer Kärntens«, um die sogar die Bahn eine Ehrenrunde dreht: das Stift St. Paul mit seinen einzigartigen Kostbarkeiten. Die wehrhafte Klosteranlage um die romanische, in »spanischen« Barock umgebaute Basilika wird seit 800 Jahren von Benediktinern bewohnt und erhalten.

Hier ist auch der Ausgangspunkt für mehrere Mostland-Wanderwege, auf denen man sich den Durst für einen kühlen Trunk in wunderschöner Landschaft erarbeiten kann.

Gemütliche Jause wie man sie überall in Kärnten erleben kann (hier im Unteren Gailtal).

Er wird wohl nicht lang auf sich warten lassen, denn auch die kaum 900 Meter hohen Bergzwerge hier haben es in sich: Das ist ein nicht enden wollendes Auf und Ab vom Griffener Schloßberg über die sieben Hügel zwischen Drau und Granitzbach – aber auch ein sorgloses, beglückendes Dahinwandern durch Bauernwiesen und Märchenwälder, mit abwechselndem Karawanken-, Jauntal- und Koralmblick!

Der Wegverlauf

Wir starten unter dem Schloßberg von *Griffen* (484 m) und halten uns immer nach der Markierung 306. Zuerst marschieren wir dem *Wölfnitzbach* entlang nach *Poppendorf*. Ab hier steigt der Weg zum *Radinkreuz* an, zieht zum *Kollmannbach* hinunter und vom Gehöft *Weriant* wieder zur *Kapelle St. Nikolai am Weinberg* (680 m) hinauf. Bald mündet links der *Lavanttaler Höhenweg* ein; auf ihm geht es weiter zum *Gasthaus Kollmann* (691 m) an der Straße von Ruden nach St. Paul.

10 Minuten westlich davon zweigt bei einem Bildstock südlich die Zufahrtstraße zum Gehöft *Buchhiasl* ab. Anschließend kommen wir auf einem promenadenähnlichen Weg in den *Rieplsattel*, von wo ein Steig über den *Langen Berg* (784 m) und den *Zwölferkogel* (806 m) in den *Eisersattel* (676 m) führt. Bei der folgenden Wegteilung geht es links weiter; über den *Martinikogel* (841 m) und den kalkfelsigen *Kasparstein* (841 m; schöne Aussicht) kommen wir zum Sattel mit dem *Sternitzkreuz*. Hier biegen wir wieder links ab und erreichen über den *Johannesberg* (611 m) das Stift *St. Paul* (412 m).

Nützliche Informationen

Ausgangsort: Griffen.
Zielort: St. Paul im Lavanttal.
Anfahrt / Rückfahrt: Bus (Linie 5470, 5368).
Gehzeiten: Griffen – Gasthaus Kollmann 3 Stunden; bis St. Paul 5 bis 6 Stunden.
Unterkunft unterwegs: Gasthaus Kollmann.
Einkehr unterwegs: Gasthäuser im Bereich von St. Paul.
Sehens- und Wissenswertes: ● Griffen: Schloßberg mit Burgruine, 200 m lange Tropfsteinhöhle mit farbenprächtigen Sinterbildungen in der Nähe des Hauptplatzes, Prämonstratenserstift mit romanischer Pfeilerbasilika und Rokokoausstattung, alte Pfarrkirche. ● St. Paul: zweitürmige romanisch-frühgotische, barock umgebaute Pfeilerbasilika, Gruft der Kärntner Herzöge und 14 früher Habsburger, Bibliothek, bedeutende Kunstsammlungen, Stiftsmuseum, Lavanttaler Obstbaumuseum, historische Stiftsmühle, Chinesische Kunstsammlung im Sommerrefektorium, Lavantteich; Ausflugsfahrten mit dem »Mostland-Expreß«. ● Ruine Rabenstein. ● Originell ausgemalte Wallfahrtskirche Weinberg.
Auskunft: Ausstellungsbüro, A-9470 St. Paul/Lavanttal, Tel. (0 43 57) 20 19 22; siehe auch Tour 57.
Karten: Freytag & Berndt Wanderkarte 1:50000, WK 232 Völkermarkt – Klopeiner See – Turner See; Österreichische Karte 1:50000, Blätter 204 Völkermarkt und 205 Sankt Paul im Lavanttal.
Weitere Tourenvorschläge: Markierte Mostwanderwege führen von St. Paul ins Granitztal, auf den Josefsberg oder nach St. Georgen.

Südkärnten und Rosental

61 Wandern und wünschen

Rund um den Klopeiner See

Tourencharakter: Gemütliche Tageswanderung auf einfachen Waldwegen.
Ausrüstung: Wanderschuhe.
Beste Jahreszeit: Außer bei Schneelage immer begehbar.
Reine Gehzeit: Ca. 3 Stunden.
Markierung: Rote Tafeln mit Nummern.
Höhenunterschied: 600 m.

Wenn Sie auf einem Gasthaus »Gostice« lesen und sich trotzdem an keinen Grenzübergang erinnern können – dann sind Sie in Südkärnten. Hier, im Jaun- und Rosental an der Drau und in den Karawankentälern sprechen noch viele Menschen Slowenisch oder das »Windische«, eine Art Mischdialekt. Konfliktfrei war das Zusammenleben jedoch nicht immer: In den wirren Zeiten nach dem Ersten Weltkrieg besetzten jugoslawische Truppen Unterkärnten. 1919 eroberte die Kärntner Bürger- und Bauernmiliz Völkermarkt zurück, worauf die Jugoslawen die Draubrücke sprengten und die Stadt unter Artilleriebeschuß nahmen. Auch die Partisanenkämpfe auf den Bergen, die im Zweiten Weltkrieg eine blutige Wiederholung erfuhren, sind noch in schmerzhafter Erinnerung. Nach einem Jahr unter jugoslawischer Verwaltung kam es dann am 10. Oktober 1920 zu jener denkwürdigen Abstimmung, bei der

Nun wird es still am sonst so belebten Klopeiner

sich 59 Prozent der Bevölkerung – einschließlich der Kärntner Slowenen – für einen ungeteilten Verbleib bei Österreich aussprachen. Seit damals gibt es in Südkärnten zweisprachige Ortsnamen und slowenische Schulen, seit 1957 auch ein slowenisches Gymnasium in Klagenfurt. Hitzköpfe auf beiden Seiten schürten das Mißtrauen jedoch weiterhin; Grenzschikanen, vom Karawankenkamm verschleppte Wanderer oder der skurrile Ortstafelstreit taten das ihre dazu. Im Sommer 1991 wurde schließlich auf der anderen Seite der Grenze Krieg geführt, wobei mit dem neuen Nachbarstaat Slowenien auch eine Chance für eine ruhigere Zukunft entstand.

Den Klopeiner See genießen die Urlauberscharen jedenfalls schon seit Jahrzehnten in internationaler Eintracht. Einst hinterließen die Eiszeitgletscher hier viel größere Wasserflächen, die das Geschiebe der Zuflüsse und die verfilzende Vegetation jedoch still, aber stetig schrumpfen ließen. So erinnern die ausschweifenden Schilfgürtel am Turner-, Gösselsdorfer- und Kleinsee beinahe an den pannonischen Seewinkel, während das weite Sablatnigmoor eher an finnische Gefilde gemahnt. Da wie dort erfreut sich eine bunte, zum Teil seltene Pflanzen- und Tierwelt schützender Bestimmungen vor allzu intensiver touristischer Bedrängung.

Das hatten die prähistorischen Anrainer, von denen mittlerweile 39 Wohnterrassen auf dem Gracarca-Hügel ausgegraben wurde, wohl noch nicht nötig. Wo einst vielleicht schaurige Opferrituale zelebriert wurden, entstanden um das Jahr 1000 zwei kleine Kirchen. Die auf dem Georgsberg trägt – wohl als Reminiszenz an heidnische Kulte – sogar eine Wunschglocke. Damit Ihr Begehr in Erfüllung geht, muß sie mit einem Zug dreimal läuten; zu opfern braucht man aber nur mehr eine Spende für die Kirchenerhaltung.

Der Wegverlauf

Vom Ostufer des *Klopeiner Sees* (446 m) führen mehre markierte Wege (Waldlehrpfad am Nordhang der *Gracarca*; Nr. 8; Nr. 1 ab *Unterburg*; Fit-Parcours ab *Oberburg*) auf den *Georgiberg* (625 m) mit seiner Gipfelkir-

che. Ab hier wandern wir südwärts in den *Georgisattel* und nach Westen (2) auf die *Gracarca* (672 m). Aus dem Sattel vor dem Gipfel kommt man zur südlich darunter gelegenen *St.-Daniel-Kirche* (schöner Blick auf die Karawanken). Auf dem Weg 20 absteigend erreicht man dagegen die Straße zwischen Klopeiner und Turner See, von der wir auf dem Weg 5 durch den Wald zum *Kitzelsberg* (687 m; Sender) weitergehen. Auf der Route 14 gelangen wir zum Hoteldorf am Westufer des *Klopeiner Sees*.

Nützliche Informationen

Ausgangs- und Zielort: Klopeiner See.
Anfahrt / Rückfahrt: Bus (Linie 5410).
Gehzeiten: Klopeiner See – Georgiberg 45 Minuten bis 1 Stunde, über die Gracarca 1 Stunde, auf den Kitzelsberg und zum See 1 Stunde.
Einkehr unterwegs: Gasthäuser und Restaurants am See.
Sehens- und Wissenswertes: ● Völkermarkt: alte Handelsstadt mit schönen Biedermeierhäusern, spätgotische Hallenkirche St. Magdalena, Stadtturm mit Tor, romanische St. Ruprechtskirche, Bezirksheimatmuseum. ● Pilzmuseum und Moor bei Watzelsdorf. ● Pfarrkirche St. Margarethen ob Töllerberg mit eigenartig gedrehtem Turmdach. ● St. Peter bei Grafenstein (Fresken, u. a. »Himmlisches Jerusalem«). ● Gracarca-Museum und Oldtimer-Sammlung in Unterburg bei St. Kanzian. ● Vogelpark in St. Primus am Turner See. ● Wehrkirche und von zeitgenössischen Künstlern gestalteter Kreuzweg in Stein/Jauntal.
Auskunft: Tourismusverband, A-9122 St. Kanzian/Klopeiner See, Tel. (0 42 39) 22 22 oder 23 36.
Karte: Freytag & Berndt Wanderkarte 1:50 000, WK 232 Völkermarkt – Klopeiner See – Turner See.
Weiterer Tourenvorschlag: Von Wildenstein bei Gallizien zum Wildensteiner Wasserfall, Weg 608, 2 Stunden hin und retour.

Das St.-Georgs-Kirchlein mit der Wunschglocke – ein stimmungsvolles Wanderziel über dem Klopeiner See.

62 Auf Schleichwegen zur Bergherrin

Globasnitz – Petzen – Feistritz

Tourencharakter: Anstrengende Tagestour auf guten, aber teilweise sehr steilen Steigen (nicht bei Nebel gehen).
Ausrüstung: Bergwandermontur.
Beste Jahreszeit: Juni bis Oktober.
Reine Gehzeit: Ohne Seilbahn 8 bis 9 Stunden.
Markierung: Rot-weiß-rot.
Höhenunterschied: 1600 m.

Man könnte sich's ja leicht machen und mit der neuen Seilbahn auf die Petzen fahren. Ungleich anstrengender sind da die steilen und wasserlosen »Schleichwege«, auf denen man sich den kompletten Höhenunterschied von gut 1600 Höhenmetern erschwitzen muß. Aber sie vermitteln dafür den ungeschmälerten Reiz dieses Bergungeheuers an der Grenze: von den einschichtigen Dörfern, in deren »Saugartelen« die Zwetschgenbäume stehen, durch den dichten Mischwaldpelz bis zu seinem karstigen Latschen- und Wiesenkamm, der auch felsige Zähne zeigt. Sprachforscher sind der Meinung, die Petzen trage den althochdeutschen Frauennamen Petza. Das war im mittelalterlichen Dämonenglauben die wilde Perhta oder Percht, die Bergherrin und Anführerin des Totenheeres. Die Slowenen beiderseits der Petzen sind außerdem überzeugt, daß im Bergesinneren der Ungarnkönig Matthias Corvinus mit seinen Heerscharen auf die

Auf dem Rücken des Riesenberges: Unterwegs über die Petzen.

letzte Schlacht wartet. Ähnliche Legenden umranken ja auch den Salzburger Untersberg, den Dobratsch oder den nahen Hochstuhl. Gefunden hat man im Berg jedoch Erz und Blei; im slowenischen Mießtal (Meziska dolina) läuft der Hüttenbetrieb immer noch. Gefunden hat man auch drei Marmorsäulen der versunkenen Römerstadt Iuenna, nach der das Jauntal bis heute benannt ist, oder die Spuren keltischer Kulte und der ersten Christen auf dem Hemmaberg, mit denen sich der mythische Kreis um die Petzen schließt.

Der Wegverlauf

Von *Globasnitz* (541 m) wandern wir zunächst auf der Straße Richtung Luschasattel südwärts bis zum Haus Nr. 75. Hier zweigt man bei einer kleinen Brücke links ab (Wegweiser »Petzen«), wandert nach der Markierung 640 auf einen Hohlweg durch den Wald der *Jelen-Höhe* und erreicht auf einem Serpentinenweg die *Wackendorfer Alm* (1568 m). Ab hier bieten sich zwei markierte Steige an, die auf dem Latschenhang unterhalb der *Wackendorfer Spitze* (2074 m) wieder zusammentreffen. Über den verkarsteten

Rücken erreicht man die nahe *Feistritzer Spitze* (Hochpetzen, 2114 m). Auf dem Gratsteig 603 geht es über den *Kirschakarkopf* (Grenze) und den *Knieps* (2110 m) zum *Kniepssattel* (2034 m) weiter. Ab hier könnte man auf slowenischem Gebiet zum höchsten Punkt der Petzen, dem *Kordeschkopf* (Kordeževa glava, 2126 m) gehen. Der Steig 603 zieht dagegen aus dem Sattel nach Norden – vorbei an einem Skilift – zum *Berggasthaus Siebenhütten* (1622 m).

Wer sich den folgenden, sehr steilen und im Kalkschutt rutschigen Abstieg ersparen möchte, kann von hier mit der Bergbahn ins Tal fahren. Per pedes folgen wir dem Steig 603, der westlich ins *Obere* und dann nach Norden durch das *Untere Krischakar* zur *Schmelz* am Fuß der Petzen führt (Zugang von der Seilbahn-Talstation beim Familienhotel *Petzenkönig*). Auf der Straße erreichen wir bald *Feistritz ob Bleiburg* (586 m).

Nützliche Informationen

Ausgangsort: Globasnitz.
Zielort: Feistritz ob Bleiburg.
Anfahrt / Rückfahrt: Bus (Linie 5420).

Gehzeiten: Globasnitz – Feistritzer Spitze 4 Stunden, Abstieg zum Berggasthaus Siebenhütten 1½ Stunden (Abstecher zum Kordeschkopf und retour zusätzlich 1½ Stunden), nach Feistritz 2½ Stunden.

Einkehr unterwegs: Berggasthaus Siebenhütten (im Sommer bewirtschaftet).

Sehens- und Wissenswertes: ● Globasnitz: römische Säulen, Antikenmuseum, Schloß Elberstein. ● Freilichtmuseum und Rosaliengrotte (»Wallfahrtshöhle« mit natürlichem Lichtschacht) am Hemmaberg (843 m). ● Chorherrnstift und späteres Jesuitenkloster Eberndorf. ● Schloß und Ruine Sonnegg. ● Sommerrodelbahn am Kolmberg. ● Pirkdorfer See bei Feistritz. ● Bleiburg: gotische Pfarrkirche St. Peter und Paul, Renaissanceschloß und Turm der alten Burg, Werner Berg-Galerie.

Wichtig: Reisepaß mitnehmen!

Auskunft: Verkehrsamt, A-9150 Bleiburg, Tel. (0 42 35) 21 10.

Karte: Freytag & Berndt Wanderkarte 1:50000, WK 232 Völkermarkt – Klopeiner See – Turner See.

Wegvariante: Feistritzer Spitze – Oberes Krischakar (Steig 603 A).

Weitere Tourenvorschläge: Von Bleiburg auf den Libitsch (630 m; ½ Stunde) oder auf dem Globatschweg (603) auf den Kömmelgupf (1065 m; 2 Stunden).

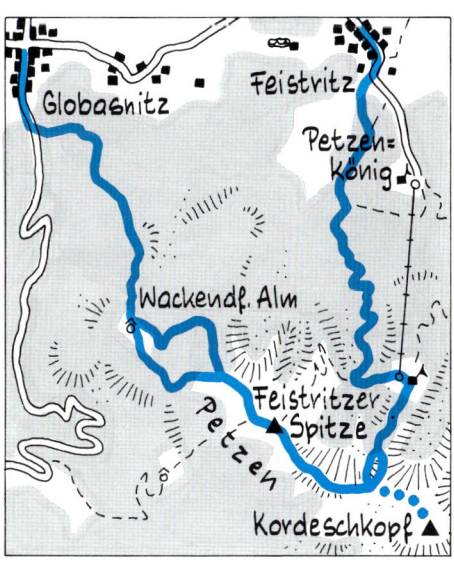

63 Die Tore zum Himmel

Entdeckungen in den Waldbergen rund um Eisenkappel

Tourencharakter: Zwei Tagestouren auf stellenweise sehr steilen Bergsteigen mit kurzen gesicherten Passagen (Trittsicherheit und Schwindelfreiheit nötig). Bei Nässe und Schneelage gefährlich!

Ausrüstung: Bergwandermontur.

Beste Jahreszeit: Juni bis Oktober (bei großer Hitze nicht ratsam).

Reine Gehzeit: 5 bis 6 bzw. 4 bis 5 Stunden.

Markierung: Rot-weiß-rot.

Höhenunterschied: Jeweils 1000 m.

Uschowa – das klingt nach Macht und Mystik. Obwohl sich der langgezogene, rund 1900 Meter hohe Kalkklotz bei Eisenkappel dann doch nur mit »Erlberg« übersetzen läßt, birgt er trotzdem Unglaubliches: Die durch prähistorische Funde berühmt gewordene Potočnikhöhle auf der slowenischen Seite und die Felsentore über dem kärntnerischen Remschenigtal. Atemberaubend ist schon der Zustieg dorthin – der Schottergraben unter den Riesenlöchern stellt sicher alles, was Sie bisher unter dem Motto »Ein Schritt hinauf, zwei zurück« kannten, in den Schatten. Die Schinderei zahlt sich aber aus: Unvermittelt gähnt das untere der drei Portale, gewaltige 20 Meter hoch, im pittoresk zerfressenen Westgrat der Uschowa. Seine Durch- und Überschreitung bietet sogar eine kribbelige Klettersteig-Einlage. Dann stehen Sie vor dem obersten, noch gewaltigeren Felsfenster, ahnen den jähen Wandabbruch dahinter – und schauen direkt in den Himmel.

Die Waldberge darunter sind ein geologisches Unikum: Sie bestehen bunt durcheinander aus Granit, Gneis, Schiefer, alten und jungen Kalken – und das auf engstem Raum. Die Ebriachklamm westlich von Eisenkappel durchbricht zum Beispiel einen Streifen vulkanischen Diabas-Gesteins, während sich die benachbarte Trögerner Klamm drei Kilometer lang durch Dolomit zwängt. Zwischen auspolierten Kolken und latschengekrönten

Schier urgewaltig erscheinen die Felstore im Grat der Uschowa – der Weg dorthin hat's in sich, aber er zahlt sich aus (Tour 63)!

Ein Stück von den Steiner Alpen blieb österreichisch: Die Vellacher Kotschna (Tour 64).

Felstürmen führt hier seit 1925 eine Straße ins Einschichtdorf Trögern, das zuvor nur vom slowenischen Seeland aus zugänglich war. Recht einsam steht auch die St. Leonhard-Kirche am Grenzkamm – umspannt von einer Eisenkette, die als Zeichen dieses Heiligen gilt. Im Vellachtal, am Weg zum Seebergsattel, hat wiederum ein gewisser Primus Haberl anno 1861 einen 12 Meter hohen, seltsam berührenden Christophorus auf eine Felswand gemalt.

900 Meter weiter oben bietet sich unter dem Gipfelkreuz auf dem Kärntner Storschitz der beste Überblick über das geheimnisvolle Gemugel – und über ein 360-Grad-Panorama, das man dem zwar breitfelsigen, ansonsten aber dicht bewaldeten Berggupf nie zutrauen würde: Triglav und Steiner Alpen, die Koschuta und der Hochobir »von hinten« als Wiesenhänge, die Lavanttaler Berge, hinter den Nockbergen ein paar Zacken der Schladminger Tauern und in der Ferne sogar Hochalmspitze und Großglockner.

Der Wegverlauf

a) Uschowa-Felstore: 2 km südlich von *Eisenkappel* (555 m) mündet von Osten der *Remscheniggraben* ein (Bushaltestelle). Auf seiner vorerst noch asphaltierten Straße (12/ 652) wandern wir 2 km zum Gasthaus *Kupitz* und weiter nach *St. Margarethen* (926 m; Kirche oberhalb des Tals; Wegtafel »Felstore«). Auf der Forststraße und einem Hohlweg gehen wir dem Bach entlang, übersetzen ihn bei der nicht mehr existierenden *Lipuschmühle* und steigen links auf einem steilen Waldpfad an. Bald erreichen wir einen flacheren Jagdsteig, der rechts (nach Südwesten) durch die felsige Waldflanke bis zu einem steilen, von hohen Wänden eingefaßten Graben hinaufquert. Achtung: Hier weist die Markierung scharf nach links. Durch den schottrigen und erdigen Steilgraben schinden wir uns zu den drei *Uschowa-Felstoren* (1410–1470 m; Sicherungen) hinauf.

Unterhalb der Tore zieht der markierte Steig im sanfteren Auf und Ab nach Südwesten zum bewaldeten Grenzsattel und zum *Heiligengeistgatter* (1466 m) hinüber. Rechtshaltend wandern wir zur *St.-Leonhard-Kirche* (1334 m) hinab, von der wir

nach Nordwesten über den *Schelesnigsattel* (1137 m) zum *Tomaschitzbach* und durch die romantische *Kupitzklamm* wieder in den *Remscheniggraben* kommen.

b) Kärntner Storschitz: Vom nördlichen Ortsende von *Bad Vellach* (844 m) wandern wir westwärts auf einem steilen Fahrweg (626) in Kehren zur *Pasterkhube* hinauf. Ab hier führt ein Waldsteig zu einer Almwiese (ehemaliges Gehöft *Kepp*; 1633 m), von wo der *Kärntner Storschitz* (1759 m) über einen Latschenhang leicht erreichbar ist. Einen längeren, aber spannenderen Aufstieg vermittelt der teilweise gesicherte *Krainersteig*. Dazu wandern wir vom *Pasterksattel* – vorerst etwas absteigend – auf dem Steig 608 nach Süden zur *Luisenhütte*, dort rechts durch steile Waldhänge, Geröll und Schrofen (Drahtseile) ins *Türl* (1670 m; Sattel an der Grenze) und zuletzt über den latschenbewachsenen Südgrat zum Gipfel hinauf. Der Abstieg erfolgt über den *Pasterksattel* nach *Bad Vellach*.

Nützliche Informationen

Ausgangs- und Zielorte: Die Bushaltestellen bei der Mündung des Remscheniggrabens bzw. in Bad Vellach.
Anfahrt / Rückfahrt: Bus (Linie 5416).
Gehzeiten: a) Abzweigung Remscheniggraben – St. Margarethen 1½ Stunden, zu den Felstoren 2 Stunden, über St. Leonhard und Kupitz zum Ausgangspunkt 2 bis 3 Stunden. b) Bad Vellach – Kärntner Storschitz 2½ Stunden (auf dem Krainersteig 1 Stunde länger), Abstieg 1½ Stunden.
Wichtig: Reisepaß mitnehmen!
Sehens- und Wissenswertes: ● Eisenkappel: spätgotische Pfarrkirche, Wallfahrtskirche Maria Dorn, Renaissanceschloß Hagenegg, Ruine der Türkenschanze und des Vellacher Hammers, »Kircherltragen« zu Maria Lichtmeß zur Abwendung von Hochwasser.
Auskunft: Verkehrsamt, A-9135 Eisenkappel, Tel. (0 42 38) 83 74.
Karten: Freytag & Berndt Wanderkarte 1:50000, WK 232 Völkermarkt – Klopeiner See – Turner See und WK 471 Steiner / Sanntaler Alpen.
Weiterer Tourenvorschlag: Oistra (1577 m), von Eisenkappel auf dem Weg 671, 3 Stunden).

64 Österreichs Südkap

Durch die Vellacher Kotschna in die Steiner Alpen

Tourencharakter: 1 Tag; großartige, aber anstrengende Bergtour auf gutem, teilweise gesichertem Steig.
Ausrüstung: Bergwandermontur.
Beste Jahreszeit: Juni bis Oktober.
Reine Gehzeit: 8 bis 9 Stunden.
Markierung: Rot-weiß-rot.
Höhenunterschied: 1300 m.

Preisfrage: Welcher Teil Österreichs liegt so weit im Süden wie der Kalterer See? Die Vellacher Kotschna – aber diese Antwort wird das verzweifelte Kartenstudium vielleicht auch nicht beenden. Fündig werden Sie an der Straßenlinie Völkermarkt – Kranj (Krain), gleich neben dem Grenzübergang am 1215 Meter hohen Seebergsattel.

Als Kočna bezeichnen die Slowenen eine Ansammlung von Hütten. Vielleicht stand einmal eine Alm im Ursprungskessel der Vellach, der auf drei Seiten von faltigen Felsmauern und wulstigen Waldhängen umfaßt wird und unter Naturschutz steht. Darüber stehen Grenzgipfel mit so exotischen Namen wie Kopa (1960 m), Krnicka gora (2061 m), Mrzla gora (Kaltenberg, 2203 m), Baba (Frauenberg, 2127 m) und Goli vrh (1788 m); aus dem Nachbarland leuchten Rinka (2453 m) und Skuta (2532 m) herüber. Französische Besatzungsoffiziere aus Napoleons Armee haben diese Bergarena mit dem berühmten Cirque de Gavarnie in den Pyrenäen verglichen; der Grazer Bergsteiger Robert Hüttig nannte sie treffend das »Südkap Österreichs«. Damit besitzt auch Kärnten einen kleinen Zipfel der wilden und verkarsteten Steiner oder Sanntaler Alpen, die südlich der Karawanken über dem ehemaligen Kronland Krain aufragen.

Der Wegverlauf

Von *Bad Vellach* (844 m) wandern wir ein kurzes Stück auf der *Seebergstraße* nach Süden. In der ersten Rechtskehre zweigen wir jedoch links auf die Schotterstraße ab, die 3,5 km weit der Vellach entlang in die Kotschna führt (Schranken). Im Talschluß (1000 m) beginnt ein markierter Steig, der mit Hilfe einiger Drahtseile eine Felsstufe überwindet. Zwischen Lärchen und Latschen geht es weiter zu einer an einen Felsblock gebauten Jagdhütte (letztes Wasser) und durch eine Schlucht in den *Sanntaler Sattel* (1999 m). Von hier aus erreicht man in Kürze den *Vellacher Kopf* (2150 m) oder den *Seeländer Sattel* (2034 m). Der Abstieg erfolgt auf der gleichen Route.

Nützliche Informationen

Ausgangs- und Zielort: Bad Vellach.
Anfahrt / Rückfahrt: Bus (Linie 5416).
Gehzeiten: Bad Vellach – Kotschna 1½ Stunden; auf den Seeländer Sattel 3½ Stunden, Abstieg 3½ Stunden.
Wichtig: Reisepaß mitnehmen!
Auskunft: Siehe Tour 63.
Karte: Freytag & Berndt Wanderkarte 1:50000, WK 471 Steiner / Sanntaler Alpen.
Anschlußtouren: Kaltenberg (Mrzla gora, 2203 m), vom Sanntaler Sattel auf slowenischem Gebiet über Mrzli dol, Klettersteig, nur für Geübte, 2 Stunden; Frauenberg (Baba, 2127 m), vom Seeländer Sattel, markiert, 1 Stunde, nur für Geübte.
Weiterer Tourenvorschlag: Goli vrh (1788 m), von der Schranke in der Kotschna über die Jenkalm, markiert, 2½ Stunden.

Die Ruine des Rainerhauses erinnert noch an den Bergbau auf dem Hochobir. Über dem Kärntner Storschitz und dem Jäger Grintouz sind die wolkenverhangenen Steiner Alpen in Slowenien zu sehen.

Wunderwelt im Bergesinneren:
Die Obir-Tropfsteinhöhlen.

65 Drunter und drüber

Von Höhlen, Hütten und Höhenwegen am Hochobir

Tourencharakter: 2 Tage; herrliche Bergtour auf guten, aber teilweise steilen Wald- und Almsteigen.
Ausrüstung: Bergwandermontur.
Beste Jahreszeit: Juni bis Oktober.
Reine Gehzeit: Insgesamt 8 Stunden.
Markierung: Rot-weiß-rot.
Höhenunterschied: 1500 m Anstieg, 1700 m Abstieg.

Obir – den Riesen – nannten ihn die Slowenen, und Ojstrc seinen höchsten Gipfel: Als weitausladender, allseits durch Täler isolierter Gebirgsstock steht er 1700 Meter über der Drau, sozusagen in der ersten Reihe vor dem Grenzzaun der Karawanken; die Sicht vom Gipfel reicht über fast ganz Kärnten. Schon vor 900 Jahren tummelten sich Menschen am Obir – aber nicht zum Freizeitvergügen, sondern um die Almen zu bewirtschaften und Blei aus seinem seltsam gebänderten Kalkkörper zu schürfen. 1870 schnitten die Knappen beim Stollenvortrieb eine natürlich entstandene Höhle an – und fanden eine Wunderwelt voll bunter Tropfsteine, bizarre Sintergebilde und einen phantastischen See, in

dem sich Dutzende Stalagtiten spiegeln. Seit 1988 ist das unterirdische Zauberreich mit multimedialen Licht- und Toneffekten als Schauhöhle erschlossen.

Auch unter den beiden Kreuzen auf dem Hochobir lenken heute noch Auswurfhalden und verfallene Bergwerke die Blicke auf sich, ebenso wie die Ruine des Rainer-Schutzhauses, das zuvor als Bergwerksgebäude gedient hatte und 1945 als Luftnachrichten-Stützpunkt der deutschen Wehrmacht abbrannte. Damals stand sogar eine meteorologische Station, die Hann-Warte, auf dem Gipfel. Dafür ist die trauliche Eisenkappler Hütte auf der Seealm heute sogar per Auto erreichbar, so daß an schönen Sommertagen manchmal ganze Karawanen von Gleichgesinnten bergwärts ziehen. Doch keine Angst: Die hier vorgeschlagene Route berührt den gelegentlichen Auftrieb nur ganz oben – der Rest ist Schweigen im Walde.

Der Wegverlauf

Von *Eisenkappel* (655 m) wandern wir auf der Ebriacher Landesstraße westwärts über die *Vellach* und rechts zu einem Holzlagerplatz. Hier zieht der *Pruggersteig* (603) links in den Wald, vorbei am *Terplakbauern* (904 m) und der *Agnesquelle*, auf die Höhe des *Jovanberges* (1499 m) hinauf. Über den *Potschulasattel* (1461 m, Kapelle) kommt man bald zur *Eisenkappler Hütte* (1555 m). Der breite Gipfelweg durch die »Mondkra-

ter-Landschaft« der alten Bleibergwerke auf den *Hochobir* (2142 m) ist kaum zu verfehlen.

Im Abstieg gehen wir bis zur *Eisenkappler Hütte* zurück, wenden uns kurz davor jedoch auf dem Steig 608 nach Norden, steigen steil zur nächsten Wegteilung und von dort links zur *Hofmannsalm* ab. Nun folgen wir nach der Markierung 608 dem *Wildensteiner Bach*, bis er am Fuß des Obir-Massivs über einen 52 m hohen Wasserfall stürzt. Zuletzt leitet uns eine Straße nach *Wildenstein* (460 m).

Nützliche Informationen

Ausgangsort: Eisenkappel.
Zielort: Wildenstein bei Gallizien.
Anfahrt / Rückfahrt: Bus (Linien 5356, 5416).
Gehzeiten: Eisenkappel – Eisenkappler Hütte 3 Stunden, auf den Hochobir 1 1/2 Stunden; Abstieg Gipfel – Eisenkappler Hütte 1 Stunde, Eisenkappler Hütte – Wildenstein 2 bis 2 1/2 Stunden.
Unterkunft unterwegs: Eisenkappler Hütte (ÖTK, 14 Betten, 16 Lager, bewirtschaftet von Anfang Mai bis Ende Oktober, ansonsten bei Schönwetter an Wochenenden).
Sehens- und Wissenswertes: ● Obir-Tropfsteinhöhle (Besichtigung im Rahmen von Führungen von Anfang April bis Ende Oktober), Buszufahrt ab Kartenbüro am Hauptplatz Eisenkappel.

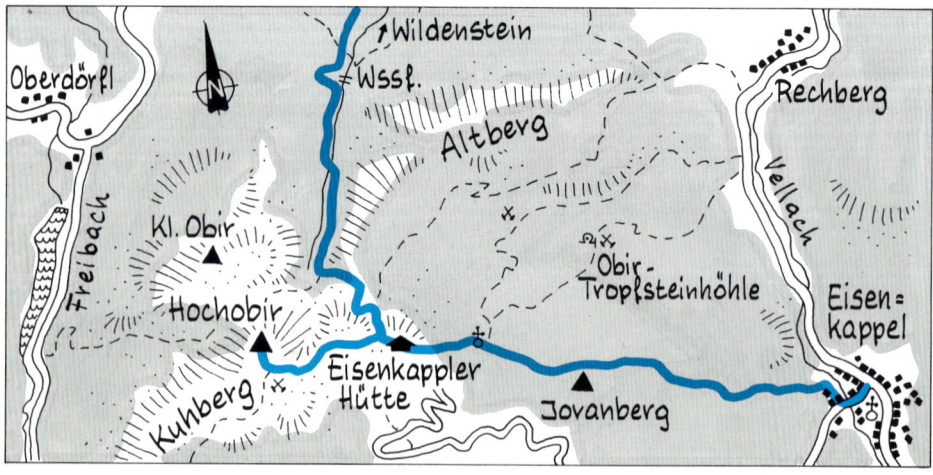

Auskunft: Siehe Tour 63.
Karte: Freytag & Berndt Wanderkarte
1:50 000, WK 232 Völkermarkt – Klopeiner
See – Turner See.
Wegvariante: Sehr lohnend ist auch der
Simon-Rieger-Steig vom Terklbauer bei Zell-
Schaida auf den Hochobir (623, 3½ Stun-
den).
Anschlußtour: Von der Hofmannsalm auf
den Kleinen Obir (1948 m), weglos, aber
leicht, 1½ Stunden.

66 Die große Mauer der Karawanken

Unter den Wänden der Koschuta

Tourencharakter: 1 bis 1½ Tage; pracht-
voller Höhenweg vor hochalpiner Kulis-
se, jedoch mit sehr steilem Zu- und Ab-
stieg (Trittsicherheit notwendig, Vorsicht
bei Altschneefeldern).
Ausrüstung: Bergwandermontur.
Beste Jahreszeit: Juni bis Oktober.
Markierung: Rot-weiß-rot.
Reine Gehzeit: 6 Stunden.
Höhenunterschied: 900 m.

Wenn Sie jemandem den Begriff »Kettenge-
birge« erklären wollen: Die 14 Zweitausender der Koschuta sind eines. Gut zehn Kilometer weit, von der Loibler Baba bis zur
(wirklich sehr) Dicken Koschuta, entrollen
sie eine von Schluchten gegliederte, ansonsten aber durchgehende und sauber waagrecht gebänderte Nordwandkulisse. Die beiden Hainschtürme (2092 m) zeigen mit ihrem 900-Meter-Absturz die gewaltigste
Wandbildung der ganzen Karawanken, während einige grazile Steintürme und Felsna-
deln der Schwerkraft hohnzulachen scheinen. Steil, aber vergleichsweise harmlos da-
chen schließlich die Grashänge der slowenischen Südseite ab; durch die zerschründete
Skrbina-Scharte wurden früher sogar Schafe
hinübergetrieben. Vielleicht hat diese grüne
Seite des Gebirges etwas mit seinem Namen
zu tun – ins Deutsche übersetzt, ist die Koschuta nämlich eine »Hirschkuh«.

Eher wie der Ochs vorm Tor steht man vor
den überquellenden Schutthalden, die bis
zum Einstieg der 150 Nordwand-Kletterrou-
ten einige Mühsal versprechen. Auf die drei
höchsten Gipfel – Veliki vrh (Hochturm,
2088 m), Breitwand (2132 m) und Koschutnikturm (2136 m) – führen sogar gesicherte
Klettersteige hinauf. Ohne Steinschlaghelm
und komplette Klettersteigsicherung sollte
man sie jedoch lieber nicht versuchen. Viel
sicherer ist da die große Steig-Transversale,
die sozusagen im mittleren Stockwerk dem
Wandfuß entlangführt. Geschenkt kriegt man
dieses einmalige Landschaftserlebnis zwar
auch nicht, aber allein die bizarr gezackte

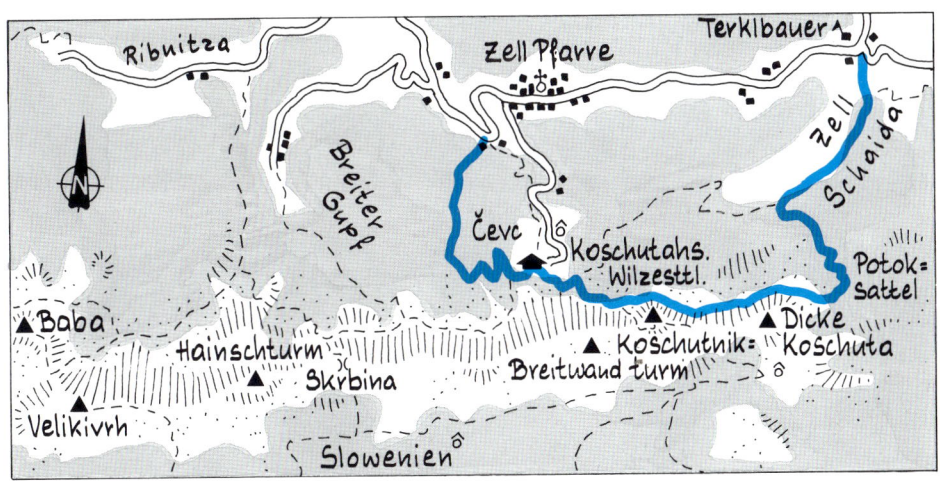

Mondlandschaft am Wilzesattel, zu Füßen des hervorgerückten, beinahe gotisch aufstrebenden Koschutnikturms, ist ein paar schweißgetränkte Taschentücher wert!

Der Wegverlauf

Von der *Ridoutzsäge* an der scharfen Straßenkurve zwischen *Zell-Mitterwinkel* und *Zell-Pfarre* wandern wir auf der Forststraße mit der Markierung 646 nach Süden, dem *Malivod (Bösen Bach)* entlang, in die *Huda jama (Böser Graben)*. Von der Brücke im Talschluß (1041 m) führt dann links ein Steig in Kehren durch den Wald in den *Čevc-Sattel* (Tschäutzsattel, 1410 m), von wo wir in 10 Minuten das *Koschutahaus* (1280 m) erreichen.

Nun geht es auf dem *Südalpen-Weitwanderweg* 603 nach Osten durch Wald und Latschen zum *Mejniksattel* (1484 m) hinauf. Hier zweigt der »*Koschuta-Karweg*« 642 rechts ab. Er steigt sehr steil und rutschig zu den Schuttfeldern unter der *Breitwand* (2124 m) und dann in angenehmerer Steigung nach Osten zum *Wilzesattel* (1750 m) an. Die Scharte trennt den wildgezackten Kamm der *Wilze* (1799 m) von den prachtvollen Felsfluchten des *Koschutnikturms* (2136 m). Über Felsbänder und Schutt quert der Steig nun fast eben durch das Kar zum Felsfuß der *Dicken Koschuta (Tolsta Košuta, 2059 m)* hinüber. Zuletzt geht es links über einen Buchenwald-Rücken zum *Potoksattel* (1411 m) und links in vielen steilen Serpentinen durch einen Waldgraben ins *Freibachtal* hinunter. Auf der Forststraße treffen wir wieder auf den *Südalpenweg* 603, dem wir nach rechts bis zum Gasthaus *Terklbauer* (859 m) in *Zell-Freibach* folgen.

Nützliche Informationen

Ausgangsort: Zell-Mitterwinkel, Bushaltestelle Ridoutzsäge.
Zielort: Zell-Freibach, Gasthaus Terklbauer.
Anfahrt / Rückfahrt: Bus (Linie 5336).
Gehzeiten: Ridoutzsäge – Koschutahaus 2 Stunden, über den Wilzesattel zum Gasthaus Terklbauer 4 Stunden.
Unterkunft unterwegs: Koschutahaus (TVN, 36 Betten, 24 Lager, bewirtschaftet von An-

fang Mai bis Mitte Oktober, PKW-Zufahrt).
Sehens- und Wissenswertes: ● Pfarrkirche (15. Jh.) und moderne Kirche in Zell-Pfarre (Sele Fara).
Auskunft: Gemeindeamt, A-9170 Zell-Pfarre.
Karte: Freytag & Berndt Wanderkarte 1:50000, WK 234 Klopeiner See – Rosental – Klagenfurt.

Anschlußtour: Koschutnikturm (2136 m), gesicherter Klettersteig vom Karweg, 1½ Stunden, große Steinschlaggefahr, nur für sehr Geübte mit kompletter Klettersteigausrüstung.

Wegvarianten: Der Koschuta-Karweg hat auch eine westliche Steigvariante, die jedoch schwieriger, mühsamer und teilweise unmarkiert ist (Ribnitza- und Hainischgraben – Kar-

Über den Wiesen von Zell-Pfarre streckt sich der Koschutnikturm in voller Schönheit in die Höhe.

steig oberhalb des Pischenzasattels vorbei – Čevc-Sattel – Koschutahaus), 5 Stunden, teilweise brüchiges Gestein und schlechte Sicherungen, nur für Geübte.

Der Höhenweg unter der Koschuta gibt ein 180-Grad-Blickfeld in die benachbarten Karawanken frei – hier nach Westen zum Hochstuhl.

67 Berge für Senkrechtstarter

Freiberg und Ferlacher Horn

Tourencharakter: Zwei Tagestouren auf guten, aber teilweise sehr steilen Bergsteigen.
Ausrüstung: Bergwandermontur.
Beste Jahreszeit: Mai bis November.
Markierung: Rot-weiß-rot.
Reine Gehzeit: 5 bzw. 6 Stunden.
Höhenunterschied: 1000 bzw. 1400 m.

Auch Monarchen tun sich manchmal schwer: Als Kaiser Karl VI. anno 1728 nach Triest ritt, geruhte er, sich unterhalb des Loiblpasses nach den Lebensverhältnissen der Einheimischen zu erkundigten. Da die Menschen in den Karawankentälern damals alle Slowenisch sprachen und der hohe Herr keinen Dolmetscher bei sich hatte, wollte jedoch keine rechte Unterhaltung aufkommen. Erst der Tavernenwirt Peter Tschauko verstand das durchlauchtigste Begehr. Als Dank adelte ihn der Kaiser für alle Zeiten zum »Deutschen Peter«. Und so heißt sein Gasthaus im Loibltal noch immer.

In der benachbarten Gemeinde Zell, deren Weiler in den Gräben vor der Koschuta liegen, leben bis heute fast ausschließlich Kärntner mit slowenischer Muttersprache. Daher erhielten auch die nördlich vorgelagerten Karawankenberge so fremd klingende Namen wie Setiče (Freiberg) oder Gerloutz (Ferlacher Horn). Obwohl nur zwischen 1600 und 1900 Meter hoch, sind das recht rauhe Gesellen: Das weithin sichtbare Ferlacher Horn schaut aus, als hätte man es mit dem Messer aus der Karawankenmasse geschnitzt; es ist mit Steilabbrüchen versehen, die keine Wände sind, sondern furchtbare, von der Erosion geschürfte Wunden. Dazwischen verzweigt sich ein Spinnwebennetz von selten steilen Pirsch- und Holzknechtsteigen im Urwald. Ganz hervorragend fürs Konditionstraining eignet sich zum Beispiel der »Raketensteig« mit seiner verblüffenden Aussicht auf die Büchsenmacherstadt Ferlach, in der einst die Gewehre der K.u.k.-Armee hergestellt wurden und deren Schießstände noch heute manchmal eine krachende Knallkulisse liefern. Etwas sanfter und viel stiller gestaltet sich eine Wanderung auf den Freiberg, der oberhalb von Zell-Pfarre (Sele Fara) ein eifersüchtig gehegtes Gamsrevier überragt. Von seinem Panoramagipfel – das Schaustück ist die gegenüber aufgereihte Koschuta – starten gerne die Paragleiter. Auch dazwischen gäbe es einige Überraschungen zu entdecken – etwa die verschwiegene Almwiese am Jauernik, die Reste von Holzriesen und Schmelzöfen in seinen Gräben, die weit ins Land lugende Annakapelle auf der Matzen oder der »Eiskeller« an ihrem Fuß, wo aus unerforschlichen Felsspalten so kalte Luft weht, daß der Boden rundum gefriert…

Der Wegverlauf

a) Freiberg (Setiče): Von den *Zollhäusern* oder vom *Forsthaus* in *Zell-Pfarre* (948 m) wandern wir nach der Markierung 603 nach Norden auf den bewaldeten *Hundsrücken*, dessen Höhe wir beim *Uschnikkreuz* (1300 m) erreichen. Hier zweigen wir rechts auf den Steig 631 ab, der uns an der *Nikolaus-Jagdhütte* vorbei, durch eine steile Grasrinne und zuletzt auf dem schütter bewachsenen Gipfelgrat auf die *Setiče* (1923 m) leitet. Der Abstieg erfolgt auf der gleichen Route.

b) Ferlacher Horn (Gerloutz): Vom *Bahnhof Ferlach* (466 m) wandern wir nach Süden

zum *Schaidabauern* (540 m). Auf einem breiten Weg kommen wir bald auf ein kleines Waldplateau. Hier zweigt rechts der *Raketensteig* 659 ab, der zuerst durch steilen Buchenwald, dann extrem steil neben den Felsabbrüchen des *Sechters* und den *Gablerfelsen*, zuletzt in weiteren und milderen Kehren westlich um den (verwachsenen) *Sechter* (1449 m) herum ansteigt. Nach dem *Sechtersattel* (1364 m) wechseln wir in den teilweise felsigen Osthang über, durch den wir mit geringer Steigung zur Einmündung des *Südalpen-Weitwanderweges* 603 (Karawankenwanderweg) kommen. Auf diesem steigen wir rechts auf dem Südostkamm – erst durch Wald, dann auf Almwiesen – auf den Gipfel (1840 m).

Im Abstieg folgen wir dem *Südalpenweg* 603 über den Westkamm, durch einen Waldgraben und zuletzt dem *Eselbach* entlang zum Gasthaus *Deutscher Peter* (702 m; Bushaltestelle) an der Loiblpaß-Straße.

Nützliche Informationen

Ausgangsorte: Zell-Pfarre bzw. Ferlach.
Zielort: Ferlach bzw. Gasthaus Deutscher Peter an der Loiblpaßstraße.
Anfahrt/Rückfahrt: Bus (Linien 5334, 5336).
Gehzeiten: a) Zell-Pfarre – Setiče (Freiberg) 3 Stunden (Abstieg 2 Stunden); b) Ferlach – Ferlacher Horn (Gerloutz) 4 Stunden, Abstieg zum Deutschen Peter 2 Stunden.
Sehens- und Wissenswertes: ● Ferlach: Büchsenmachermuseum, Museum für Technik und Verkehr, Rosentaler Dampfbummelzüge, Badesee. ● Alter Eisenhammer und kleiner See bei Waidisch. ● Schloß Hollenburg. ● Wallfahrtskirche Maria Rain und Aussichtspunkt Petelinz. ● Reste einer Höhlenburg im Rottensteiner Felsen (im Abbruch der Sattnitz). ● Kopie der »Beweinung Christi« (Tafelbild) in der Pfarrkirche Abtei bei St. Margarethen im Rosental.
Auskunft: Verkehrsamt, A-9170 Ferlach, Tel. (0 42 27) 26 00–31.
Karte: Freytag & Berndt Wanderkarte 1:50 000, WK 234 Klopeiner See – Rosental – Klagenfurt.
Weiterer Tourenvorschlag: Matzen (1627 m), von Ferlach über die Annakapelle, Steig 636, 4 Stunden.

Das Ferlacher Horn, ein Berg für Senkrechtstarter. Von Ferlach aus ist das zerschründete Kotla-Kar gut zu sehen.

68 Schlund und Boden

Durch die Tscheppaschlucht
ins Bodental

Tourencharakter: Abwechslungsreiche
Tal-Tagestour auf gut gesichertem
Schluchtpfad und einfachen Wander-
wegen.
Ausrüstung: Wanderschuhe.
Beste Jahreszeit: April bis November.
Markierung: Rot-weiß-rot.
Reine Gehzeit: Insgesamt 5 bis
7 Stunden.
Höhenunterschied: 800 m Anstieg und
200 m Abstieg.

Märchenwiesen gibt es einige in den Alpen.
Die Märchenwiese Kärntens liegt westlich
des Loiblpasses, im hintersten Grund des
Bodentals. Da sich im Talschluß oft kalte Luft
ansammelt, umrahmt den lieblichen Grasfleck ein heidelbeerreicher, fast nordisch an-
mutender Fichtenwald. Und darüber steht
die 2181 Meter hohe Vertatscha, die man —
je nach Talort, alpinem Heroismus oder politischer Intention — auch als Vrtaca, Nemska
gora, Rtaca, Meniska gora, Zinnenwand oder
Deutschen Berg kennt. Selbst mit weniger
Namen wäre ihre 600 Meter hohe, von Pfei-
lern, Rinnen und vulkanischen Gesteinsein-
lagen gegliederte Kalkwand nicht zu ver-
wechseln: Zwischen der schrofigen Bielschitza und dem Turm der Selenitza baut sie
im Halbkreis eine der wildesten Szenerien

Ein spannender und stimmungsvoller Weg ins Herz der Karawanken: Die Tscheppaschlucht.

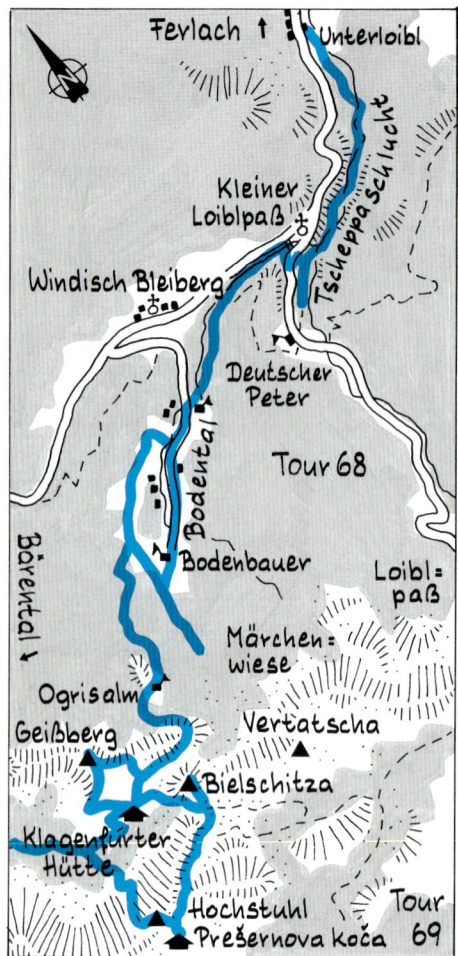

brodelnden Tumpf. Gleich daneben bildet ein natürlicher Felsbogen das Tor nach Windisch-Bleiberg, wo das schwere Metall noch um die Jahrhundertwende abgebaut wurde. Nach einem fünf Kilometer langen Waldweg-Intermezzo erreicht man das Bodental, das nach der letzten Eiszeit von einem ausgedehnten See bedeckt war. Hier kann man den ebenen Straßenspaziergang mit der Suche nach dem winzigen, türkisblauen »Meerauge« würzen, sich über die neuzeitliche Verbauung ärgern und dazwischen noch einige urtümliche Bauernhöfe bewundern, die müden Glieder mit einer kräftigen Jause kurieren – und schließlich von der Märchenwiese aus in die dolomitenhafte Gebirgskulisse hineinträumen. Was wären die Berge ohne Täler wie dieses?!

Der Wegverlauf

Am südlichen Ortsende von *Unterloibl* (518 m) zweigt der Zugang zur *Tscheppaschlucht* von der Loiblpaßstraße ab (653). Wir wandern am ehemaligen *Grabenhammer* vorbei zum *Goldenen Brünndl*, wo eine Eintrittsgebühr zu entrichten ist. Nach einer *Raststätte* beginnt die Steiganlage, die über Stege, Stufen und Leitern zu einer kleinen Anhöhe unter dem *Kleinen Loiblpaß* führt. Hier teilt sich der Steig: Links geht es in den hinteren Schluchtabschnitt (und dann auf der Loiblstraße zum Gasthaus *Deutscher Peter*); rechts nach der Wegnummer 662 zur Straßengalerie bei der *Teufelsbrücke* (schöner Tiefblick) und zum *Tschauko-Wasserfall*. Von dort steigen wir durch ein natürliches Felstor an, wandern neben dem *Bodenbach* zum Gasthof *Sereinig* (1010 m) und folgen dann der Straße durch das flache *Bodental* zum Gasthaus *Bodenbauer* (1056 m). Zuletzt kommt man auf Steig und Forststraße zur *Märchenwiese* (1150 m).

Beim Rückweg kann man vom Gasthaus *Bodenbauer* auch links auf dem steilen Steig 10 zu den Wochenendhäusern beim *Ogris-*

ganz Kärntens auf. Frühaufstehern zaubert die Morgensonne manchmal ein selten schönes Farbenspiel dazu, indem sie die bleichen Felsen vom zarten Rosa bis zum kräftigen Orange illuminiert.

Die Schönheit der Märchenwiese hat sich unter Autoausflüglern und Busgruppen natürlich herumgesprochen. Die perfekte Landschaftsdramaturgie erlebt man aber nach wie vor nur auf Schusters Rappen: Als spritzige Ouvertüre empfängt Sie da die Tscheppaschlucht, wo man von schmalen Stegen, Brücken, vielen Bergauf-Bergab-Stufen und einer luftigen Leiter in rumorende Wasserschlünde blickt. Oberhalb der sagenumwobenen Teufelsbrücke donnert der Tschauko-Wasserfall über eine 25 Meter hohe, mit Tuff-Vorhängen geschmückte Felsstufe in einen

Das Bodental zählt zu den schönsten Gegenden Kärntens. Auf dem Weg zur Märchenwiese kommt bald die wilde Vertatscha ins Blickfeld.

bauern ansteigen und von dort auf dem Güterweg 603 zur Bushaltestelle beim Gasthof *Sereinig* wandern.

Nützliche Informationen

Ausgangsort: Unterloibl bei Ferlach.
Zielort: Märchenwiese bzw. Alpengasthof Sereinig im Bodental.
Anfahrt / Rückfahrt: Bus (Linie 5334).
Gehzeiten: Unterloibl – Tscheppaschlucht (mit Abstecher in den hinteren Teil) – Gasthaus Sereinig 3 bis 3½ Stunden, zur Märchenwiese und retour 2½ Stunden (über den Ogrisbauern um 1 Stunde mehr).

Unterkunft und Einkehr unterwegs: Gasthöfe im Bodental.
Auskunft: Siehe Tour 67.
Karte: Freytag & Berndt Wanderkarte 1:50000, WK 234 Klopeiner See – Rosental – Klagenfurt.
Wegvariante: Man kann auch schon in Ferlach starten und vom Bahnhof auf dem Weg 15 abseits der Straße nach Unterloibl wandern (45 Minuten).
Vom Weg zwischen Gasthof Sereinig und Tschaukofall kommt man auf der Route 603 um den Gaißrücken herum zum Gasthof Deutscher Peter an der Loiblpaßstraße (1 Stunde).

69 Vrh prijateljstva – Gipfel der Freundschaft

Kosiak, Bielschitza und Hochstuhl

Tourencharakter: 2½ bis 3 Tage. Der Anstieg durch das Bärental zur Klagenfurter Hütte und auf den Kosiak ist problemlos, alle anderen Routen sind hochalpine Bergtouren auf teilweise ausgesetzten und gesicherten Steigen (Trittsicherheit und Schwindelfreiheit nötig, Vorsicht bei Altschneefeldern, nicht bei Nebel gehen).
Ausrüstung: Bergwandermontur; für den Hochstuhl-Klettersteig komplette Klettersteig-Ausrüstung und im Frühsommer ein Pickel.
Beste Jahreszeit: Juli bis Oktober.
Markierung: Rot-weiß-rot; am Hochstuhl-Klettersteig grün-weiß-rot.
Reine Gehzeit: Inklusive aller Gipfel 14 bis 16 Stunden.
Höhenunterschied: Alles in allem 2600 m Anstieg und 2100 m Abstieg.

Der Hochstuhl (auch Stol oder Stou) ist mit seinen 2238 Metern nicht nur der höchste Berg der Karawanken, sondern geradezu ein Modell dieses Gebirges: Im Norden zeigt er respektable, schräg geschichtete Felsflanken und die so typischen Schutthalden an ihrem Saum, im Osten ein ausgedehntes Kar mit feinem Grus und haushohen Steinblöcken, im Süden ein blumengeziertes Grasgewand. Dort steht, knapp unter dem Gipfel, das höchstgelegene Karawanken-Schutzhaus; die Slowenen haben es nach ihrem größten Dichter, Dr. France Prešern, benannt.

Die Umgebung des Hochstuhls glänzt wie ein Feuerwerk an landschaftlicher Vielfalt: Im Westen setzen sich die zwei Gesichter des Karawankenkammes über den Weinasch (2104 m) bis zur Bärentaler Kotschna (1914 m) fort; darunter liegen die Wälder und Höfe des Bärentals, bekannt als steuerschonender Großbesitz eines privilegienbekämpfenden Populärpolitikers. Im Norden steht der Geißberg oder Kosiak (2024 m), der das Sanft-Schroff-Spiel getreulich weiterführt und dessen extrem brüchiger Nordabsturz über eine ganze Herde bewaldeter Karawanken-Vorberge wacht. Im Osten schließt die zugeschärfte Klagenfurter Spitze (2103 m) über die beiden Edelweißspitzen zur breit geformten Bielschitza (1958 m) auf. Am schönsten ist diese steinerne Umrahmung von der Klagenfurter Hütte aus zu betrachten, die als gemütliche Herberge in der idyllischen Ruhe der Matschacher Alm liegt.

Manchmal ging es hier jedoch recht unidyllisch zu: 1813 etwa, im Krieg der Österreicher gegen Italien und Frankreich, konnte der französische Vizekönig Eugène Beauharnais mit seinen Truppen Feistritz nur deshalb einnehmen, weil der Kärntner Spähtrupp die Eindringlinge bei der Überquerung des Bärensattels nicht erkannte und überwältigt werden konnte. 1942 ging die Prešernhütte im Partisanenkampf in Flammen auf, 1943 die Klagenfurter Hütte. Nach dem Zweiten Weltkrieg, als immer wieder Flüchtlinge über die Karawanken zu kommen versuchten, wurde die Grenze von den Jugoslawen hermetisch abgeriegelt. Damit war der Hochstuhl für Wanderer aus Österreich nicht mehr erreichbar. So begann der Bergrettungsdienst 1966 mit dem Bau eines Klettersteiges durch die Nordwand, der schon im Jahr darauf eröffnet wurde. Fast gleichzeitig hatten die beiden Staaten ein Übereinkommen ausgehandelt, das den kleinen Alpin-Grenzverkehr zumindest zwischen Österreichern und Jugoslawen erlaubte. »Gipfel der Freundschaft« steht auf dem 1980 gesetzten Hochstuhl-Kreuz. Bleibt nur zu hoffen, daß diese Freundschaft die Bergsteiger/Innen der restlichen Welt bald auch offiziell einschließt und ihnen allen »grenzenlose« Hochstuhl-Touren ermöglicht!

Der Wegverlauf

a) Zur Klagenfurter Hütte: Von *Feistritz im Rosental* (545 m) wandern wir zunächst zum *Schloß* und auf der Asphaltstraße (673) auf das Plateau von *Matschach* (600 m). Bei den ersten Häusern zweigen wir links auf eine Forststraße ab, die nach Süden durch den Wald zum *Olipitzkreuz* führt. Nun steigen wir auf dem *Südalpen-Weitwanderweg* (603) durch die steilen Waldhänge des *Matschacher Gupfs* zum Gehöft *Motitz* und zur Kapelle *Alt St. Michael* (1142 m) an, danach geht es auf einer Forststraße – vorbei an einigen Höfen – über *Neu St. Michael* zur *Stouhütte* ins *Bärental* hinab. Etwa 3 Kilometer folgen wir nun der steilen Schotterstraße bis zur Lichtung der *Johannsenruhe*, von wo sich dann ein schmälerer Versorgungsweg durch den Wald in den *Winkel* unter der *Hochstuhl-Nordflanke*, zur *Matschacher Alm* und zur *Klagenfurter Hütte* (1664 m) hinaufwindet.

Von der Hütte steigt man auf dem Weitwanderweg 603 nach Osten durch schütteren Wald zum *Matschacher Sattel* (1714 m)

an. Jenseits geht es auf dem mit Drahtseilen und einem »Balkon-Gang« gesicherten *Stinzesteig* über ein Felstörl und durch latschenbewachsene Schutthänge zur *Ogrisalm* hinüber (kurzer Abstecher auf die *Kosmatitza*, 1658 m, möglich), danach steiler durch den Wald zu den Wochenendhäusern beim *Ogrisbauern* und von dort auf einem Güterweg zum Gasthof *Sereinig* ins *Bodental* hinunter. Hinter dem *Matschacher Sattel* kann man auch auf dem steilen und unmarkierten *Karweg* zur *Märchenwiese* absteigen; vor der *Ogrisalm* führt rechts der Steig 662 dort hinunter.

b) Kosiak: Der 2024 Meter hohe Hausberg der *Klagenfurter Hütte* ist auf dem *Friedrich Zopp-Weg* (666, Rundweg) problemlos über den Südhang erreichbar. Vorsicht im Gipfelbereich!

c) Bielschitza: Von der *Klagenfurter Hütte* wandern wir nach der Markierung 665 zwischen verwachsenen Dolinen zum Fuß des Berges und etwas mühsam durch den steilen Schuttkar-Steig in den *Bielschitzasattel* (1840 m; Grenze). Die Markierungszeichen weisen uns nun neben den Grenzsteinen über den brüchigen Südwestgrat zum Vorgipfel hinauf; leichter ist der Anstieg jedoch durch die steile Latschengasse nördlich der großen Doline (»Gamsgrube«). Zuletzt klettern wir auf dem ausgesetzten Verbindungsgrat zum Gipfelkreuz (1958 m) hinüber. Der Abstieg erfolgt auf der gleichen Route (keine Abschneider – Absturzgefahr in den brüchigen Schrofen!).

d) Hochstuhl-Normalweg: Vom *Bielschitzasattel* gehen wir südwärts rund um die *Gamsgrube*, steigen dann durch einen brüchigen Kamin in den Kessel des slowenischen Hochstuhlkars ab. Bald zweigt rechts ein schmaler Steig ab, der durch die Schutthänge unter den *Edelweißspitzen* in den Kargrund und in steilen Serpentinen in die Scharte zwischen *Hoch-* und *Kleinstuhl* führt. Links unter dem *Kleinstuhl* liegt die *Prešernova koča na stolu* (Preschernhütte, 2172 m); rechts geht es in Kürze zum *Hochstuhl-Gipfel* (2237 m) hinauf.

e) Hochstuhl, Klettersteig durch die Nordflanke: Von der *Klagenfurter Hütte* steigen wir Richtung Bärental bis zur Kehre im *Winkel* (»Karkurve«, ca. 1400 m) ab. Hier be-

Der schönste Nachbar des Hochstuhls ist sicher die Klagenfurter Spitze.

Hier der Blick vom Aufstieg zur Bielschitza.

*Die trauliche Klagenfurter Hütte vor
der Bielschitza.*

ginnt links der Steig 664, der in Serpentinen
durch das breite Schuttfeld zum Einstieg an
einem bewaldeten Felssporn führt. Nach einem ausgesetzten Anstieg erreicht man über
den luftigen Grat (Drahtseile, Eisenstifte) ein
Schartl, quert auf dem weiterhin gesicherten
Steig rechts eine Schlucht, steigt durch eine
Rinne an (oft Altschnee) und kommt unter
Felstürmen (Wandbuch in einer Nische) zu
einer weiteren, oft schneegefüllten Rinne.
Oberhalb davon führt der Steig in Serpentinen über den Gipfelrücken (das »Dach«) zu
einem Steinmann am gutmütigen *Hochstuhl-
Westgrat* (Grenze), der links zum nahen *Gipfel* (2237 m) hinaufweist.

Der Abstieg erfolgt auf dem Normalweg
über den *Bielschitzasattel.*

Nützliche Informationen

Ausgangsort: Feistritz im Rosental.
Zielort: Alpengasthof Sereinig im Bodental.
Anfahrt / Rückfahrt: Bahn (Linie 66), Bus
(Linien 5327, 5334).
Gehzeiten: a) Feistritz – Stouhütte 3 Stunden,
zur Klagenfurter Hütte 1½ Stunden, Abstieg
ins Bodental 2½ Stunden. b) Klagenfurter
Hütte – Kosiak 1 Stunde (Abstieg 40 Minu-
ten); c) Klagenfurter Hütte – Bielschitza
1½ Stunden (Abstieg 1 Stunde); d) Klagenfur-
ter Hütte – Hochstuhl (Normalweg) 2½ Stun-
den (Abstieg 2 Stunden); e) Hochstuhl-Klet-
tersteig 3 Stunden.
Unterkunft unterwegs: Klagenfurter Hütte
(ÖAV, 22 Betten, 50 Lager, von Pfingsten bis
Mitte Oktober bewirtschaftet); Gasthaus
Stouhütte (ganzjährig bewirtschaftet).

Wichtig: Reisepaß mitnehmen!
Auskunft: Gemeindeamt, A-9181 Feistritz im Rosental, Tel. (0 42 28) 2035.
Karte: F & B Wanderkarte 1:50 000, WK 233 Kärntner Seen – Villach – Klagenfurt.
Weitere Tourenvorschläge: Matschacher Gupf (1691 m), vom Plautzhof über dem Bärental auf dem Steig 668 oder 669, 2 Stunden; Sinacher Gupf (1577 m), von Feistritz auf dem Steig 660 oder 661, 3 Stunden.

70 Mit offenen Augen

Der Landschaftswanderweg im Rosental

Tourencharakter: Einfache Halbtagswanderung auf Nebenstraßen und breiten Wegen.
Ausrüstung: Nichts besonderes notwendig.
Beste Jahreszeit: Außer bei Schneelage immer begehbar.
Markierung: Blau (Schilder).
Reine Gehzeit: 2½ Stunden.
Höhenunterschied: 100 m.

Ganz bewußt, sozusagen als Epilog, steht am Ende dieses Buches eine kurze Wanderung im Rosental. Diese ruhige, herbschöne Landschaft, die ihren poetischen Namen nicht von den dornigen Duftpflanzen, sondern von der mittlerweile verfallenen Rasburg bei St. Jakob bezog, birgt – abgesehen von den ausgedehnten Draustauseen vielleicht – nichts Spektakuläres. Wenn man jedoch mit wachen Sinnen, viel Muße und einer ordentlichen Portion Entdeckerlust unterwegs ist, wird man hier ein ganzes Schatzkästlein an naturkundlichen und kulturgeschichtlichen Besonderheiten entdecken.

Der »Landschaftsweg Rosental«, eine Art Lehrpfad, bildet da einen guten Anfang. Man braucht schon einen scharfen Blick, um die unaufdringlichen Nummernschilder, die seine zwölf Stationen markieren, am Wegrand zu finden. Eine dazugehörige Broschüre beleuchtet – kompetent und kritisch – etliche große und kleine Elemente, die dieses Gebiet prägen. Manche Zusammenhänge, auf die man sonst vielleicht nie gestoßen wäre, werden plötzlich klar: Was hat sich im Rosental durch den Bau von Bahn, Straßen und Kraftwerken verändert? Wie entwickeln sich verschiedene Waldgesellschaften, wie entstand die bäuerliche Kulturlandschaft? Wann haben sich die Karawanken aufgefaltet, woher kommen die riesigen Schottermassen über dem Fluß?

Die Antwort bleiben wir Ihnen hier schuldig – es wird Ihnen sicher viel Spaß bereiten, sie vor Ort zu finden.

Der Wegverlauf

Da der eigentliche Beginn des Landschaftsweges im Naturerlebnisdorf Rosental (Feriendorf) nicht mit Bahn oder Bus erreichbar ist, starten wir bei der Bahnhaltestelle Maria Elend oder 500 m weiter östlich, bei der Bushaltestelle St. Oswald/Drautal an der Rosental-Bundesstraße. Neben der Brücke über den Großen Suchagraben, bei der Abzweigung nach St. Oswald, treffen wir auf den Landschaftsweg. Gleich danach finden wir bei der Eisenbahnbrücke südlich der Straße die Station 8 (die folgenden Nummern der Stationen stehen in Klammer). Wir wandern nun über die Frohnwiesen (9) zum Kleinen Suchagraben (10) und durch den Wald (11) nach Osten zu den Häusern von Ladinach. Links führt uns eine Straße wieder unter der Bahn durch zur Rosental-Straße (12), über die wir nach links zum Naturerlebnisdorf am Feistritzer Stausee kommen. Westwärts spazieren wir nun am Ufer (1, 2, 3, 4) zur Mündung des Kleinen Dürrenbachs (wo wir im Bogen unter der Bundesstraße durchgehen), zur kleinen St.-Oswald-Kirche (5) und zum Kiefern-Auwald an der Mündung des Großen Dürrenbachs (6). Hier biegen wir scharf nach links ab und kommen – vorbei am Rosentaler Stüberl – wieder zum Ausgangspunkt zurück.

Nützliche Informationen

Ausgangs- und Zielort: Bahnstation Maria Elend im Rosental oder Bushaltestelle St. Oswald/Drautal.

Unterwegs auf dem Landschaftsweg im Rosental. Über den Feistritzer Stausee geht der Blick nach Westen zum Dobratsch.

Anfahrt / Rückfahrt: Karawankenbahn (Linie 66), Bus (Linien 5316, 5325, 5329).

Gehzeit: 2 bis 2½ Stunden.

Einkehr unterwegs: Restaurant im Feriendorf, Rosentaler Stüberl.

Sehens- und Wissenswertes: ● Pilzmuseum in St. Jakob im Rosental. ● Gotische Kirche in Maria Elend. ● Die Begleitbroschüre für den Landschaftsweg ist kostenlos im Naturerlebnisdorf oder im Gemeindeamt Feistritz erhältlich.

Auskunft: Siehe Tour 69.

Karte: Freytag & Berndt Wanderkarte 1:50000, WK 233 Kärntner Seen – Villach – Klagenfurt.

Weitere Tourenvorschläge: Maria Elend-Kapelle auf dem Kapellenberg (781 m), von Maria Elend auf dem Weg 3, 1 Stunde; und weiter auf den Kahlkogel (Golica, 1836 m), Steig 603, 676, 3 Stunden; Ruine Rasburg (1018 m), vom Bahnhof Rosenbach auf dem Weg 12, 1½ Stunden.

Anhang

WISSENSWERTES VON A BIS Z

Alpine Auskunft
Österreichischer Alpenverein, A-6020 Innsbruck, Wilhelm-Greil-Straße 17, Telefon (05 12) 2 41 07; Sektion A-9020 Klagenfurt, Lidmanskygasse 2, Telefon (04 63) 51 30 56.

Alpines Notsignal
Innerhalb einer Minute *sechsmal in regelmäßigen Abständen*, also alle zehn Sekunden, ein *hörbares oder sichtbares Zeichen* (Rufen, Pfeifen, Blinken, Winken, Signalrakete); dazwischen folgt jeweils *eine Minute Pause.*
Die *Antwort* erfolgt mit *dreimaliger Zeichengebung in der Minute.*
Die Meldung eines Unfalls erfolgt nach dem »5-W-Schema«.
WAS ist geschehen? WANN war das Unglück?
WO passierte der Unfall, wo sind die Verletzten?
WER ist verletzt, wer macht Meldung? Wie ist das WETTER im Unfallgebiet (Sichtweite)?

Anreise
● *Per Bahn:* Aus Richtung München – Salzburg mit der Tauernbahn (InterCity-Verbindungen), aus Richtung Wien – Graz mit der Südbahn (InterCity-Verbindungen), aus Richtung Innsbruck – Bozen mit der Pustertalbahn (Schnellzugverbindungen), aus Slowenien mit der Karawankenbahn (Schnellzugverbindungen), aus Richtung Venedig – Udine mit der Kanaltalbahn (InterCity-Verbindungen).
● *Autobahnverbindungen:* Aus Richtung München – Salzburg auf der Tauernautobahn A 10, aus Richtung Wien – Graz auf der Südautobahn A 2, aus Richtung Venedig auf der Kanaltal-Autobahn (Grenzübergang Thörl-Maglern), aus Richtung Laibach auf der Karawankenautobahn (Karawankentunnel).
● *Straßenzufahrten und Paßübergänge:* Großglockner-Hochalpenstraße (vom Salzburger Pinzgau, Maut, im Winter gesperrt), Katschberg (vom Lungau), Turracher Höhe, Flattnitz, Laßnitz, Neumarkter und Perchauer Sattel, Obdacher Sattel (vom obersteirischen Murtal), Packsattel, Hebalpe, Weinebene, Soboth (von der Südweststeiermark), Drautal bei Lavamünd, Bleiburg/Holmec (von Maribor/Slowenien), Seebergsattel, Loibltunnel, Wurzenpaß (von Ljubljana/Slowenien), Thörl-Maglern, Naßfeld, Plöckenpaß (von Udine/Italien), Lesachtal bei Maria Luggau, Drautal bei Oberdrauburg (von Osttirol).
● *Flughafen:* Klagenfurt-Annabichl.

Ausrüstung
Bei den Tourenvorschlägen unterscheiden wir drei Ausrüstungs-Kategorien:
● Für einfache Spaziergänge und Kurzwanderun-

gen in Orts- und Talnähe ist im allgemeinen außer Wander-, Trekking- oder guten Laufschuhen nichts Besonderes nötig.
● *Bergwandermontur* für mittelschwere Alm-, Hütten- und Gipfeltouren zwischen 1000 und 2500 m: feste Wander- oder Trekkingschuhe mit griffiger Sohle (mit leichten Turnschuhen ist hier ein Fuß schnell umgeknickt oder gebrochen!), lange Hose oder Bundhose (Jeans haben sich bei nassem Wetter nicht bewährt), mehrere Kleidungsschichten von Unterwäsche, Hemd, Pullover (damit ist eine »stufenlose« Anpassung an die Gegebenheiten möglich), Anorak und gesonderter Wind- und Regenschutz, Turnhose, T-Shirt und Sonnenhut bzw. -kappe für heiße Tage, immer Handschuhe bzw. Fäustlinge und eine warme Mütze (ein Wettersturz kommt schneller, als man glaubt!), je nach Weglänge Reservewäsche, Sonnenbrille, Sonnencreme, ein Pfeiferl für das alpine Notsignal, Biwaksack, kleine Tourenapotheke mit Alu-Rettungsdecke.
● *Hochtourenausrüstung* für anspruchsvolle und hochalpine Touren bis über 3000 m: die der Höhenlage entsprechende Kleidung, zusätzlich Sonnencreme mit hohem Schutzfaktor, eventuell Gletscherbrille, Kompaß, Höhenmesser, Reepschnur und Karabiner zum Sichern. Grundkenntnisse in der alpinen Orientierung, der Ersten Hilfe sowie der Seil- und Sicherungstechnik werden hier vorausgesetzt. In jedem Fall muß die Ausrüstung auf die denkbar schlimmsten Gegebenheiten ausgerichtet sein.

Die *Tourenverpflegung* soll vor allem gut schmekken, bekömmlich, leicht und umweltfreundlich verpackt sein. Verantwortungsvolle Leute kaufen nichts in Plastik Verschweißtes (vor allem keine Mini-Portionspackungen) und keine Getränke in Alu-Dosen (die außerdem nach dem Öffnen gleich ausgetrunken werden müssen). Kohlensäurehaltige Limos erzeugen eher noch mehr Durst – bewährt haben sich dagegen (Früchte-)Tee oder verdünnter Apfelsaft. Das herrlichste Getränk ist natürlich quellfrisches Bergwasser, das allerdings wirklich aus unbelasteten Gebieten kommen muß. Wie das Beispiel des fürs Skifahren »versalzenen« Wurtenkees (»Mölltaler Gletscher«) zeigte, ist das leider nicht einmal mehr im Hochgebirge selbstverständlich.

Bergrettung
Unfallmeldungen nehmen alle Hütten und Berggasthäuser, die örtlichen Gendarmerieposten sowie die Zentrale des Kärntner Bergrettungsdienstes in Klagenfurt unter Tel. 140 entgegen.

Camping

Campingplätze gibt es in Afritz, Annenheim, Berg/ Drautal, Bodensdorf, Dellach/Drautal, Döbriach, Drobollach/Faaker See, Eberndorf, Eisentratten, Faak am See, Feistritz/Rosental, Feldkirchen (Maltschacher See), Gnesau, Gösselsdorf, Greifenburg, Großkirchheim, Heiligenblut, Heiligengestade bei Villach, Hermagor/Presseggersee, Irschen/Glanz, Keutschach, Kirschentheuer, Klagenfurt, Kötschach-Mauthen, Malta, Millstatt, Möllbrücke, Moosburg, Obersammelsdorf, Obervellach, Olsach/Rothenthurn, Ossiach, Pörtschach am Wörther See, Rennweg, St. Georgen/Längsee, St. Johann bei Wolfsberg, St. Kanzian/Klopeiner See, St. Margarethen/Gottschuchen, St. Veit/Glan, Schiefling am Wörther See, Seeboden, Spittal/ Drau, Steindorf am Ossiacher See, Steuerberg/ Goggausee, Stockenboi/Weißensee, Techendorf am Weißensee, Trebesing, Treffen, Unternarrach, Velden, Villach, Weißbriach und Wertschach bei Nötsch/Gailtal.

Essen und Trinken

Die Kärntner Küche umfaßt zahlreiche einfache, aber schmackhafte Spezialitäten, die erfreulicherweise wieder mehr und mehr Eingang in die Speisekarten finden. Unbedingt versuchen sollten Sie die nahrhafte Kirchtagssuppe, die bekannten Kärntner Kas-, Fleisch- oder Specknudeln (die ihre Verwandtschaft mit den benachbarten italienischen Ravioli nicht verleugnen können), die verschiedenen sauren oder süßen Nocken, Rauggn (eine Art Krapfen), Sterz aus Polenta (Maismehl), Dinkel- oder Weizenmehl und mit heißen Grammeln übergossen, Schmalzmuas mit getrockneten Preisel- oder Schwarzbeeren, Kärntner Bauernspeck und die auf vielen Almen oder Bauernhöfen hergestellten Käsesorten, die Reinkalan, die süßen Kletzennudeln (Kletzen sind getrocknete Birnen), den Reindling (ein Hefegebäck, das meist zum Kaffee gegessen wird) oder den Lavanttaler Apfelkuchen.

Ganz einfach sind »Scheadlan« herzustellen: Man nehme ½ kg Mehl, ½ l Sauerrahm, 1 Ei, etwas Salz und knete alles rasch zu einem Teig, der 1 Stunde rasten soll und dann messerrückendick ausgewalkt wird. Verschobene Rechtecke ausradeln und in heißem Fett schwimmend backen. Die Scheadlan werden mit Salat serviert; gezuckert ißt man sie mit Kompott – ideal zum Einstimmen auf einen Kärnten-Urlaub!

Im Osten des Landes wird guter Most vergoren, der in zahlreichen Buschenschenken mit einer bodenständig-kräftigen Jause verkostet werden kann. Das in Kärnten gebraute Bier zählt zu den besten des Landes (die Brauerei Hirt bei Friesach kann besichtigt werden – es werden hier sogar eigene »Bierseminare« angeboten –, ebenso die Schleppe-Brauerei in Klagenfurt nach Voranmeldung). Auch an diversen klaren Schnäpsen herrscht kein Mangel. Der Wein wurde einst mit Pferden aus Oberitalien über die Tauern »gesäumt« – in Großkirchheim im Mölltal findet noch jedes Jahr ein solcher Saumzug mit anschließender Weinverkostung statt.

Fahrpläne

● *Fahrpläne Bahn:* Das Fahrplanbuch-Inland wird halbjährlich neu aufgelegt und ist in Buchhandlungen und allen besetzten Bahnhöfen erhältlich. Daneben erhalten Sie kostenlose Fahrpläne für die wichtigsten überregionalen Bahnlinien.

● *Fahrpläne Bus:* Das Österreichische Kursbuch Kraftfahrlinien, Band West, wird jährlich neu aufgelegt und ist in Buchhandlungen und besetzten Bahnhöfen erhältlich. Für die Gebiete Oberkärnten / Osttirol, Klagenfurt / Kärntner Zentralraum und Unterkärnten sowie über das Verkehrsverbundgebiet des Lungauer Tälerbus-Systems liegen in vielen Bahnhöfen, Postämtern und Tourismusbüros kostenlose Fahrplan-Broschüren auf.

● *Fahrplan-Auskunft Bahn:* Klagenfurt (04 63) 17 17, Villach (0 42 42) 17 17, Spittal/Millstätter See (0 47 62) 39 76-3 90, Wolfsberg (0 43 52) 17 17.

● *Fahrplan-Auskunft Bus:* Zentrale Busauskunft Wien (02 22) 7 11 01 oder (06 60) 1 88 zum Ortstarif.

In manchen Gebieten – z. B. in der Nationalparkregion Hohe Tauern oder im Gebiet des Lungauer Tälerbus-Verbundes um die Nockberge – werden preisgünstige Tages-, Wochen- oder Familienkarten angeboten.

Fahrradverleih / Fahrrad am Bahnhof

Fahrräder und Mountainbikes können in allen größeren Tourismusorten in einigen Sportgeschäften, Gasthöfen oder Hotels ausgeliehen werden (nähere Informationen in den örtlichen Tourismusbüros).

In folgenden Bahnhöfen gibt es Leihräder (telefonische Vorbestellung ratsam): Bleiburg (0 42 35) 20 30-39, Feldkirchen (0 42 76) 20 31, Föderlach (0 42 52) 28 68, Friesach (0 42 68) 22 30-33, Hermagor (0 42 82) 20 30-0, Oberdrauburg (0 47 10) 22 30, Greifenburg (0 47 12) 22 30, Spittal/Millstätter See (0 47 62) 39 76-3 90, Villach Hauptbahnhof (0 42 42) 23 51 10, Faak am See (0 42 54) 21 49, Velden (0 42 74) 21 15, Klagenfurt Hauptbahnhof (04 63) 58 11-3 99, Kötschach-Mauthen (0 47 15) 2 43, Krumpendorf (0 42 29) 23 62, Kühnsdorf-Völkermarkt (0 42 32) 80 74, Launsdorf-Hochosterwitz (0 42 13) 20 24, Ledenitzen (0 42 54) 34 64, Mallnitz-Obervellach (0 47 84) 600-3 83, Nötsch (0 42 56) 21 20, Ossiach-Bodensdorf (0 42 43) 22 38, Paternion-Feistritz (0 42 45) 23 69, Pörtschach am Wörthersee (0 42 72) 23 04, St. Veit an der Glan (0 42 12) 37 01-3 90, Steindorf am Ossiacher See (0 42 43) 22 36.

Grenzbestimmungen

Die Grenze zwischen Österreich und Italien kann mit gültigem Reisepaß oder Personalausweis überall problemlos überschritten werden.

Für die slowenische Grenze gilt offiziell noch die alte jugoslawische Regelung: Der Übertritt außerhalb der Straßen-Grenzübergänge ist österreichischen und jugoslawischen Staatsbürgern auf den markierten Steigen am Mittagskogel, Hochstuhl, Bielschitzasattel, Kniepssattel, Kordeschkopf (Petzen) und Paulitschsattel gestattet, und zwar vom 15. April bis zum 15. Oktober zwischen Sonnenauf- und -untergang. Eine offizielle Neuregelung mit dem Staat Slowenien wird geplant; es gibt mündliche Zusagen aus Laibach, die Übertrittsregelung durch Verträge auch auf andere Staatsbürger auszudehnen. Seit der Unabhängigkeitserklärung Sloweniens wurden jedoch Wanderer, die sich ausweisen konnten, nach der Personenkontrolle nicht mehr behelligt. Im Zweifelsfall empfiehlt sich eine Anfrage bei den örtlichen Tourismusstellen, Gemeinde- oder Zollämtern über den aktuellen Stand der Grenzregelungen.

Hütten
Übersicht über die Schutzhütten in Kärnten bieten zwei Bücher:
● »Die Alpenvereinshütten«, herausgegeben vom Deutschen Alpenverein, Oesterreichischen Alpenverein und Alpenverein Südtirol, Bergverlag Rother, München.
● »Die Naturfreundehütten laden ein – Mit der Natur auf Du!« Eigenverlag der Naturfreunde Österreich (Viktoriagasse 6, A-1150 Wien).

Informationen über Kärnten
bei der Kärntner Tourismusgesellschaft, A-9220 Velden, Casinoplatz 1, Tel. (0 42 74) 5 21 00, Fax 5 21 00-50 oder bei den örtlichen Tourismusbüros.

Jugendherbergen
gibt es am Goldeck (bewirtschaftet von 26. Dezember bis Ende April und von Ende Juni bis Ende September), in Heiligenblut (außer von 10. bis 31. Oktober ganzjährig bewirtschaftet), Klagenfurt (Haus der Jugend, Kumpfgasse 20), Rennweg am Katschberg, Spittal/Drau (bei der Talstation der Goldeck-Seilbahn) und Villach (St. Martin, Dienzlweg 345). Nähere Informationen beim Österreichischen Jugendherbergsverband, A-1010 Wien, Schottenring 28, Tel. (02 22) 63 53 53 (Montag bis Freitag von 9 bis 16.30 Uhr).

Karten
Gute Übersicht über Kärnten bietet die ÖAMTC-Straßenkarte Österreich, Maßstab 1:150 000, Blatt 10 Kärnten und Blatt 11 Osttirol.
Für Radwanderer empfiehlt sich die Radtourenkarte Österreich (Verlag Esterbauer & Weinfurter, Wien) Maßstab 1:200 000, Blatt 5 Südsteiermark / Ostkärnten und Blatt 6 Kärnten / Osttirol.
Die zu den Wanderungen empfohlenen Karten sind in den »Nützlichen Informationen« bei jeder Tour genannt.

Literatur über Kärnten
● *Führerwerke (Auswahl):*
AV-Broschüren über den Gletscherweg Pasterze, den Familienweg Winklerner Alm und den Naturlehrweg Seebachtal, Eigenverlag, Innsbruck.
Buchenauer / Holl: AV-Führer Ankogel- und Goldberggruppe, Bergverlag Rother, München.
Denzel: Kärnten – Auto + Wanderschuh, Denzel Verlag, Innsbruck.

Gritsch: Kleiner Führer durch die Gailtaler Alpen, Bergverlag Rother, München.
Heindl: Klettersteigführer Julische und Steiner Alpen mit Karawanken und Karnischem Hauptkamm, Bergverlag Rother, München.
Heitzmann: Erlebnisführer Lesachtal, Verlag Ennsthaler, Steyr.
Heitzmann: Wanderungen im Nationalpark Hohe Tauern, Bruckmann Verlag, München.
Held: DuMont-Kunst-Reiseführer Kärnten und Steiermark, DuMont Verlag, Köln.
Holl: AV-Führer Karnische Alpen, Bergverlag Rother, München.
Hutter: Nationalparks in Kärnten, VCM Verlag, Elsbethen.
Hutter: Großglockner, VCM Verlag, Elsbethen.
Hutter: Malta-Hochalmstraße, VCM Verlag, Elsbethen.
Hutter: Nockalmstraße, VCM Verlag, Elsbethen.
Führer: Rother Wanderführer Tauernhöhenweg, Bergverlag Rother, München.
Käfer / Dattler: Alle Mariazellerwege 06, Verlag Styria, Graz.
Kompass Wanderbuch Kärntner Seen / Klagenfurt, Fleischmann Geographischer Verlag, München.
Kompass Wanderbuch Gailtal / Lesachtal / Karnischer Höhenweg, Fleischmann Geographischer Verlag, München.
Kompass Wanderbuch Mölltal / Maltatal / Liesertal, Fleischmann Geographischer Verlag, München.
Kreuzer / Suppan: Kompass Wanderführer Kärnten, Deutscher Wanderverlag Dr. Mair & Schnabel & Co, Stuttgart.
Kreuzer / Wallner: Steirisches Weinland / Karawanken/Karnische Alpen – Südalpiner Weitwanderweg 03, Verlag Styria, Graz.
Lehofer: Rother Wanderführer Kärnten/Kärntner Seen, Bergverlag Rother, München.

Maierbrugger: Turracherhöhe und Nockalmstraße, Verlag Heyn, Klagenfurt.
Maierbrugger: Das Lurnfeld, Verlag Heyn, Klagenfurt.
Maierbrugger: Urlaub am Millstätter See, Verlag Heyn, Klagenfurt.
Maierbrugger: Ferien im Lieser- und Maltatal, Verlag Heyn, Klagenfurt.
Maierbrugger: Urlaub am Ossiacher See, Verlag Heyn, Klagenfurt.
Mair: AV-Führer Schobergruppe, Bergverlag Rother, München.
Nationalpark Hohe Tauern – Info-Set Oberes Mölltal, VCM Verlag Elsbethen.
Peterka: Zentralalpen-Weitwanderweg 02, Verlag Styria, Graz.
Peterka / End: AV-Führer Lienzer Dolomiten, Bergverlag Rother, München.
Peterka / End: AV-Führer Glockner- und Granatspitzgruppe, Bergverlag Rother, München.
Preininger: Kärntner Grenzweg, Verlag Heyn, Klagenfurt.
Pretterebner: Nock-Wanderführer / Millstätter Alpe / Turracher Höhe, Eigenverlag, Radenthein.
Schaumann: Schauplätze des Gebirgskrieges,

Band III a und III b, Ghedina & Tassotti, Bassano del Grappa.

Stüber / Windig: Erlebnis Nationalpark Hohe Tauern, Band Kärnten, Eigenverlag des Salzburger Nationalparkfonds, Salzburg.

Tuschar: AV-Führer Karawanken, Rother, Bergverlag München.

Wurst / Rachoy: Böhmerwald / Gasteiner Tal / Karnische Alpen – Ruperti-Weitwanderweg 10, Verlag Styria, Graz.

Wurst / Rachoy / Kossina: Mühlviertel / Totes Gebirge / Nockgebiet – Salzsteig-Weitwanderweg 09, Verlag Styria, Graz.

Wurst / Rachoy / Steffan: Waldviertel / Gesäuse / Karawanken – Eisenwurzen-Weitwanderweg 08, Verlag Styria, Graz.

● *Bücher und Bildbände* (Auswahl):

Das große ADAC-Alpenbuch, ADAC-Verlag, Frankfurt/Main.

Bohunovsky-Bärnthaler: Kärnten erleben, Verlag Tyrolia, Innsbruck.

Buchenauer: Sanfte Kuppen, schroffe Berge, Verlag Leykam, Graz.

Buchenauer: Hohe Tauern, Band 1 und 2, Verlag Leykam, Graz.

Buchenauer: Karnische Alpen, Verlag Leykam, Graz.

Dehio-Handbuch Kärnten, Schroll Verlag, Wien.

Fantur: Kärnten im Mosaik der Erde, Universitätsverlag Carinthia, Klagenfurt.

Floimair / Retter: Nationalpark Hohe Tauern, Verlag Pustet, Salzburg.

Friz: Nationalpark Nockberge, Eigenverlag des wissenschaftlichen Vereins Kärnten.

Grabner: Sagen aus Kärnten, Band 1 und 2, Kärntner Druck- und Verlagsgesellschaft, Klagenfurt.

Hartl / Sampl / Unkart: Kleinode Kärntens – Nationalparks, Naturschutzgebiete, Landschaftsschutzgebiete, Naturdenkmale, Kärntner Druck- und Verlagsgesellschaft, Klagenfurt.

Heitzmann: Die schönsten Höhenwege zwischen Großvenediger und Wienerwald, Bruckmann, München.

Hutter / Beckel: Großglockner – Saumweg, Römerweg, Hochalpenstraße, Residenz Verlag, Salzburg.

Hutter / Schreiner: Österreichs Nationalpark Hohe Tauern, VCM Verlag, Elsbethen.

Katschner: Die schönsten Bergtouren im Lungau und Nockgebiet (mit Tourenheft), Verlag Styria, Graz.

Lehofer: Einladung zum Wandern, Universitätsverlag Carinthia, Klagenfurt.

Lehofer: Wandern in Kärnten und Osttirol, Universitätsverlag Carinthia, Klagenfurt.

Maierbrugger: Durch alle Täler Kärntens, Verlag Heyn, Klagenfurt.

Posch: Almen, Grate, Gipfelträume – die schönsten Kärntner Bergtouren, Kärntner Druck- und Verlagsgesellschaft, Klagenfurt.

Schnürer: Hohe Tauern – Bergsteigen und Bergwandern, BLV, München.

Schemmann: Die Hohen Tauern im Zeitraffer, Verlag Pustet, Salzburg.

Schönlaub: Vom Urknall zum Gailtal, Eigenverlag, Hermagor.

Tuschar: Die Karawanken – Brücke und Bollwerk, Verlag Heyn, Klagenfurt.

● *Zeitschriften* (Auswahl):

BERGE, Nr. 13 Großglockner und Nr. 55 Karnische Alpen.

DRAUSSEN (HB-Natur-Magazin), Nr. 47, Kärnten – Gailtaler und Karnische Alpen.

Museen

Gute Übersicht über die Museen Kärntens bieten die kostenlosen Broschüren »Museen, Sammlungen und Naturerlebnisse in Kärnten« (Bildungsreferat der Landesexekutive Kärnten des Österreichischen Gewerkschaftsbundes), die »Info-Card Kärnten / Osttirol« sowie die Broschüre »Kärnten ist schön« (herausgegeben von der Villacher Brauerei, Schutzgebühr), die in vielen Tourismusstellen und Museen aufliegen.

Naturschutzgebiete und Nationalparks

Kärnten besitzt drei (allerdings noch nicht international anerkannte) Nationalparkgebiete: Hohe Tauern (Glockner- und Schobergruppe westlich der Möll sowie Teile der Goldberg- und Ankogelgruppe rund um Mallnitz bis zum Maltatal, insgesamt 37 263 Hektar) und Nockberge (zwischen Liesertal, Radenthein, Bad Kleinkirchheim und Königstuhl, 21 000 Hektar).

Daneben stehen zahlreiche Gebiete unter Natur- oder Landschaftsschutz, die größten davon um den Weißensee, in den Karnischen Alpen um den Wolayer See, auf der Mussen, im Fraganter Tal, im Pöllatal, zwischen Spittal/Drau und dem Millstätter See, am Dobratsch, zwischen Ossiacher See und Feldkirchen, auf der Nockalm, um die Hochrindl, südlich des Wörther und des Keutschacher Sees, im Bodental, in der Vellacher Kotschna, rund um St. Veit/Glan, am Klopeiner und Turner See und auf der Koralpe.

Rad- und Mountainbike-Touren

Der sonnige Süden Österreichs eignet sich wie kaum ein anderes Gebiet für Ausritte mit dem Drahtesel. Für jeden Geschmack gibt es genug Möglichkeiten:

● Der 130 km lange, durchwegs ebene Drauradweg von Paternion bis Völkermarkt gilt als das »Herzstück« des Kärntner Radwegenetzes; er führt auf großteils geschotterten und für Autos gesperrten Straßen neben den Drau-Stauseen dahin. Man kann aber dem gesamten Flußlauf von Sillian (Osttirol) bis Dravograd in Slowenien weitgehend auf Radwegen oder Nebenstraßen folgen.

● Meist ebene Radwege für die ganze Familie führen rund um den Faaker, den Ossiacher, den Klo-

Ohne Schweiß kein Preis: Mountainbike-Erlebnis in den Karawanken.

peiner und den Turner See sowie im Bereich Krumpendorf – Klagenfurt – Viktring am Wörther See. Über dem Nordufer des Millstätter Sees und im »Hinterland« des Wörther Sees gibt es einige ruhige, aber schon etwas hügelige Nebenstraßen zum Radwandern. Zwischen Kötschach-Mauthen, Hermagor und Villach kann man großteils auf Nebenstraßen durch das Gailtal radeln; besonders schön ist die Schotterstraße durch die »Schütt«, das Bergsturzgelände des Dobratsch. Eine kleine, aber feine Familien-Radstrecke führt von Mallnitz ins Seebachtal zur Schwußnerhütte.

● Rennradfreundliche Nebenstraßen empfehlen sich rund um Feldkirchen, zwischen Klagenfurt, Völkermarkt, St. Veit/Glan und Friesach, im Jauntal und im unteren Lavanttal. Gut befahrbar sind außerdem die ebenen oder nur leicht ansteigenden, meist nicht allzu verkehrsreichen Hauptstraßen im mittleren Gurktal, im Metnitztal und im Görtschitztal sowie die ansteigende, aber wenig befahrene Bundesstraße im Liesertal (mit Abstechern ins untere Maltatal oder ins Pöllatal).

● Entsprechende Kondition erfordern die durchwegs asphaltierten Strecken über den Kreuzbergpaß am Weißensee, die Straße durch das Lesachtal, die Auffahrt durch das untere Mölltal nach Mallnitz, die Rundtour Paternion – Stockenboi – Weißensee-Ostufer – Farchtnersee – Kreuzen – Paternion, die Windische Höhe bei Bad Bleiberg, die Höhenstraßen auf das Goldeck, die Gerlitzen und auf den Dobratsch, die Rundtour Ossiacher See – Feldkirchen – Bad Kleinkirchheim – Radenthein – Afritzer See – Ossiacher See, die Maltatalstraße zur Kölnbrein-Staumauer, die Nockalmstraße und über Bundschuh in den Lungau, die Straße über die Turracher Höhe, auf die Flattnitz, die Rundtour Ferlach – Sittersdorf – Eisenkappel – Zell-Pfarre – Ferlach, die Strecke von Feldkirchen über den Goggausee und die Wimitz nach St Veit/Glan (teilweise nicht asphaltiert), die Rundtour Friesach – Neumarkt – Hüttenberg – Guttaring – Friesach, der Obdacher Sattel, das Klippitztörl, der Packsattel und die Sattel oder die Auffahrten nach Diex. Die »Königsetappe« aller Kärntner Rad-Bergstrecken ist natürlich die Großglockner-Hochalpenstraße, deren Befahrung sich wegen des zeitweise starken Verkehrs jedoch nur in den frühen Morgen- oder in den Abendstunden empfiehlt. Zwischen Großkirchheim und der Fleißkehre oberhalb von Heiligenblut stellt die aussichtsreiche Apriacher Höhenstraße eine sehr lohnende Alternative zur Mölltalstraße dar.

● Für sportliche Mountainbike-Touren bieten sich zahlreiche Berg- und Almstraßen an, z. B. von Oberdrauburg zum Hochstadelhaus, von Großkirchheim zum Sadnighaus und zum Gasthaus Glocknerblick, von Rangersdorf zum Marterle, von Flattach zum Wurtenkees, von Mallnitz zur Jamnigalm, von Irschen zum Gasthaus Bergheimat, von Greifenburg zum Gaugen-Schutzhaus oder auf die Emberger Alm, von St. Lorenzen zur Ingridhütte, von Kirchbach zur Straniger Alm, von Rattendorf/Gailtal zur Rattendorfer Alm, von Hermagor zur Egger Alm, von Vorderberg zur Dolin-

zaalm, im Bereich von Sachsenburg-Möllbrücke (ein Eldorado für Biker!), von Gmünd zur Frido-Kordon-Hütte, von Malta auf den Maltaberg, auf den Katschberg, von Radenthein zur Thomanbauerhütte, zur Erlacherhütte oder nach Eisentratten, von Obermillstatt auf die Millstätter Alpe, von Arriach oder Afritz auf den Wöllaner Nock, von Ebene Reichenau zum Falkertsee, über Saureggen auf die Turracher Höhe oder über die Hochrindl nach Deutsch Griffen, von Metnitz über Laßnitz nach Murau oder über Ingolsthal nach St. Lambrecht in der Steiermark, von Klagenfurt auf den Maria Saaler Berg oder den Ulrichsberg, von Feistritz/Rosental ins Bärental, von Ferlach zum Koschutahaus, von Eisenkappel zur Eisenkappler Hütte oder in den Remscheniggraben, von Bleiburg zur Siebenhütte auf der Petzen, von Wolfsberg zur Ofnerhütte auf der Saualpe oder auf die Koralpe.

Darüber hinaus würden sich natürlich noch zahlreiche Forst-, Alm- und Hüttenversorgungsstraßen zum Mountainbiken empfehlen. Da die Gesetzeslage in Österreich – im Gegensatz zu allen anderen Nachbarländern – das Radfahren auf Forststraßen nicht erlaubt (begründet mit der Haftungsfrage!), können hier auch keine entsprechenden Tips gegeben werden. In den meisten Gebieten Kärntens herrscht jedoch diesbezüglich eine größere Toleranz als anderswo – ich habe jedenfalls noch nirgends Schwierigkeiten mit Grundbesitzern, Förstern, Jägern und Wanderern bekommen – im Gegenteil: Oft wurde aus einer Begegnung sogar ein netter Plausch.

Es wird also auch zukünftig viel an den Bikern selbst liegen, ob es bei diesem »Augenzudrücken« bleibt:

● Befahren Sie daher bitte grundsätzlich keine Wanderwege, Steige, freies Wald- und Wiesengelände oder Skipisten – »off road«-Fahren erzeugt große ökologische Schäden. Durchqueren Sie auch keine Bäche und meiden Sie die Ufer, in denen zahlreiche Vögel ihre Nahrung suchen.

● Radeln Sie bitte nur in Gebieten, die auch schon von Wanderern und Ausflüglern frequentiert werden – es ist dort genug Platz für alle, und auch die Natur hat ein Recht auf ein paar private Ruhezonen. Biken Sie nur tagsüber und nicht im Morgen- und Abenddämmerung, wenn das Wild zur Äsung kommt.

● Hinterlassen Sie in der Natur keine Spuren Ihrer Anwesenheit – weder durch Lärm oder Abfall und schon gar nicht durch blockierende Bremsen.

● Fußgänger haben immer Vorrang. Machen Sie sich vor dem Überholen von Fußgängern schon von weitem dezent, aber hörbar bemerkbar (Klingel); steigen Sie im Zweifelsfall ab. Und ein freundlicher Gruß wirkt immer! Wälder sind Wirtschaftsgebiet – rechnen Sie also immer mit Fahrzeugen und Menschen, die hier arbeiten.

● Fahren Sie nur mit einwandfrei funktionierenden Bergrädern und mit guter Ausrüstung; schützen Sie Ihren Kopf mit einem Helm. Und fahren Sie »by fair means« – also ohne Seilbahn- und Autohilfe. Radeln ist gesund und umweltfreundlich – um so mehr, wenn es mit der Anfahrt per Bahn kombiniert wird!

● Literatur über Rad- und Mountainbike-Touren in Kärnten:
Bikeline – Radwandern in Kärnten (Drauradweg und Kärntner Seenland), Verlag Esterbauer, Wien.
Waldner: Mountain Biking Kärnten, Eigenverlag, Klagenfurt.
Pototschnig (Hrsg.): Mountainbiking mit Gerhard Zadrobilek, Verlag Styria, Graz.

Schiffahrt
Schiffahrtslinien bestehen am Millstätter See, Weißensee, Ossiacher See, Wörther See und auf der Drau bei Villach.

Skifahren und Skitouren
Kärnten bietet auch im Winter viel. Die bekanntesten Skiliftgebiete liegen in Heiligenblut, Flattach (Sommerskigebiet am Wurtenkees) Kötschach-Mauthen, am Naßfeld, in Mallnitz, am Reißeck, am Weißensee, am Goldeck, am Katschberg, in Innerkrems, am Dobratsch, auf der Gerlitzen, in Afritz, am Tschiernock bei Millstatt, in Bad Kleinkirchheim, auf der Turracher Höhe, am Falkertsee, auf dem Hochrindl, auf der Flattnitz, am Dreiländereck bei Arnoldstein, in Reichenfels, auf der Koralpe und auf der Petzen.
Lohnende Skitourenziele für Genießer sind die Berge um den Katschberg, die Nockberge, die Almberge der Karnischen und der Gailtaler Alpen, die Sau- und die Koralpe. Rassige und hochalpine Skitourenzuckerl für das Frühjahr empfehlen sich in der Glocknergruppe (z. B. die berühmte Glockner-Umfahrung), in der Schobergruppe, am Ankogel und auf der Hochalmspitze, im Reißeck, in der Kreuzeckgruppe und in Teilen der Karawanken.

Telefon-Vorwahlen
Von Deutschland 00 43, von der Schweiz 00 43, von den Niederlanden 09 43. Bei Selbstwahl aus dem Ausland entfällt die Null vor der Ortswahl.

Unterhaltung und Veranstaltungen
Informationen direkt in den Orten oder im kostenlosen Magazin »Kärnten live«, das jährlich aufgelegt wird und in vielen örtlichen Tourismusstellen und Bahnhöfen aufliegt.

Weitwander- und Höhenwege
Seit einigen Jahrzehnten wird eine neue Spielart des Wanderns und Bergsteigens immer beliebter: das Weitwandern. Dabei müssen zwischen den Stempel-Kontrollstellen lange Strecken überwunden werden, die vielfältige Landschaftseindrücke vermitteln, aber manchmal auch zur Rekordsucht verleiten. In Österreich gibt es zehn überregionale, teilweise in ein internationales Netz von Fernrouten eingegliederte Weitwanderwege, dazu kommt noch eine Reihe regionaler Höhenrouten (z. B. Wege, die der Grenze eines Bundeslandes entlangführen). Vielfach wurden dabei alte Höhenwege eingebunden, die einst von den Alpenvereinen

als Verbindung zwischen ihren Schutzhütten ausgebaut wurden.
Einige dieser Routen führen streckenweise durch hochalpines Gelände; manche weisen gesicherte Steigpassagen auf, oder es müssen auf ihnen bis in den Spätsommer hinein gefährliche Schneerinnen überquert werden. Daher kann man vor den irreführenden Begriffen »Weit*wandern*« bzw. »Höhen*weg*« gar nicht genug warnen: Immer wieder passieren Unfälle, weil diese Bezeichnungen Ungeübte in ein Gelände verleiten, dem sie nicht gewachsen sind. Bitte nehmen Sie die Warnungen und die Schwierigkeitsskala in den einschlägigen Führern unbedingt ernst und weichen Sie gegebenenfalls auf parallellaufende leichtere Wegvarianten aus.

Durch Kärntner Gebiet führen folgende überregionale Weitwanderwege:
● Der Zentralalpen-Weitwanderweg 02 (Hainburg – Rheintal) ist eine hochalpine Route, die auf Kärntner Gebiet mit dem berühmten Tauernhöhenweg identisch ist. Er erreicht, aus den Radstätter Tauern kommend, den Weinschnabel (2750 m) über dem Maltatal und folgt dem Tauernhauptkamm via Osnabrücker Hütte – Hannoverhaus – Mindener Hütte – Duisburger Hütte – Zittelhaus am Rauriser Sonnblick (3105 m) – Hocharn (3254 m) – Hochtor (Großglockner-Hochalpenstraße) – Glocknerhaus – Oberwalderhütte bis zur Pasterze, die er an der Oberen Ödenwinkelscharte ins Salzburger Stubachtal verläßt.
● Der Südalpen-Weitwanderweg 03 (Bad Radkersburg – Sillian) zieht aus dem südsteirischen Weinland über das Dreiländereck bei Soboth nach Kärnten, quert dann die Karawanken bis Thörl-Maglern und den Karnischen Hauptkamm bis zur Tiroler Landesgrenze. Zwischen Bleiburg und Ferlach folgt er dem alten Karawankenweg, zwischen Thörl-Maglern und Sillian dem Karnischen Höhenweg, von dem einige lange Abschnitte auf italienischem Gebiet etwas abgekürzt werden können.
● Der Nord-Süd-Weitwanderweg 05 verbindet den Nebelstein im niederösterreichischen Waldviertel über die Wachau und den Hochschwab mit Eibiswald in der Südsteiermark. Er besteht seit 1970 und ist wohl die bekannteste Fernroute Österreichs. Er überschreitet die Kärntner Grenze auf der Hebalpe, ist über die Peterer und die Hirschegger Alpe markiert und führt über die Koralpe zum Großen Speikkogel (2141 m).
● Der Kärntner Mariazellerweg 06, einer von mehreren traditionellen Wallfahrerwegen zum größten österreichischen Heiligtum in der Obersteiermark, beginnt in Klagenfurt. Er berührt die kulturhistorischen Stätten wie Maria Saal, den Magdalensberg, Griffen und das Stift St. Paul und ist streckenweise mit dem »Weitwanderweg Unterkärntner Hügelland« identisch.
● Der Eisenwurzen-Weitwanderweg 08 führt vom nördlichsten Punkt Österreichs bei Litschau in Niederösterreich durch das Gesäuse und auf dem alten Judenburger Wallfahrtsweg über die Seetaler Alpen nach Kärnten, wo er die Saualpe überquert

und über den Hochobir den Seebergsattel, Österreichs südlichstes Gebiet, erreicht. Dort kann man an die großartige slowenische »Transverzala«, die erste bekanntgewordene Weitwanderroute Europas, anschließen – sie führt durch die Südseite der Karawanken und die hochalpinen Julischen Alpen (Triglav, 2863 m) bis Koper an der Adria.

● Der Salzsteig-Weitwanderweg 09 beginnt am Sternstein im oberösterreichischen Mühlviertel und kommt über das Tote Gebirge und die Niederen Tauern in die Nockberge, die Richtung Villach überschritten werden. Er endet am Wurzenpaß.

● In weiten Teilen sehr anspruchsvoll ist der 1980 nach dem Salzburger Landesheiligen benannte Ruperti-Weitwanderweg 10. Er zieht eine Linie zwischen dem Bärenstein im Böhmerwald und dem Naßfeld. Kärnten erreicht er bei Mallnitz, dann folgt er dem hochalpinen und durch viele Schneefeld-Querungen oft gefährlichen Reißeck-Höhenweg nach Spittal/Drau, überschreitet das Goldeck zum Weißensee und erreicht bei Hermagor die Karnischen Alpen.

● Das mit Abstand längste Weitwandererlebnis des Landes bietet jedoch der Kärntner Grenzweg. Er überschreitet über 800 km hinweg alle Grenzgebirge und wurde 1985 vom Klagenfurter Alpenverein und der Betriebssportgemeinschaft der Kärntner Sparkasse fertiggestellt. Sein Wegverlauf deckt sich abschnittweise mit den überregionalen Weitwanderwegen.

● Unter den regionalen Höhenwegen nimmt der Lavanttaler Höhenweg einen besonderen Platz ein: 135 km lang umrundet er den »Garten Kärntens« über die Kor-, Hirschegger- und die Saualpe – technisch nicht schwierig, aber bei Nebel und Wettersturz keinesfalls zu unterschätzen!

● Weitaus kürzer, nämlich locker in ein, zwei Tagen zu begehen, ist dagegen der »Krumpendorfer Weitwanderweg«, der durch das ruhige Hinterland des Wörther Sees führt. In zwei Tagen hat man auch den Ossiacher See auf seinem Kultur- und Erlebnisweg umrundet.

● Nur für Geübte mit entsprechender Ausrüstung zu empfehlen sind die hochalpinen und teilweise gesicherten »Seitenäste« des Tauernhöhenweges: Der Wiener Höhenweg durchquert, teils auf Kärntner, teils auf Osttiroler Seite, die gesamte Schobergruppe via Franz-Josefs-Höhe – Salmhütte – Glorer Hütte – Böses Weibl (3121 m) – Elberfelder

Hütte – Klammerscharte (2930 m) – Noßt Hütte – Hohe oder Niedere Gradens (2803 m bzw. 2796 m) – Wangenitzseehü zur Winkler Alm. Der Sadnig-Höhenweg führt v der Duisburger Hütte zur Fraganter Hütte, de Westerfrölkeweg von der Feldseescharte am Böseck (2834 m) vorbei zur Häusleralm oberhalb von Mallnitz, der Celler Weg vom Ankogelgebiet über die gefährliche Winkelscharte zum schwierigen und gesicherten Detmolder Steig, der auf hochalpin-abenteuerliche Weise das Säuleck mit der Hochalmspitze verbindet. Mit sehr langen und einsamen, teilweise auch ausgesetzten und gesicherten Steigabschnitten wartet auch der Kreuzeck-Höhenweg zwischen der Hugo-Gerbers-Hütte und der Polinikhütte auf.

● Noch nicht ganz fertiggestellt und weitgehend ohne Hütten ist der »Gailtaler Höhenweg«, die Alternative zum Karnischen Höhenweg für sehr erfahrene Pfadfinder und Biwakfans. Er zieht nördlich des Gail- und Lesachtals durch die Südseite der Lienzer Dolomiten, des Jaukenzuges und – sehr ausgesetzt – über den Reißkofel bis zum Weißensee.

● In Planung steht auch ein durchgehender Panoramaweg im Oberdrautal zwischen Oberdrauburg und Lind. Die in der Freytag & Berndt-Wanderkarte bereits eingetragene Route ist jedoch auch ohne durchgehende Markierung leicht zu finden.

● Zuletzt noch ein Weitwander-Geheimtip aus dem benachbarten Slowenien: Auf der Südseite der Karawanken verläuft ein 60 km langer geologischer Wanderweg (Slovenski geoloski poti); er beginnt im Quellgebiet des Kokra in Jezersko (Seeland) unterhalb des Seeberges und führt – an mehreren Hütten vorbei – nach Jesenice.

Wildwassersport

Raftingfahrten und Kajakkurse werden auf der Möll, Lieser, Drau und Gail angeboten. Nähere Informationen in den örtlichen Tourismusstellen.

Zimmernachweis

Bei den örtlichen Tourismusstellen; für Privatzimmer und Ferienwohnungen auch beim Landesverband der Privatzimmer- und Ferienwohnungsvermieter, A-9123 Turnersee, Unternarrach-West 33, Tel. und Fax (0 42 39) 27 34.